Rudolf Westphal

Geschichte der alten und mittelalterlichen Musik

Rudolf Westphal

Geschichte der alten und mittelalterlichen Musik

ISBN/EAN: 9783743386556

Hergestellt in Europa, USA, Kanada, Australien, Japan

Cover: Foto ©Thomas Meinert / pixelio.de

Manufactured and distributed by brebook publishing software (www.brebook.com)

Rudolf Westphal

Geschichte der alten und mittelalterlichen Musik

Geschichte

der

alten und mittelalterlichen

Musik

von

Rudolf Westphal.

Breslau.

Verlag von F. E. C. Leuckart

(Constantin Sander).

1865.

Herrn

Professor Braniss.

The reputation of books is raised not by their
freedom from defect, but by the greatness of
their beauties.

Vorrede.

Man hat in neuester Zeit mehrfach den Satz ausgesprochen, dass eine Geschichte der alten Musik nicht geschrieben werden könne und desshalb nicht geschrieben werden solle. Dies sagen Männer, die sich wohl nicht oberflächlich mit alter Musik beschäftigt haben — sicherlich aber sind sie zu jenem Urtheile geführt im Hinblick auf die bisher vorhandenen Bücher, welche sich Geschichte der alten Musik betiteln, aber von allem Uebrigen mehr als von Musik handeln. Den wohlthuendsten Eindruck von diesen Büchern hat auf mich immer die ehrwürdige Arbeit Burney's gemacht; wer wird mir glauben, dass Einzelnes, wenn auch nicht verwerthetes Material darin enthalten ist, welches von Keinem der folgenden Forscher wieder geboten wird? Von dem Werke Forkel's will ich nichts sagen, ich stimme völlig dem Urtheile bei, welches der neueste Bearbeiter alter Musik über jenen Mann gefällt hat. Und doch steht eben jener neueste Bearbeiter griechischer Musik ohne es zu ahnen auf Forkel's Standpunkte: er bringt zwar nicht vergriffene Fabeln von Orpheus und Amphion an Stelle der Epochen und der Meister griechischer Musik und der so scharf geschiedenen Entwicklungsmomente der Kunst, aber er lässt nichts destoweniger seine frisch geschriebenen Bemerkungen über antike Kultur, Religion und Verfassung, antike Poesie und antikes Volksleben an Stelle griechischer Musik gelten, von der in seinem Buche so wenig als möglich zu lesen ist. Da lobe ich mir die griechische Musikgeschichte von Weitzmann, der von Musik gar nichts sagt. Doch will ich keineswegs einen Tadel über die Leistungen des Herrn Ambros ausgesprochen haben; was sein erster Theil des Guten übrig gelassen, ist in wahrhaft reichem Maasse durch den zweiten Theil wieder eingebracht, der uns

eine solche Fülle des bisher unbekannten Materials bietet, das
der Verfasser aus den Schreinen der Bibliotheken gesammelt
hat, dass wir diesen bisher fast unbekannten Zeitraum der
Musikgeschichte beinahe eben so genau kennen lernen können
wie die neueren Musikperioden, wenn wir anders die vortreffliche
Darstellung des Herrn Ambros mit Fleiss studieren wollen.

Mein Büchlein aber, wie soll ich es rechtfertigen vor den
Meinungen derer, die da glauben, dass eine Geschichte der
alten Musik überhaupt nicht geschrieben werden könne? Vielleicht dadurch, dass ich sie auffordere, das Buch selber zu lesen.
Es ist nicht leicht zu lesen, es ist nicht elegant geschrieben, es
macht die rein musikalischen Sachen durch keine Phrasen,
durch keine pikanten Vergleiche, durch keine Rückblicke auf antikes Cultur- und Staatsleben, durch keine Vorausblicke auf
deutsche Zukunftsmusik dem gefälligen Leser annehmlich ---
was es giebt, ist reine trockene Musik: es steht kein Satz darin,
der nicht wirklich musikalischen Inhalt hätte, und ich muss
auch dies hinzusetzen, dass es nicht eine Darstellung der Musik,
sondern wie es der Titel verheisst, eine Geschichte der Musik
ist, im strengsten Sinne dessen, was man Geschichte nennt.
Dass ich sie schreiben konnte, hat einen äusserlichen Grund, den
Grund nämlich, dass wir für die Musik ein für die Geschichte
aller übrigen antiken Künste unerhörtes Glück in der Ueberlieferung der alten Quellen haben. Sicherlich ist Plinius eine
hübsche Quelle für die Darstellung antiker Malerei, sicherlich
hat uns Vitruv einen über alle Maassen dankenswerthen Kanon
über antike Architektur hinterlassen, und jeder Forscher über
antike Plastik weiss, wie viel der ehrwürdige Pausanias an unent-
behrlichem Material für die Reconstruction dieser so hervorragenden Kunst der Alten in noch immer nicht ausgenutzter Fülle geliefert hat. Aber diejenige unter den antiken Künsten, von der
die grössten Griechen und Römer wissen, dass sie die aller-
bedeutendste ihres nationalen Lebens ist, für welche Plato
schwärmt, auf die sich Aristoteles in so vielen seiner Werke bezieht, von der die älteren und die späteren Hellenen sagen, dass
nach ihren Normen der Kosmos geordnet und gebildet sei, diese

Kunst hat das eigenthümliche Schicksal, dass nicht zur Zeit ihrer Nachblüthe, sondern ihres vollen nationalen Lebens, die begabtesten Männer Griechenlands die Entwicklungsepochen derselben mit sammt den epochemachenden Meistern und den Fortschrittsphasen, die in jeder einzelnen Periode rasch auf einander folgten, unter genauer Festhaltung der Chronologie verzeichnet haben. Es hat dies Geschick über keiner anderen Kunst gewaltet: Vitruv, Plinius und Pausanias und die Vorgänger, aus welchen sie schöpfen, denken nicht im Entferntesten daran, den Zeitgenossen und den Nachfahren das chronologische Nacheinander in der Geschichte ihrer Künste darzustellen.

Uns ist das Glück zu Theil geworden, dass jene Berichte über die Geschichte der alten Musik in allen wesentlichen Punkten, wenn auch in der abgekürztesten Form uns überkommen sind. Es ist ein kleines Büchlein, in dem sie verzeichnet stehen, benutzt von Vielen, doch ganz verstanden von Niemand. Benutzt, wenn auch noch lange nicht ausgenutzt, haben es unsere Forscher über griechische Literatur-Geschichte — denn einen fast unerschöpflichen Fond von sonst nie wiederkehrenden Notizen über die Geschichte der althellenischen Dichter enthält es. Doch während die Literatur-Historiker dem Büchlein die ihm gebührende Sorgfalt nicht versagen konnten, ist leider sein Hauptinhalt, der sich auf die Geschichte der alten Musik bezieht, noch von keinem Forscher dieses Gegenstandes in der ihm gebührenden Weise berücksichtigt worden. Hat doch sogar ein neuerer Forscher, der das Verdienst hat, gleichzeitig mit Bellermann den griechischen Notenzeichen den ihnen gebührenden wahren Werth durch sorgfältige Forschungen zu vindiciren, über jenes Büchlein das Urtheil gefällt, dass es eitle Thorheit, dass es reine Träume über einen fingirten Zustand der Vollkommenheit alter griechischer Musik enthalte, und dass er selber, nachdem er längere Zeit jenem Büchlein eine nutz- und erfolglose Sorgfalt zugewandt habe, dasselbe jetzt, wo er sich den Notentabellen des Alypius als der einzigen Quelle griechischer Musik zugewandt, als eitlen Tand und als unnützes Spielwerk bei Seite habe werfen müssen. Alle Ehre dem gründlichen und fleissigen Burette, der das

Werk Plutarch's über Musik — denn selbstverständlich ist es
diese Schrift, von der ich rede — lange vor Fortlage mit ge-
bührender Anerkennung seines Werthes als Quelle für die Geschichte der Musik hervorgezogen und zu verwerthen gesucht
hat, eine Arbeit, worin ihm unter den Neueren der wackere
Forscher Bellermann, mit dessen Arbeiten zuerst ein wahrhaft
eindringliches Studium in die alten Musikquellen beginnt, in an-
erkennungswerther Weise gefolgt ist.

Was dem merkwürdigen Buche einen überaus hohen Werth
giebt, ist dies, dass nur die Einleitungs- und Schlusskapitel und
etwa noch der Abschnitt über die akustischen Zahlen des platonischen Timaeus die eigne Arbeit Plutarch's ist. Alles Uebrige
ist ein möglichst treues Excerpt aus zwei älteren griechischen
Schriftstellern über Musik. Die kleinere erste Hälfte ist aus
Heraclides Ponticus, die zweite grössere aus Aristoxenos excerpirt — zwar überall mit manchen Auslassungen, aber in allem
Einzelnen mit so treuem Anschluss an den Texteslaut der Quellen,
dass wir nicht die Worte des Plutarch, sondern jener beiden
älteren Musiker aus der Zeit des Plato und Aristoteles vor uns
haben. Was Heraclides und Aristoxenos geliefert haben, ist
zwar einander sehr ungleich; denn während Aristoxenos die an-
erkannt beste Quelle über griechische Musik ist, steht bekanntlich
Heraclides als kritikloser und den Fabeln und Mährchen nur
zu willig sein Ohr leihender Historiker keineswegs im besten
Ansehn. Dennoch aber hat gerade das, was wir vom Heraclides
in unsrer Plutarchischen Schrift lesen, um deswillen einen sehr
hervorragenden Werth, weil hier Heraclides nach seiner eignen
Angabe den besten älteren Quellen, insonderheit dem Werke
des Glaucus von Rhegium über die alten Componisten und Dichter
folgt. Wir haben hier zum grössten Theile nicht die eigne
Auseinandersetzung des Heraclides, sondern die des Glaucus
vor uns. Wir erfahren hier nur wenig von dem eigentlich Musikalischen im technischen Sinne, das Meiste bezieht sich auf
chronologische Verhältnisse, auf die allgemeine Stellung und die
Werke der Componisten und die durch sie hervorgerufenen
Perioden der Musik, ein unschätzbares Material, welches uns

die allgemeinsten Umrisse aus der Entwicklungsgeschichte der
Kunst liefert.

Indess ist hier nur von den älteren Musikperioden die Rede
— (Glaucus schreibt über die alten Componisten). Die eine
Musikperiode ist die archaische, die zweite die eigentlich clas-
sische, die bis zur Zeit des Phrynis hinreicht. Die Epochen,
von denen diese beiden Perioden ausgehen, werden die erste
und die zweite Katastasis der Musik genannt, alte technische
Ausdrücke, die sich sicherlich im althellenischen Musikleben
selber herausgebildet haben und nicht etwa erst den reflektiren-
den Berichterstattern aus der Alexandrinischen Zeit ihren Ursprung verdanken. Diesen beiden Perioden sind dann von
Glaucus die einzelnen auf einander folgenden Meister mit ihren
Schulen untergeordnet. Sehr sorgfältig sind die von Glaucus gegebenen chronologischen Bestimmungen. Wir haben an diesen
Angaben unbedingt festzuhalten, oder vielmehr es wird zunächst
die Aufgabe eines Geschichtsschreibers der alten Musik sein,
das uns hier gebotene Material in seiner ganzen Vollständigkeit
aus der Ueberlieferung hervorzuziehen, späteren Forschungen
mag es dann immerhin unbenommen bleiben, mit allerlei Bedenken jenem Stoffe gegenüber aufzutreten. Von der dritten Musikperiode, welche die Zeit vom peloponnesischen Kriege bis in
die alexandrinische Zeit hinein umfasst und mit nur geringen
Veränderungen sogar bis in die römische Kaiserzeit hinabreicht,
lernen wir aus dem Berichte des Heraclides nichts kennen und
so wird uns diese 3. Periode in ihren Einzelheiten wohl immer
unklarer bleiben als die beiden früheren.

Diese Umrisse einer Musikgeschichte, die uns die plutarchischen Excerpte aus Heraclides vorführen, empfangen nun in
Beziehung auf das eigentlich Technische der Musik ihre Ausführung und concrete Gestaltung durch die Auszüge aus Aristoxenus, welche Plutarch an jene Heraclideischen Excerpte an-
reiht. Aristoxenus giebt hier eine wahrhafte Fülle von Material, unverhältnissmässig reicher als dasjenige, was sich aus
seinen übrigen Schriften über Musik und den daraus von den
späteren Musikern der Kaiserzeit gemachten Auszügen ent-

nehmen lässt. Lassen uns diese andern Aristoxenischen Werke durch das Ueberwiegen der philosophischen Reflexionen vielfach unbefriedigt, so haben wir in dem, was Plutarch aus Aristoxenus mittheilt, überall positive Angaben über die Musik der ihm vorausgehenden Zeit. Gerade dasjenige, wodurch sich die frühere Musikperiode von der seinigen unterscheidet, was den Meistern der archaischen und eigentlich klassischen Periode eigenthümlich ist, wird hier mit sorgsamem Eingehen ins Einzelne dargelegt: Aristoxenus ist mit den Werken jener beiden Perioden auf das genaueste bekannt.

Die vorliegende Bearbeitung der alten Musikgeschichte hat sich die Aufgabe gestellt, alle jene Thatsachen aus der Schrift des Plutarch ans Licht zu ziehen und sie mit demjenigen, was wir aus der übrigen musikalischen Literatur der Alten und aus den einzelnen auf uns gekommenen Musikresten erschliessen können, zu vereinigen. Diese Arbeit war bisher noch nicht unternommen worden. Der Verfasser selber hielt damals, als er die griechische Harmonik ausarbeitete, eine solche historische Darstellung nicht für möglich und erst nachdem er mit dem Abschlusse jenes Buches zum Verständniss des von Aristoxenus und Ptolemäus aufgestellten Systems der antiken Musik gelangt war, hat er an diese historisch chronologische Darstellung Hand anlegen und zugleich das in jener früheren Arbeit nicht vollständig und nicht richtig Erfasste in einer ihm genügenden Weise verbessern können. Der Standpunkt, worauf beide Schriften stehen, musste im Ganzen und Grossen natürlich derselbe bleiben, aber im Einzelnen wird der Leser in jener Darstellung des antiken Systems nur wenig von demjenigen finden, was die gegenwärtige historische Arbeit enthält. Sogar die Auffassung der antiken Tonarten in ihrer harmonischen Bedeutung hat mehrfach eine andere werden müssen, namentlich was die mixolydische Tonart anbetrifft, in welcher der Verfasser durch Hinzunahme eines ihm früher entgangenen Musikrestes beim Anonymus, sowie durch das endliche Verständniss einer schwierigen Stelle im Buche des Plutarch nunmehr eine in der Terz schliessende Dur-Tonart erkannt hat. Im höchsten Grade ergiebig sind,

wenn der Verfasser sich nicht irrt, zwei weitere Musikreste beim
Anonymus geworden, welche sich deutlich nicht als Melodien,
sondern als zwei antike Begleitungen — wir würden etwa sagen
können: als zwei antike Bässe — ergeben. Ueber die Vorliebe
der Alten für die Benutzung der Terz wird nunmehr bei Keinem
ein Zweifel obwalten können und die ganze Weise der Harmo-
nisirung erscheint jetzt unserer modernen Manier viel näher und
verwandter als man jemals· geahnt haben wird. — In meiner
Darstellung der griechischen Harmonik glaube ich den sich auf
die Tongeschlechter und Chroai beziehenden Stoff in ausführlicher Weise aus den Quellen dargelegt zu haben. Welche Bedeutung aber jene antiken Stimmungsarten, die unserer Musik
so ganz und gar fremd sind, bei den Alten hatten, wie sie in
der Musik praktisch verwandt wurden, das war mir damals
noch ganz und gar unverständlich. Ich glaube, dass in der
vorliegenden historischen Bearbeitung der alten Musik auch diese
schwierige Frage eine ziemlich genügende Beantwortung gefunden
hat und dass die uns so ganz und gar räthselhafte Vorliebe
der Alten für den übermässigen grossen Ganzton in derselben
Weise sich als eine nothwendige Consequenz der durch Terpander
vereinfachten Kitharoden-Scala herausstellt, wie der enharmonische Viertelton als die Weiterbildung der durch Olympus vereinfachten Auleten-Scala erscheint.

Dass auch von demjenigen, was in diesem Buche enthalten
ist, sehr Vieles der Modification und Berichtigung bedürfen wird,
davon ist der Verfasser selber völlig überzeugt und wünscht,
dass solche Berichtigungen dem Gegenstande in grossem Maasse
zu Theil werden mögen. Es wird aber auch Jeder, dem der
Gegenstand nicht gänzlich fremd ist, gern zugestehen, dass der
Verfasser hier zum ersten Male den aus den alten Quellen zu
entnehmenden Boden für eine antike Musikgeschichte wieder-
gewonnen hat und dass die Aufgabe, eine Geschichte der alten
Musik zu liefern, in diesem Buche zum ersten Male gelöst ist.

Ueber den Umfang des ganzen Werkes, das hier in seiner
ersten Abtheilung erscheint, spricht sich die Einleitung aus; ich
habe dort auch kürzlich angegeben, in welch nahem Zusammen-

hange die mittelalterliche Musik der Byzantiner, Occidentalen
und Araber mit der alten Musik der Hellenen steht und dass das
System der antiken Musik unmittelbar und direkt in die mittelalterliche Musik hinüberreicht und erst in dieser seinen völligen
Abschluss findet. Von der alten Musik selber aber hat diese
erste Abtheilung nicht mehr als nur die drei ersten Kapitel behandeln können; eine allgemeine Uebersicht über das Musiksystem der Alten — die archaische Musikperiode — und die
eigentlich altklassische Periode bis auf Phrynis. Aber auch für
diese klassische Periode musste sich die vorliegende Abtheilung auf
die Darstellung der Monodik und Instrumentalmusik beschränken.
Was hier in dem Gebiete der chorischen und scenischen Musik
geschehen, kann erst in der zweiten Abtheilung seine Erledigung
finden, deren Druck sich unmittelbar an diese 1. Abtheilung anschliesst und zwar so, dass die Paginirung beider Abtheilungen
continuirlich fortläuft. Die fünf in ihr enthaltenen Kapitel sind
folgende:

Die chorische und scenische Musik der altklassischen Periode.

Die alte nachklassische Musik.

Die Musik der Byzantiner.

Die Musik des occidentalischen Mittelalters.

Die Musik der Araber.

Bis Ostern 1865 wird auch diese zweite Abtheilung mit
einem die alten Musikreste enthaltenden Anhange und einem vollständigen Inhaltsverzeichnisse für das ganze Werk in den Händen
der Leser sein.

Einleitung.

Es war ein besonders durch Hegel in Aufnahme gekommenes Princip für die Anordnung der Geschichte der alten Völker, dass man dem Laufe der Sonne vom Aufgang bis zum Untergange folgend mit den östlichsten Völkern Asiens begann und mit Griechen und Römern den Schluss machte. Diese Ordnung der Völker ist aber eine lediglich geographische und nur noch Wenige werden mit Hegel in der eben angegebenen Reihenfolge der Völker die verschiedenen aufeinanderfolgenden Entwickelungsstufen der Kunst- und Religionsgeschichte, der Geschichte der Philosophie und der politischen Geschichte erblicken mögen. Die früher ungeahnten Resultate der vergleichenden Grammatik haben an Stelle dieser geographischen eine ethnographische Anordnung treten lassen; viel näher als mit ihren ägyptischen und phönicischen Nachbarn sind Griechen und Römer mit den fernabliegenden Indern und Persern verwandt, und zwar nicht bloss in der Sprache, sondern auch in den meisten Erscheinungen des gesammten historischen Lebens; sie sind Glieder der weitverzweigten indogermanischen Familie, welcher als eine zweite grosse Völkerfamilie der die Völker des westlichen Asiens umfassende semitische Stamm gegenübersteht: Assyrer und Babylonier, Phönicier, Hebräer, Araber. Dazu treten die isolirten Aegypter als dritter Stamm hinzu. Hiermit ist die Reihe der eigentlichen Culturvölker, an deren Leben sich der geistige Fortschritt der allgemeinen Geschichte anknüpft, abgeschlossen. Die Chinesen stehen ausserhalb des grossen weltgeschichtlichen Zusammenhanges, sie verlieren auch dadurch an historischem Interesse, dass sich gerade die interessantesten Seiten ihres Culturlebens als Entlehnung von den weit nach Osten hinwirkenden Indern herausgestellt haben.

Für die Darstellung der Religion und Mythologie, Philosophie,
der Institutionen des Familien-, Gemeinde- und Verfassungslebens,
der Sitten und Sagen ist dieser durch die vergleichende Grammatik
dargethane ethnographische Zusammenhang der Völker festzuhalten.
Anders indess für die Kunstgeschichte. Nur etwa für die
Darstellung der Poesie ist jene Anordnung anwendbar, denn Anfänge der Poesie gehören wie die Sagen und Mythen noch in die Zeit,
wo die später getrennten Völker derselben Familie noch eine Einheit
bildeten, und der in jener Urzeit ausgeprägte Charakter, sowie gemeinsame geistige Beanlagung hat auch späterhin die Poesien der
indogermanischen Völker einen gemeinsamen Weg im Gegensatze zu
der Poesie der Semiten fortschreiten lassen. Die Entwickelung der
bildenden Künste dagegen gehört einer verhältnissmässig spätern
Zeit an, und nur wenige Völker sind selbstständig zu einer wirklichen
Kunst der Architectur und Plastik gelangt: die Aegypter, Assyrer
und Phönicier, Inder und Hellenen; es darf daher nicht befremden,
dass die bildende Kunst der semitischen Assyrer von den indogermanischen Iraniern adoptirt ist und dass die Inder von der griechischen Kunst weiter abliegen, als die Assyrer.

Die Musik ist ihrem Ursprunge nach so alt wie die Poesie,
denn überall war die älteste Poesie eine gesungene. Aber dieser
Gesang war schwerlich etwas Anderes, als ein sich von der Rede des
gewöhnlichen Lebens nur durch gehobenere und feierlichere Accente
unterscheidender Vortrag. Nach Form und Inhalt der Poesie können
schon viele der ältesten Vedenhymnen auf den Namen von Kunst-
werken Anspruch erheben, schwerlich aber die monotonen Gesänge,
in denen man sie vortrug, für welche wir das Vorhandensein von
wirklichen Melodien nicht voraussetzen dürfen. Mit einem Worte, es
gab eine uralte Musik, aber mit dieser hat die Kunst des Schönen
ebensowenig zu thun, wie die Plastik mit den fratzenhaften Götter-
bildern der Barbaren, wie die Architectur mit den Hütten der
Nomaden. Die Musik aller noch heute auf jenem Standpunkte stehenden Barbaren hat für die Kunstgeschichte kein Interesse.

Sicherlich aber dürfen wir bei denjenigen Völkern des Alterthums von einer Musik als Kunst reden, bei denen es eine musikalische Literatur gab. Dies sind vor Allen die Griechen, bei
denen seit dem 5. vorchristlichen Jahrhundert die musikalische Literatur fortwährend sorgsam gepflegt wird. — Auch die alten Völker
des Orients hatten eine Musik, insonderheit die Aegypter, die

Hebräer, die semitischen Völker Kleinasiens u. s. w. Unstreitig war bei einigen dieser orientalischen Völker die Musik früher entwickelt als bei den Griechen: die Berichte der letzteren erwähnen ausdrücklich, dass Phrygier und Lyder im 7. Jahrhundert ihre Lehrmeister in der Musik waren, dass sie von dorther bestimmte Tonarten und namentlich die Kunst der Instrumentalmusik empfangen hätten. Wir haben keinen Grund an der Wahrheit dieser Berichte zu zweifeln, findet doch in der bildenden Kunst eine ganz ähnliche Erscheinung statt. Denn in der vor-äginetischen Periode steht die Plastik der Griechen entschieden tiefer als die der Assyrer, wie die Entdeckungen in Ninive gelehrt haben, und es ist mehr als wahrscheinlich, dass der Orient auch für verschiedene Formen der griechischen Architectur die Muster geliefert hat. Wäre uns die Musik jener vorderasiatischen Völkerschaften bekannt, so würden wir ihr gewiss für eine frühere Periode der Geschichte einen höheren Grad der Entwickelung als der griechischen zuerkennen müssen. Aber wir kennen sie nicht, denn die musikalischen Instrumente jener Völker, die uns dem Namen nach überliefert oder auch in den Denkmälern überkommen sind, vermögen uns nimmermehr einen Einblick in das Wesen der Musik zu gestatten, und noch weniger haben sich die Versuche belohnt, aus dem sonstigen Culturleben jener Völker einen Schluss auf den Standpunkt ihrer Musik zu machen. Mit einem Worte, die Musik der Aegypter und Vorderasiaten ist uns ein völlig unbekanntes Gebiet. Was uns die Griechen von der bei ihnen recipirten phrygischen und lydischen Tonart überliefern, ist das Einzige, woraus ein charakteristischer Unterschied vorderasiatischer und nationalhellenischer Musik zu entnehmen ist.

Mehr wissen wir von der Musik der Inder und Chinesen; denn auch bei diesen Völkern gibt es wie bei den Griechen eine musikalische Literatur. Diese ist indess bis jetzt noch sehr unzugänglich; das Wenige, was uns davon vorliegt, genügt nicht, um ein Urtheil über den Stand indischer und chinesischer Musik gewinnen zu lassen. Auch würde man im Irrthum sein, wenn man diese Literatur für sehr alt halten wollte. Die musikalische Literatur der Inder ist zwar in der Sanskritsprache abgefasst, aber nichts destoweniger gehört sie erst dem indischen Mittelalter an. Dies schliesst freilich nicht aus, dass manches darin Ueberlieferte in die Zeit des Alterthums zurückreicht; vielleicht dürfte sich nachweisen lassen, dass den uns überlieferten Theorien indischer Musik zum Theil die Doctrin griechischer Musiker zu Grunde liegt. Dann würden also die Inder, wie in andern Seiten des

Culturlebens, so auch hier durch Vermittlung der hellenischen Dynastien in den indobaktrischen Ländern sich griechische Elemente angeeignet haben. Wir werden die hierher gehörigen Thatsachen bei Darstellung der griechischen Musik berücksichtigen, im Uebrigen aber vermögen wir ebensowenig der indischen wie der chinesischen und vorderasiatischen Musik ihre bestimmte Stellung anzuweisen.

Hiernach werden wir einen von den bisherigen Bearbeitern unseres Gegenstandes verschiedenen Weg einzuschlagen haben: wir werden nicht die einzelnen Völker des Alterthums der Reihe nach vorführen, um bei jedem einzelnen die uns überkommenen Notizen, welche irgendwie auf die Musik Bezug haben, zusammenzustellen, denn bei der gegenwärtigen Sachlage können uns jene Notizen doch nimmermehr ein auch nur annähernd deutliches Bild von der Eigenthümlichkeit dieser Musik liefern. Die Musik des Alterthums ist für uns keine andere, als eben nur die Musik des klassischen Alterthums, die Musik der Griechen, die dann weiterhin auch die der Römer geworden ist. Freilich haben sich Stimmen geltend gemacht, die auch die Darstellung der griechischen Musik aus der Musikgeschichte ausgeschlossen wissen wollen, weil wir auch von der Musik der Griechen und Römer eine deutliche Vorstellung uns nicht zu machen im Stande seien. Wir geben gern zu, dass die Musik diejenige unter den griechischen Künsten ist, von welcher uns die allerwenigsten und unbedeutendsten Trümmer geblieben sind. Aber auch die poetischen Denkmäler, die der Plastik, Architectur, Malerei liegen fast durchgängig nur in trümmerhafter Form vor uns, und es ist eben die Aufgabe der Wissenschaft, aus diesen Ruinen durch umsichtige und unparteiische Combination den alten Gesammtbau zu reconstruiren. Und so dürfen wir immerhin den Versuch wagen, aus dem, was uns von alter griechischer Musik überkommen ist, die Eigenthümlichkeit griechischer Musik im Gegensatze zu der modernen zu erkennen.

Dieser Versuch ist um so nothwendiger, als die Kenntniss griechischer Musik nichts weniger als nur von bloss antiquarischem Interesse ist. Sie liegt der Musik der christlichen Welt etwa in derselben Weise zu Grunde, wie die griechische Architectur, Plastik und Poesie den entsprechenden christlichen Künsten. Die Musik des byzantinischen und abendländischen Mittelalters ist zunächst die unmittelbare und continuirliche Fortpflanzung der altgriechischen und altrömischen Musik. Die alten Tonarten werden auch da im Gesange beibehalten, wo dieser nicht zur Verherrlichung der heidnischen

Götter, sondern des christlichen Gottes dient; mag sich im Laufe der Jahrhunderte auch noch so viel verändert haben, das Fundament der mittelalterlichen Tonkunst ist nachweislich das altgriechische. Indess ist das Gebiet der mittelalterlichen Musik um nichts klarer und durchsichtiger, als das der alten. Die Zahl der Autoren vom 10. bis 14. Jahrhundert ist freilich gross genug, auch fehlt es nicht an Musikresten, aber gar Vieles bleibt uns unverständlich, wenn nicht die analogen Erscheinungen des Alterthums herbeigezogen werden.

Wir haben zunächst zu scheiden zwischen der Musik des abendländischen und des byzantinischen Mittelalters. Jedes dieser Gebiete hat sich unabhäng von einander aus dem Alterthum entwickelt, und so fehlt es nicht an bedeutungsvollen Differenzen, die der Sonderung zwischen orientalischer und occidentalischer Kirche entsprechen. Beide Gebiete haben ferner auch das mit einander gemein, dass man etwa seit dem 9. Jahrhundert auf die Doctrin der erhaltenen Musiker der alten Zeit zurückging und mit der praktischen Musik der damaligen Zeit zu vereinen suchte: die Musiker von Byzanz schlossen sich hauptsächlich an Ptolemäus, Aristides, Euklides, die Musiker der lateinischen Kirche an Boëthius und Marcianus Capella, den Uebersetzer des Aristides an. Die altgriechischen Tonarten hatten sich bis damals erhalten, aber die alten Namen Dorisch, Phrygisch, Lydisch, Mixolydisch etc. waren in Vergessenheit gerathen; man sagte an ihrer Stelle 1., 2., 3. plagalische und 1., 2., 3. authentische Tonart, sowohl bei Byzantinern als Abendländern. Die Theoretiker des 10. und 11. Jahrhunderts suchten die alten Namen wieder hervor, aber weder Byzantiner noch Occidentalen haben die alten Namen richtig restituirt. Ebenso holte man für die einzelnen Töne der Scalen die längst verschollene altgriechische Terminologie hervor; besonders aber operirte man viel mit den akustischen Bestimmungen, welche die Alten von den Verhältnissen der Töne gegeben haben, und suchte auch hiernach die damalige praktische Musik zu reguliren. Dieses Zurückgehen auf das Alte war weder in der Praxis noch in der Theorie für die mittelalterliche Musik von günstigem Einfluss. Missverstandene Sätze der Alten wurden geradezu zum Fundamente der musikalischen Theorie erhoben, und Praxis und Theorie tritt hierdurch nicht selten in Widerspruch.

Soviel an dieser Stelle über das Verhältniss der mittelalterlichen Musik zur antiken. Die Beziehung ist, wir wiederholen es, eine doppelte: einmal der unmittelbare naturgemässe Fortschritt der heidni-

schen Musik zur christlichen unter Beibehaltung der altheidnischen
Fundamente, sodann die künstliche, aber missglückte Herübernahme
der alten Doctrin.

Es ist nun eine sehr interessante Erscheinung, dass auch der
grösste Feind der christlichen Kirche im Mittelalter, der Islam, in
seiner Musik gerade so wie jene von der altgriechischen Musik
ausgegangen ist. Die vermittelnde Brücke, welche die griechische
Musik zu den Arabern hinüberführte, bildete das auf den Trümmern
der macedonisch-asiatischen Dynastien sich erhebende Arsaciden- und
Sassaniden-Reich. Mag immerhin eine noch so grosse Differenz zwischen griechischer Musik und der durch die Sassaniden zu den Arabern gelangten Musik bestehen, so liefert doch das arabische Ton- und
Notensystem den unwiderleglichen Beweis dafür, dass das System der
arabischen Musik auf griechischem Grund und Boden auferbaut ist.
Wir dürfen also nicht bloss von einer unmittelbaren Fortentwicklung der
griechischen Musik im christlichen Orient und Occident, sondern auch
im heidnischen und islamitischen Orient reden. Aber auch bei den
Arabern wurde ebenso wie bei den Christen der Versuch gemacht, direct
auf die in den griechischen Musikern enthaltene Theorie einzugehen, und
zwar geschah dies von derselben Richtung der arabischen Wissenschaft
aus, welche die griechische Philosophie und Naturwissenschaft, insonderheit den Aristoteles einheimisch machte. Die Schriften des
Aristoxenus, Aristides u. A. wurden unter genauem Anschluss an den
griechischen Text den Arabern mundgerecht gemacht. Schon die
Schriften arabischer Musiker, die uns bis jetzt vorliegen, enthalten
manches unmittelbar aus dem Griechischen Uebersetzte, wofür uns
gegenwärtig das griechische Original verloren gegangen ist, und wenn
uns jener Zweig der arabischen Literatur noch weiter erschlossen sein
wird, werden wir ohne Zweifel noch manche Bereicherung des uns
überlieferten Materials griechischer Musiker zu erwarten haben. — Von
den Arabern ging die Theorie der Musik zu den Neupersern über, und
so finden wir noch über das Mittelalter hinaus den Einfluss griechischer
Musik bis tief ins Innere von Asien hineinreichen.*)

————————

*) Ausser den Arabern wird sich wahrscheinlich auch noch bei einem zweiten
semitischen Volke des Mittelalters eine aus der altgriechischen abgeleitete, der
byzantinischen verwandte Musik nachweisen lassen. Es sind dies die christlichen
Aethiopen in den Quellländern des Nils, die man heute gewöhnlich als Abyssinier
bezeichnet. Die Literatur dieses Volkes ist zum grossen Theile eine kirchlich-
sacrale; in einem grossen Theile der handschriftlichen Psalmen und Hymnen der

Hiermit sind die Gebiete abgegrenzt, welche wir zu durchwandern haben, die Musik des Alterthums und die Musik der mittelalterlichen Abendländer, Byzantiner und Araber, — es sind nicht getrennte und je in sich abgeschlossene Gebiete, sondern deutlich erkennbare Pfade führen aus dem Alterthume in die mittelalterlichen Regionen, und überall treffen wir hier auf Versuche einer Rückkehr zu dem gemeinsamen Ausgange, die aber immer unbelohnt bleiben. Nur dem christlichen Abendlande war es vergönnt, auf seiner Bahn nach vorwärts zu schreiten, als die Musikperiode der Niederländer die Brücken hinter sich abbrach und frei von dem Zwange antiker und mittelalterlicher Fesseln in geistiger Freiheit eine neue Welt der Musik eröffnete, die mit der alten nur noch die allgemeine Grundlage der Tonarten gemein hatte. Dies ist die Grenze, bis zu welcher wir hier die Geschichte der Musik verfolgen wollen.

Aethiopen sind über den Textesworten die Noten hinzugefügt. Mit Hülfe des ersten Kenners äthiopischer Literatur und Sprache in unserer Zeit machte ich den Versuch diese Notenzeichen zu entziffern: es sind die äthiopischen Buchstaben, die wir in ihrer Notenbedeutung zunächst als Zahlzeichen zu fassen haben. Ebenso haben auch die Araber das griechische Notenalphabet durch ihre Zahlzeichen umschrieben. Indess trat der glücklichen Lösung unseres Versuches, die äthiopischen Notenzeichen auf die griechischen zurückzuführen, die Hinwegberufung Dillmann's nach einer andern Universität hindernd in den Weg, und so möge es denn hier genügen Andere auf diese mit Hülfe griechischer Musikkenntniss sicherlich zu entziffernde Notation der Aethiopen aufmerksam gemacht zu haben. Sollten sich, wie zu erwarten steht, in syrischen Handschriften Notenzeichen finden, so werden auch diese aus der griechischen Musik sich erklären lassen.

Erstes Kapitel.

Uebersicht der Theorie der antiken Musik.

Die Geschichte der antiken Musik zerfällt in zwei grosse Abschnitte, deren Grenzscheide das Ende des dritten vorchristlichen Jahrhunderts bildet. Die erste Periode ist die der schöpferischen Kunst, die zweite die der Kunsttheorie, die der im Laufe der Jahrhunderte immer mehr welkenden Nachblüthe der Kunst zur Seite geht. In der ersten Periode ist das alte Hellenenland das ausschliessliche Gebiet, auf das wir angewiesen sind, in der zweiten hat sich dies Gebiet über die ganze antike Welt bis in die Grenzen von Indien hinein ausgedehnt. Interessanter ist es jedenfalls, die schöne Thätigkeit der ersten Periode zu betrachten, aber fast Alles, was wir von ihr wissen, verdanken wir dem Sammelfleiss der zweiten Periode, und es wird unmöglich für uns sein, der Bewegung des früheren Kunstlebens zu folgen, wenn wir nicht einigermassen mit der von den späteren Theoretikern aufgestellten Doctrin vertraut sind. So ist denn vor Allem nöthig — nicht etwa die Quellen der antiken Musik zu überschauen, deren Betrachtung vielmehr der geschichtlichen Darstellung der zweiten Periode überlassen bleiben soll —, als vielmehr eine kurze Uebersicht über die wichtigsten Punkte der alten Theorie uns zu verschaffen und uns sogleich in die Zeit zu versetzen, wo die eigentlich klassische Musik und die wahrhafte Schöpferkraft der Kunst erloschen war, in die alexandrinisch-macedonische und in die römische Kaiserzeit.

Die beiden Hauptrepräsentanten der antiken musikalischen Forschung, Aristoxenus, der Schüler des Aristoteles, und Claudius Ptolemäus zur Zeit Hadrians, legen eine Scala von 15 Tönen zu Grunde, die wir mit unseren, aus dem christlichen Mittelalter herrührenden Notenbuchstaben folgendermassen bezeichnen dürfen:

A H C D E F G a h c d e f g a

Die Scala umfasst also genau zwei unserer Moll-Octaven (in absteigender Bewegung, ohne Erhöhung der sechsten und siebenten Stufe). Diese Scala nannte man „das volle oder umfassende System, τέλειον σύστημα" — („voll" oder „umfassend" im Gegensatze zu den weniger umfangreichen Scalen · der früheren Zeit; „System" ist die antike Bezeichnung für Scala überhaupt).

Wir Modernen benennen die einzelnen Töne der Scala als Prime, Secunde, Terz, Quarte u. s. w. So einfach haben es sich die Alten nicht gemacht, ihre Nomenclatur erscheint vielmehr so unbequem und unübersichtlich wie möglich:

$\bar{a}$ Nete hyperbolaion
g Paraneto hyperbolaion
f Trite hyperbolaion
e Nete diezeugmenon . . . .
d Paranete diezeugmenon
c Trite diezeugmenon
h Paramese
a Mese
G Lichanos meson
F Parhypate meson
E Hypate meson . . . .
D Lichanos hypaton
C Parhypate hypaton
H Hypate hypaton
A Proslambanomenos

Die Griechen sind bei dieser Nomenclatur nämlich lediglich historisch˜ zu Werke gegangen. Den historischen Ausgangspunkt unseres „vollen Systemes" bildete eine Octave von E bis e, das alte Octachord der klassischen Zeit, dem man in der Tiefe die Töne A H C D, in der Höhe die Töne f g $\bar{a}$ hinzufügte. Auf diesem Octachorde hatten die 8 Töne bereits denselben Namen, wie später auf dem vollen Systeme, nur dass man die Zusätze meson und diezeugmenon fortliess. Hier haben die Namen einen guten Sinn:

e Nete, die letzte (Saite)
d Paranete, die vorletzte
c Trite, die dritte
h Paramese, die nächst-mittlere
a Mese, die mittlere
G Lichanos, die Zeigefinger-Saite
F Parhypate, die nächst-erste
E Hypate, die erste

In der Tiefe fügte man zunächst die 3 Töne H C D hinzu; man benannte sie mit denselben Namen, wie die 3 Töne E F G, welche

die 3 tiefsten Töne des alten Octachordes gebildet hatten: Hypate, Parhypate, Lichanos; zur Unterscheidung fügte man aber jedem Tone den
Zusatz meson und hypaton hinzu: *H* Hypate hypaton, die erste unter
den ersten, *E* Hypate meson, die erste unter den mittleren —
denn die tiefsten Töne waren jetzt zu mittleren Tönen geworden.
Späterhin kam als allertiefster noch der Ton *A* hinzu: man nannte
ihn Proslambanomenos „den Hinzugenommenen".

  Mit der Nomenclatur der 3 in der Höhe hinzugefügten Saiten
f g a verfuhr man auf die nämliche Weise: man benannte auch sie
mit denselben Namen wie die 3 höchsten Saiten des alten Octachords
c d e: Trite, Paranete, Nete, setzte dann aber den Genitiv hyperbolaion hinzu, also Nete hyperbolaïon, die letzte unter den
übermässigen (nämlich den übermässig hohen). Sollten dieselben
Namen als Bezeichnung von *c d e* dienen, so setzte man diezeugmenon, d. h. „unter den getrennten" hinzu: Nete diezeugmenon,
„die letzte unter den getrennten". Woher der Ausdruck „getrennte",
mag hier zuerst unerörtert bleiben.

  Am besten wird man die Bezeichnung der griechischen Töne
auf folgende Weise übersehen können:

  Auf dem vollen Systeme oder der Moll-Doppeloctav lassen sich
7 verschiedene Octavenintervalle annehmen: *Aa* oder *a a̅*, *H h*, *C c*, *D d*,
E e, *F f*, *G g*. Hierdurch werden, wie die griechischen Theoretiker
sagen, 7 verschiedene Octavengattungen gebildet.

  Die erste Octavengattung umfasst die Töne von der Hypate
hypaton bis zur Paramese, also von *H* bis *h*:

$$H C \quad D \quad E F \quad G \quad a \quad h;$$

das erste und vierte Intervall besteht hier aus einem Halbtone. Diese
Octavengattung heisst die Mixolydische.

  Die zweite Octavengattung umfasst die Töne von der Parhypate hypaton bis zur Trite diezeugmenon:

$$C \quad D \quad E F \quad G \quad a \quad h c;$$

das dritte und letzte Intervall ist ein Halbton. Diese Octavengattung heisst die Lydische.

Die dritte Octavengattung umfasst die Töne von der Lichanos hypaton bis zur Paranete diezeugmenon:

D E F G a h c d,

mit dem Halbtonintervalle an zweiter und sechster Stelle. Sie heisst die Phrygische.

Die vierte Octavengattung umfasst die Töne von der Hypate meson bis zur Nete hyperbolaion:

E F G a h c d e,

mit dem Halbtonintervalle an erster und fünfter Stelle. Sie heisst die Dorische.

Die fünfte Octavengattung umfasst die Töne von der Parhypate meson bis zur Trite hyperbolaion:

F G a h c d e f,

das Halbtonintervall an vierter und letzter Stelle. Sie heisst die Hypolydische.

Die sechste Octavengattung umfasst die Töne von der Lichanos meson bis zur Paranete hyperbolaion:

G a h c d e f g,

das Halbtonintervall an dritter und vor letzter Stelle. Sie heisst die Hypophrygische.

Die siebente Octavengattung umfasst die Töne von der Mese bis zur Nete hyperbolaion, oder was dasselbe ist, vom Proslambanomenos bis zur Mese:

a h c d e f g a,

das Halbtonintervall an zweiter und fünfter Stelle. Sie heisst die Hypodorische oder Lokrische.

So weit die Techniker der Kaiserzeit (Aristides, Pseudo-Euklid, Bacchius, Gaudentius), die hier aus einem uns verlorenen Theile der Aristoxenischen Harmonik schöpfen. Wir Modernen gebrauchen von diesen Octavengattungen nur 2, nämlich die in *a* (unsere Durtonart) und die in *c* (unsere Molltonart). Bis zum 16. Jahrhunderte war unsere Musik in dieser Beziehung reicher, sie gebrauchte ausser den Octavengattungen in *a* und *c* auch noch die Octavengattungen in *d, e, g, f*. Das sind die Tonarten, welche wir jetzt die Kirchentöne nennen (der dorische, phrygische, hypodorische Kirchenton): das christliche Mittelalter hat sie unmittelbar aus der griechischen Musik mit hinübergenommen, dabei aber die Namen der einzelnen Octavengattungen in einer etwas andern Weise als das Griechenthum verwandt, wovon später die Rede sein wird.

Bei den Griechen also bezeichnen folgende 7 Töne den Anfangston der 7 Octavengattungen:

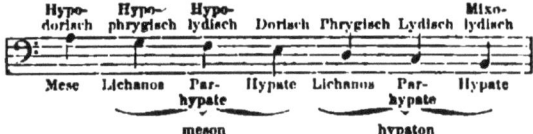

Nennen wir den von den Alten angegebenen tiefen Anfangston
jeder Octavengattung die Prime, den zweiten Ton die Secunde, den
dritten die Terz u. s. f., also Mixolydische Prime, Mixolydische Secunde, Mixolydische Terz (abgekürzt M 1, M 2, M 3) — Lydische
Prime, Lydische Secunde, Lydische Terz (abgekürzt L 1, L 2, L 3) u. s. f.,
so lässt sich die Bedeutung der in dem vollen Systeme enthaltenen
15 Töne mit Rücksicht auf die verschiedenen Octavengattungen folgendermassen darstellen:

Note hyp.	a	—	—	—	—	—	—	H D 8	a
Paran. hyp.	g	—	—	—	—	—	H P 8, H D 7		g
Trite hyp.	f	—	—	—	—	H L 8, H P 7, H D 6			f
Note diez.	e	—	—	—	D 8, H L 7, H P 6, H D 5				e
Paran. diez.	d	—	—	P 8, D 7, H L 6, H P 5, H D 4					d
Trite diez.	c	—	L 8, P 7, D 6, H L 5, H P 4, H D 3						c
Paramese	h	M 8, L 7, P 6, D 5, H L 4, H P 3, H D 2							h
Mese	a	M 7, L 6, P 5, D 4, H L 3, H P 2, H D 1							a
Lich. mes.	G	M 6, L 5, P 4, D 3, H L 2, H P 1						—	G
Parhyp. mes.	F	M 5, L 4, P 3, D 2, H L 1					—	—	F
Hypate mes.	E	M 4, L 3, P 2, D 1				—	—	—	E
Lich. hy .	D	M 3, L 2, P 1			—	—	—	—	D
Parhyp. hyp.	C	M 2, L 1		—	—	—	—	—	C
Hypate hyp.	H	M 1	—	—	—	—	—	—	H
Poslamban.	A	—	—	—	—	—	—	—	A

Es ist also z. B. die Mese a zugleich Hypodorische Prime, Hypophrygische Secunde, Hypolydische Terz, Dorische Quarte, Phrygische
Quinte, Lydische Sexte, Mixolydische Septime.

Dies ist die ältere Bezeichnungsreihe der Töne, die sogenannte
dynamische (ὀνομασία κατὰ δύναμιν). Es gibt aber noch eine zweite
Bezeichnungsart, die uns durch Ptolemäus aufs ausführlichste überliefert ist, die sogenannte thetische (ὀνομασία κατὰ θέσιν). Hiernach
wird nämlich in jeder Octavengattung der tiefe Schlusston derselben
oder die Prime, die Hypate meson dieser Octavengattung genannt, die
Secunde heisst Parhypate meson u. s. f.

	Hyp. mesou. Prime.	Parh. meson. Secunde.	Lich. meson. Terz.	Mese. Quarte.	Para- mese. Quinte.	Trite diez. Sexte.	Paran. diez. Septime.	Nete diez. Octave.
Mixolydische	H	C	D	E	F	G	a	h
Lydische	C	D	E	F	G	a	h	c
Phrygische	D	E	F	G	a	h	c	d
Dorische	E	F	G	a	h	c	d	e
Hypolydische	F	G	a	h	c	d	e	f
Hypophrygische	G	a	h	c	d	e	f	g
Hypodorische	a	h	c	d	e	f	g	a

Die dynamische Hypate hypaton kann sowohl die Prime, wie die Secunde, wie die Terz sein u. s. w., je nachdem der durch sie bezeichnete Ton *E* zu einer Compositon in der Dorischen oder Phrygischen oder Lydischen Octavengattung gehört u. s. w. Die thetische Hypate hypaton ist jedesmal die Prime irgend einer Octavengattung, die Mixolydische Prime *H*, die Lydische Prime *C*, die Phrygische Prime *E* u. s. w. Die dynamische Hypate hypaton ist ein constanter Ton (immer der Ton *E*), die thetische Hypate hypaton ist ein variabler Ton, hat aber immer die Geltung der Prime, die Hinzufügung des Namens der Octavengattung gibt die jedesmalige Tonhöhe an: Lydische, Phrygische, Mixolydische Hypate hypaton (Λύδιος ὑπάτη ὑπατῶν oder ὑπάτη ὑπατῶν κατὰ θέσιν Λυδίου).

Fügen wir noch hinzu, dass auch die unterhalb der Hypate meson und die oberhalb der Nete diezeugmenon liegenden Töne in den Bereich der thetischen Bezeichnungsweise aufgenommen werden. Die thetische Lichanos hypaton bezeichnet dann also die Untersecunde, die Parhypate hypaton die Unterterz, die Hypate hypaton die Unterquarte, der Proslambanomenos die Unterquinte — und ebenso die Trite hyperbolaion die None, die Paranete hyperbolaion die Decime, die Nete hyperbolaion die Undecime.

———————

•Was wir also Kirchentöne nennen, heissen bei den griechischen Theoretikern Octavengattungen. Dieselben Namen aber, welche die einzelnen Octavengattungen bezeichnen, Mixolydisch, Lydisch, Phrygisch u. s. w. werden nun noch in einer ganz andern Bedeutung gebraucht, nämlich zur Unterscheidung der Transpositionsscalen. Das aus 15 Tönen oder zwei Octaven bestehende „volle System“, von welchem wir bisher gesprochen haben, war ein *A*-Moll oder ein Moll ohne Vorzeichen. Die Griechen aber konnten diese Scala auf jede der

Transpositionsstufen erheben, welche uns Modernen bei gleichschwebender Temperatur (also auf dem Clavier) zu Gebote stehen.   Aristoxenus theilt die Octave, welche von unserem grossen *F* bis zum kleinen *f* reicht, in 12 Halbtonintervalle (nach gleichschwebender Temperatur) und errichtet auf jedem der Halbtöne ein „volles System“ (eine
Moll-Doppeloctav von 15 Tönen).   Die Namen dieser Transpositionsscalen oder wie die Griechen sagen, τόνοι, sind folgende:

4 ♭	*F*	Hypodorischer Tonos
3 ♯	*Fis*	tief Hypophrygisch, später Hypoiastisch
2 ♭	*G*	Hypophrygisch
5 ♯	*Gis*	tief Hypolytisch, später Hypoäolisch
	A	Hypolydisch
5 ♭	*B*	Dorisch
2 ♯	*H*	tief Phrygisch, später Iastisch
3 ♭	*c*	Phrygisch
4 ♯	*cis*	tief Lydisch, später Aeolisch
1 ♭	*d*	Lydisch
6 ♭	*es*	Mixolydisch, später Hyperdorisch
1 ♯	*e*	hoch Mixolydisch, später Hyperiastisch
4 ♭	*f*	Hypermixolydisch, später Hyperphrygisch.

Die letzte dieser Scalen ist nur die höhere Octave der ersten (Hypodorischen in *F*).   In der Zeit nach Aristoxenus kommt auch noch die
höhere Octave der zweiten (*Fis*) und dritten (*G*) in Aufnahme, und so
treten zu jenen 13 Scalen noch 2 weitere hinzu:

3 ♯	*fis*	Hyperäolisch
2 ♭	*g*	Hyperlydisch.

Entspricht die tiefste Scala (Hypodorisch) unserem *F*, so folgt
von selber, dass die folgende in *Fis*, die nächstfolgende in *G* beginnt u. s. w.; denn in der angegebenen Reihenfolge liegen die Anfangstöne der Scala; laut den Berichten der alten Theoretiker immer
ein Halbtonintervall von einander fern.   Weshalb wir aber berechtigt
sind, den Proslambanomenos des Hypodorischen als unser *F* zu fassen,
wird sich erst später sagen lassen.

Die Scala also, welche wir oben bei Besprechung der Octavengattungen zu Grunde gelegt hatten, war *A*-Moll oder der Hypolydische Tonos.   Dasselbe, was wir in Bezug auf dies *A*-Moll sagten,
gilt auch von den übrigen Transpositionsscalen: eine jede hat ihren
Proslambanomenos, ihre Hypate hypaton, ihre Mese u. s. w.; insbesondere ist festzuhalten, dass in jeder Transpositionsscala die 7 verschiedenen Octavengattungen genommen werden können, z. B.

Tonos.	Mixolydisch	Lydisch	Phrygisch	Dorisch	Hypolydisch	Hypophryg.	Hypodorisch							
Hypodorischer	F	G	As	B	c	Des	Es	f	g	as	b	c	des	es	f
Hypophryg.	G	A	B	c	d	es	f	g	a	b	c	d	es	f	g
Hypolydischer	A	H	c	d	e	f	g	a	h	c	d	e	f	g	a
Dorischer	B	c	des	es	f	ges	as	b	c	des	es	f	ges	as	b
Phrygischer	c	d	es	f	g	as	b	c	d	es	f	g	as	b	c
Lydischer	d	e	f	g	a	b	c	d	e	f	g	a	b	c	d
Mixolydischer	es	f	ges	as	b	ces	des	es	f	ges	as	b	ces	des	es

Proslamban. · Hypate · Parhypate · Lichanos (hypaton) — Hypate · Parhypate · Lichanos (meson) — Mese · Paramese · Trite · Paranete · Nete (die zeugmenon) — Trite · Paranete · Nete (hyperbolaion)

Es wird also die hypodorische Octavengattung nicht bloss in der Scala ohne Vorzeichen (Tonos Hypolydios) gesetzt:

$$a \; h \; c \; d \; e \; f \; g \; a,$$

sondern auch in den Scalen mit 2, 3, 4, 5, 6 u. s. w.:

| | im Tonos Lydios | d | e | f | g | a | b | c | d |
| | „ Phrygios | c | d | es | f | g | as | b | c u. s. w. |

Ebenso die lydische Octavengattung:

	im Tonos Lydios	f	g	a	b	c	d	e	f
	„ Phrygios	e	d	es	f	g	as	b	e
	„ Dorios	b	c	des	es	f	ges	as	b u. s. w.

Die phrygische Octavengattung:

	im Tonos Lydios	g	a	b	c	d	e	f	g
	„ Phrygios	f	g	as	b	c	d	es	f
	„ Dorios	es	f	ges	as	b	c	des	es u. s. w.

Die dorische Octavengattung:

	im Tonos Lydios	a	b	c	d	e	f	g	a
	„ Phrygios	g	as	b	c	d	es	f	g
	„ Dorios	f	ges	as	b	c	des	es	f u. s. w.

und so alle übrigen Octavengattungen in jedem Tonos, ebenso wie bei uns die Moll- und Dur-Tonart unter jedem Vorzeichen genommen werden kann.

Indess waren nicht alle Tonoi in gleich häufigem Gebrauch. Am häufigsten der Tonos Hypolydios und Lydios (ohne Vorzeichen und mit 1 ♭): sie kamen in jeder Gattung der Musik vor. Am seltensten diejenigen, welche unseren Kreuzscalen entsprechen. Denn der tief-

hypophrygische (*Fis*), der tief-lydische (*cis*), der tief-hypolydische
(*Gis*) mit 3, 4 und 5 Kreuzen sind für die Praxis gar nicht nachzuweisen, sie scheinen vielmehr nur der Theorie anzugehören, bis in der
Zeit nach Aristoxenus die höhere Octav des tief-hypophrygischen (*fis*)
für das Instrumentalspiel der Auleten in Aufnahme kommt. Der hoch-
mixolydische (*e*) mit 1 Kreuz kommt schon vor Aristoxenus bei den
Auleten und Kitharoden, der tief-phrygische (*H*) mit 2 Kreuzen bei
den Auleten vor.

   Dagegen sind schon früh sämmtliche ♭-Scalen im Gebrauch, 1 ♭
bei Kitharoden, die mit 1, 2, 3 ♭ bei Auleten, die mit 1, 2, 3, 4, 5 6 ♭
in der Chor-Musik oder Orchestik.

   Ausser der Ordnung, in welcher wir oben die Transpositionsscalen, der gewöhnlichen Angabe der Alten folgend, aufgezählt haben,
war den Alten auch die Anordnung nach dem Quintencirkel bekannt,
für welche sie die Bezeichnung „Tetrachord-Gemeinschaft" (κατὰ τετρά-
χορδα κοινωνία) haben. Die Mese oder der Proslambanomenos des
einen Tonos, so sagen sie, ist jedesmal die Hypate meson des anderen
(Aristid. S. 25):

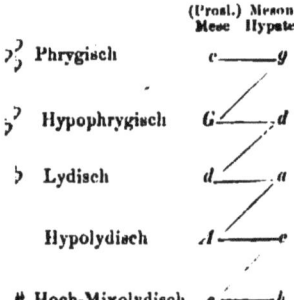

Diese Verwandtschaft der Tonoi nach dem Quintencirkel ist für
die Praxis der Alten von hoher Bedeutung, wie sich schon daraus ergeben hat, dass sich die einzelnen Arten der Musik, Orchestik, Auletik, Kitharodik nur solcher Tonoi bedienen, die unter sich nach
dem Quintencirkel zusammenhängen:

   Die Orchestik aller Tonoi von 6♭ bis ohne Vorzeichen
   „ Auletik   „   „   „ 3♭ bis 2♯ (oder 3♯).
   „ Kitharodik „   „   „ 2♭ bis 1♯.
Ebenso auch späterhin (in der Kaiserzeit) die Hydrauleten aller
Tonoi von 3♭ bis 1♯. — Die Ordnung der antiken Tonoi nach dem
Quintencirkel würde also folgende sein:

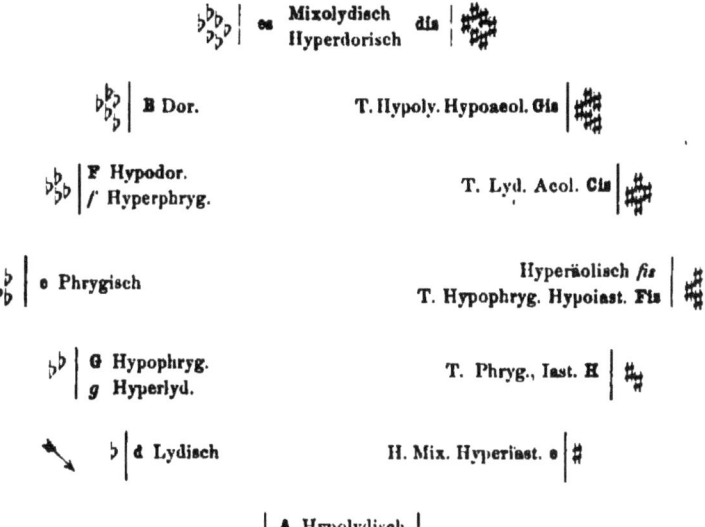

Die Abkürzungen T. und H. bedeuten Tief-(Lydisch) und Hoch-(Mixolydisch). — Ein jeder Tonos hat, wie sich hier ergibt, zunächst 2 verwandte Tonoi, mit denen er in Tetrachord-Gemeinschaft steht, und zwar können wir den einen den zunächst vorausgehenden Tonos nennen (mit einem ♭ mehr oder einem ♯ weniger), den andern den zunächst folgenden Tonos (mit einem ♭ weniger oder einem ♯ mehr). Nach unserer Art zu reden: wird die Oberdominante einer Scala zur Tonica erhoben, so entsteht die nächst folgende Scala; wird die Unterdominante zur Tonica erhoben, so entsteht die zunächst vorausgehende Scala. Dies Verhältniss spricht sich in der Nomenclatur durch die Vorsatzsylbe Hypo und Hyper aus:

Mit der hier besprochenen Verwandtschaft nach dem Quintencirkel steht eine eigenthümliche Gestaltung des Systemes oder der
Scala im innigsten Zusammenhange. Bisher haben wir von dem Systeme mit 15 Tönen gesprochen, es gab aber daneben auch ein System
oder eine Scala von nur 11 Tönen (Hendekachord), durch welches
zwei nach dem Quintencirkel verwandte Tonoi mit einander vermittelt
werden, z. B.

Phrygisch ♭♭ | c d e f g as b c d es f g as b c
                      G A B c d es f g as b c
Hypophryg. ♭♭ | G A B c d es f g a b c d es f g
                          d e f g a b c d es f g
                Lydisch ♭ | d e f g a b c d e f g a b c d

Die zwischen dem Phrygischen und Hypophrygischen Systeme
(c-Moll und G-Moll) in der Mitte stehende Scala von 11 Tönen ist in
seiner tieferen Partie ein G-Moll, in seiner höheren Partie ein c-Moll,
denn dort enthält es den Ton A, hier den Ton as, es ist also unten
Hypophrygisch, oben Phrygisch. — Eben so die zwischen dem Hypophrygischen (G-Moll) und dem Lydischen (d-Moll) in der Mitte
stehende Scala.

Phryg. ♭♭
G   A   B   c   d   es   f   g   as   b   c
Hypophryg. ♭♭

Hypophryg. ♭♭
d   e   f   g   a   b   c   d   es   f   g
Lydisch ♭

Auf einer jeden dieser Scalen lassen sich also 2 verwandte Tonoi
des Quintencirkels je vom Umfang einer Octave darstellen. Man bezeichnet sie nach dem auf ihrer unteren Partie herrschenden Tonos,
die erste Scala also als ein Hypophrygisches, die zweite als ein Lydisches System, und zwar als das Hypophrygische Synemmenon-
System, als das Lydische Synemmenon-System u. s. w. im Gegensatze zu der oben besprochenen Form des Systems von 15 Tönen,
welches durch die Namen Hypophrygisches Diezeugmenon-System,
Lydisches Diezeugmenon-System davon unterschieden wird.

Somit gibt es für jeden Tonos zwei verschiedene Systeme. Das
Diezeugmenon-System enthält zwei gleiche Moll-Octaven, eine
tiefere und eine höhere, das Synemmenon-System nur die tiefere
Molloctav, statt der höheren aber bietet es drei Töne dar, welche die

Schlusstöne auf dem Diezeugmenon-Systeme des zunächst vorausgehenden Tonos sind:

Hypophr.	Synem.	*G A B c d es f g a b c*
	Diezeug.	*G A B c d es f g a b c d es f g*
Lydisch.	Synem.	*d e f g a b c d a f g*
	Diezeug.	*d e f g a b c d e f g a b c d*
Hypolyd.	Synem.	*A H c d e f g a b c d*
	Diezeug.	*A H c d e f g a h c d e f g a*
Hochmix.	Synem.	*e fis g a h c d e g a*
	Diezeug.	*e fis g a h c d e fis g a h c d e*

Die acht unteren Töne des Synemmenon- und Diezeugmenon-Systemes desselben Tonos sind völlig gleich, sie haben daher auch die Namen gemein: Proslambanomenos — Hypate, Parhypate, Lichanos hypaton — Hypate, Parhypate, Lichanos meson — Mese. Die höheren Töne des Synemmenon-Systemes haben dagegen ihre eigne Nomenclatur:

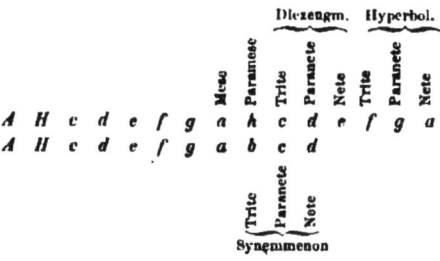

Trite, Paranete, Nete diezeugmenon heisst der dritte, vorletzte und letzte unter den getrennten Tönen, Trite, Paranete, Nete synemmenon heisst der dritte, vorletzte und letzte unter den verbundenen Tönen. Man war nämlich seit alter Zeit her gewohnt, die Scalen in Tetrachorde oder Quarten zu theilen:

$$A \quad H \quad c \quad d \quad e \quad f \quad g \quad a \quad \overline{h \quad c \quad d} \quad \overline{e \quad f \quad g \quad a}$$

$$A \quad H \quad c \quad d \quad e \quad f \quad g \quad a \quad b \quad \overline{c \quad d}$$

Ohne den erst später hinzugefügten Proslambanomenos *A* zu berücksichtigen, sagte man von der ersten der beiden Scalen, sie bestände aus den vier Tetrachorden *He*, *ea*, *hē*, *ea*; die zwei tieferen und die zwei höheren dieser vier Tetrachorde waren je mit einander verbunden, d. h. der höchste Ton des tieferen Tetrachordes war zugleich der tiefste Ton des höheren Tetrachordes; das zweite und dritte Tetrachord aber *ea* und *hē* waren nicht verbunden, sondern

durch das Ganztonintervall *a h* von einander getrennt, daher nannte
man diese Töne die getrennten.

In der zweiten vorliegenden Scala war aber auch das dritte Tetrachord *a d̄* unmittelbar mit dem vorausgehenden durch den beiden gemeinsamen Ton *a* verbunden, daher für die Töne *b c̄ d̄* dieses Tetrachordes der Name: verbundene Töne.

Es gab nun aber für jeden Tonos auch noch eine dritte Art des
Systemes, in welcher das Synemmenon- und Diezeugmenon-System
mit einander· vereint waren. Diese Vereinigung wäre schon dadurch
erreicht gewesen, dass man in das Diezeugmenon-System den eigenthümlichen Ton des Synemmenon-Systemes, nämlich die Trite synemmenon, die den Leitton zum unmittelbar vorausgehenden Tonos bildet,
eingeschaltet hätte, etwa:

$$\text{Trite syn.}$$
$$A \; H \; c \; d \; e \; f \; g \; a \; [b] \; h \; c \; d \; e \; f \; g \; a;$$

man schaltete aber statt dieses einen Tones die sämmtlichen Töne
synemmenon ein:

$$A \; H \; c \; d \; e \; f \; g \; a \; [b \; \bar{c} \; \bar{d}] \; h \; \bar{c} \; \bar{d} \; \bar{e} \; \bar{f} \; \bar{g} \; \bar{a},$$

was man auch so auffassen kann, dass man dem Synemmenon-System
des Tonos noch die 7 letzten Töne des Diezeugmenon-Systemes hinzugefügt habe:

$$A \; H \; c \; d \; e \; f \; g \; a \; b \; \bar{c} \; \bar{d} \; | \; h \; \bar{c} \; \bar{d} \; \bar{e} \; \bar{f} \; \bar{g} \; \bar{a}.$$

So verfährt wenigstens die Theorie. Wie sie dazu gekommen, diese
Töne *c̄ d̄* überflüssig zu wiederholen, wird sich später zeigen.

Das Vorliegende wird genügen, um sich über die alten Tonsysteme
und Transpositionsscalen vorläufig zu orientiren. Woher aber kommt es,
dass dieselben Namen, welche zur Bezeichnung der Tonoi oder Transpositionsscalen gebraucht werden, auch als Namen der Octavengattungen
erscheinen? Um sich diese scheinbar höchst wunderliche Thatsache zu
erklären, muss man festhalten, dass die Scalen mit ♭ und ohne Vorzeichen die ältesten sind. Sie sind S. 15 zusammengestellt mit Angabe der dynamischen Geltung der einzelnen Töne und ebendaselbst
ist angegeben, welche Töne die Anfangstöne oder Primen (nach
griechischer Terminologie die thetischen Hypatai meson) der sieben
Octavengattungen sind. Auf dieser Tabelle zeigt sich nun, dass der
einzige den 7 alten Transpositionsscalen gemeinsame Ton der Ton *f* ist.
Das war der Ton, von welchem man bei der Bezeichnung derselben
ausging. In der Scala *F* (mit 4 ♭) ist es der Grundton der Hypo-

dorischen Octavengattung, daher nannte man die ganze Scala den Hypodorischen Tonos. In der Scala *C* (mit 2 ♭) ist *f* die Prime der Hypophrygischen Octavengattung, daher übertrug man auf sie den Namen Hypophrygisch. Es ist ferner der Ton *f* die Prime der Hypolydischen Octavengattung in der Scala *A* (ohne Vorzeichen), die Prime der Dorischen in der Scala *B* (mit 5 ♭), die Prime der Phrygischen in der Scala *c* (mit 3 ♭), die Prime der Lydischen in der Scala *d* (mit 1 ♭), die Prime der Mixolydischen in der Scala *es* (mit 6 ♭), und so ist auf jeden Tonos der Name derjenigen Octavengattung übertragen, deren Prime durch den in ihm vorkommenden Ton *f* gebildet wird. Diese Bevorzugung des Tones *f* lässt sich freilich nur daraus erklären, dass derselbe in irgend einer Beziehung von einer besonderen Bedeutung war — worin diese bestand, kann uns vorläufig gleichgültig sein.

Wir müssen jetzt zu den 7 Octavengattungen zurückkehren. Wenn wir oben unter Zugrundelegung der Hypolydischen Scala (ohne Vorzeichen) den Ton *a* als die Hypodorische Prime, *h* als die Mixolydische Prime, *c* als die Lydische Prime, *d* als die Phrygische Prime, *e* als die Dorische Prime, *f* als die Hypolydische Prime, *g* als die Hypophrygische Prime und die folgenden Töne als Secunden, Terzen u. s. w. gefasst haben, so sind wir dazu insofern berechtigt, als die Techniker die Töne *a*, *h*, *c* u. s. w. in der angegebenen Weise den Anfangston der Octavengattung oder die thetische Hypate hypaton nennen. Aber war dieser Anfangston der Octavengattung auch zugleich derjenige, in welcher die Melodie abschloss, war sie wirklicher Grundton oder Tonica? Im Systeme unserer Kirchentonarten hat der Anfangston der Scala allerdings die Bedeutung der Tonica für Melodie und Harmonie, aber dies beweist noch nichts für die Griechen. Denn das System unserer Kirchentöne hat sich erst am Ende des Mittelalters herausgebildet, es ist durchaus nicht das der eigentlich mittelalterlichen Tonarten. Wollten wir von der Behandlung der Kirchentöne einen Schluss auf die griechische Musik machen, so müssten wir wenigstens von ihrer Behandlung im Mittelalter ausgehen. Nun haben wir aber die bestimmtesten Zeugnisse, dass im Byzantinischen Mittelalter die 7 Octavengattungen die Melodien nicht in der (thetischen) Hypate hypaton, sondern in der Mese abschliessen, und ebenso reden die Musiker des abendländischen Mittelalters vom Schlusse der Tonart in der Media, worüber der zweite Theil dieser Schrift das Nähere enthalten wird.

Auch für die alten Octavengattungen hatte die thetische Mese, die wir bisher die Quarte genannt haben, eine besonders hervorragende Bedeutung. Die Aristotelischen Probleme über Musik berichten, dass alle guten Componisten vorwiegend auf der Mese verweilen, und wenn sie dieselbe verlassen haben, doch immer wieder zu ihr zurückkehren, was bei keinem andern Tone in dieser Weise der Fall sei. Der häufige Gebrauch der Mese sei so nothwendig für das Colorit der griechischen Musik, wie bestimmte Partikeln für das Colorit der Sprache — wer sich dieser Partikeln enthalte, verrathe sich als Ausländer und ebenso verrathe sich durch seltenen Gebrauch der Mese der schlechte Componist. Daher stimme man auch stets nach der Mese: sei sie falsch gestimmt, so erklängen auch alle übrigen Töne unrein; sei sie richtig gestimmt und die anderen Töne unrein, so zeige sich die Unreinheit blos bei diesen, nicht aber bei der Mese. Das Letztere wird auch anderweitig bestätigt, denn ganz dasselbe sagt Dio Chrysost. 68, 7.

Dass unter der Mese, von der die Rede ist, nicht die dynamische Mese (die Mitte des 15saitigen Transpositionsscalen-Systems), sondern die thetische Mese d. h. der vierte Ton der Octavengattungen gemeint ist, braucht schwerlich erst bewiesen zu werden. Denn wie wäre es möglich, dass, wenn z. B. bei Zugrundelegung des Hypolydischen Tonos eine Composition in Hypophrygischer Octavengattung gespielt würde, sämmtliche Töne falsch klingen sollten, blos weil die dynamische Mese *a* falsch gestimmt sei? Es bleibt also nichts übrig, als unter der Mese die jedesmalige Quarte der Octavengattung zu verstehen, die Quarte also ist es, welche überall durchklingt, welche das Gefühl immer festhält, so sehr, dass wenn sie falsch gestimmt war, auch die übrigen Töne falsch zu klingen schienen; die Quarte ist es, die am häufigsten gebraucht, auf der am längsten verweilt und zu der schliesslich zurückgekehrt ist, wenn sie verlassen war; sie ist es endlich, nach welcher das Instrument gestimmt wurde.

Hat nun aber die Mese oder Quarte diese prävalirende Bedeutung, so gehört andrerseits auch die Hypate meson und deren Octave, die Nete diezeugmenon, zu denjenigen Tönen, welche den Charakter der Tonart bestimmen, da sie von den Technikern als Anfang und Schluss der Octavengattung hingestellt werden. Es könnte das Letztere zwar auch den Sinn haben, dass der Umfang einer in einer bestimmten Octavengattung gehaltenen Melodie sich innerhalb der Hypate

meson und Nete diezeugmenon als den beiden Grenztönen bewegte,
aber die erhaltenen Musikreste zeigen sämmtlich, dass dieser Umfang
keineswegs gewahrt wurde, und wir müssen daher die Bedeutung,
welche die Techniker jenen beiden Tönen geben, auf den harmonischen Charakter der Tonart beziehen.

Die Töne also, durch welche der Charakter der 7 Octavengattungen bestimmt wird, sind folgende:

| | Hyp. mes. | Mese | Nete diez. |

Mixolyd.

Lydisch

Phrygisch

Dorisch

Hypolyd.

Hypophryg.

Hypodor.
Lokrisch

Hierdurch ist wenigstens im Allgemeinen die Natur der alten
Tonarten oder Octavengattungen scharf bestimmt, indem sich ergibt,
dass die thetische Mese die Tonica ist. Gehen wir z. B. von der
Lydischen Tonart aus, so stehen uns für die Ausführung derselben
15 Töne zu Gebote, in der Hypolydischen Transpositionsscala
folgende:

Hyp. mes.　　Mese　　　　Nete diez.

A H c d e f g a h c d e f g a

Mit welchem Tone eine in Lydischer Tonart gesetzte Melodie
schliesst, ist uns nicht gesagt, aber wir wissen, dass die prävalirenden
Töne c und f sind, und zwar von diesen beiden insbesondere wieder
der Ton f als die Mese. Es muss mithin (in der vorstehenden Scala
ohne Vorzeichen) der Ton f die Lydische Tonica oder die tonische

Prime, der Ton *c* die Oberquinte oder Unterquarte der Tonica oder
die Oberdominante sein. Alle Angaben des Aristoteles über die Bedeutung dieses Tones *f* erklären sich nunmehr von selbst. Er ist der
Grundton — also nach ihm wird gestimmt, er ist der durchaus nothwendige Ton, auf dem man am meisten verweilt und auf den man,
wenn man ihn verlassen hat, schliesslich wieder zurückkommt; — als den
Grundton hält ihn unser Ohr fortwährend fest und bezieht alle andern
Töne auf ihn, dergestalt, dass uns, wenn er nicht rein gestimmt ist,
auch alle diese übrigen Töne, eben weil wir sie auf ihn beziehen,
unrein klingen.

Wollten wir dagegen *c* als Lydische Tonica fassen, so würde die
Mese *f* die Oberquarte sein. Dann hat Alles, was über die Bedeutung
des Tones *f* berichtet wird, keinen Sinn. Die Lydische Tonart der
Alten ist also nicht, wie man bisher annahm, unsere Durtonart

$$c \quad d \quad e \quad f \quad g \quad a \quad h \quad c,$$

sondern genau dasselbe, was man im Systeme der Kirchentöne als
lydisch bezeichnet:

$$f \quad g \quad a \quad h \quad c \quad d \quad e \quad f,$$

ein Dur mit übermässiger Quarte *h* statt *b*. — Wir müssen nun schon
hier darauf hinweisen, dass die vulgäre Meinung, die antike Musik
sei unison gewesen, nur auf einer mangelhaften Benutzung der Quellen
beruht. Unison war allerdings der Gesang, Mehrstimmigkeit aber
wurde durch die Instrumentalbegleitung hervorgebracht, was man ὑπὸ
τὴν ᾠδὴν κρούειν nannte, und über die Art und Weise dieser Begleitung
besitzen wir sehr wichtige, weiter unten zu behandelnde Quellenangaben,
die alle bisherigen Zweifel an der Mehrstimmigkeit alter Musik sofort
abschneiden werden. In der oben behandelten Stelle redet nun Ari-
toteles von dem Spiele auf dem Instrumente. Nehmen wir an, dass
die Lydische Tonart unserem *c*-Dur entspricht, so würde die griechische
Musik mehr als barbarisch sein. „Hat der Spielende die *f*-Saite verlassen, so kehrt er schliesslich immer wieder auf sie zurück", sagt
Aristoteles, es würde also unter jener Voraussetzung zu der Tonica *c*
im Schlusse die Oberquarte *f* angegeben, es würde also geschlossen
mit einer absoluten Dissonanz. Und doch sagt derselbe Verfasser der
Probleme 19, 39: „vor dem Schlusse gehen die Töne des Gesanges und
des begleitenden Instrumentes in der Weise auseinander, dass wir
durch die hier entstehende Dissonanz peinlich afficirt werden, bis am
Schlusse die dissonirenden Accordtöne aufhören und hiermit ein so

befriedigter Eindruck entsteht, dass wir die peinliche Unbefriedigtheit, die unser Ohr vorher empfand, vergessen." Wie wäre es möglich, dass Aristoteles so gesprochen hätte, wenn zur schliessenden Tonica *e* der Quartaccord *f* angeschlagen wäre?

Es darf also als feststehend angesehen werden, dass die Lydische Tonica nicht *e*, sondern *f* war, und dass überhaupt nicht die thetische Hypate hypaton, sondern die thetische Mese der Grundton oder die Prime der Tonart war, während die Hypate hypaton die Bedeutung der Oberdominante (Oberquinte oder Unterquarte) hatte.

Die Frage nach den alten Tonarten ist aber hiermit noch nicht völlig beantwortet. Was die späteren Theoretiker Octavengattungen nennen, nannte man in der klassischen Zeit Harmonien ("Harmonie" war nämlich der alte Ausdruck für Octave). Von den einzelnen Namen der Harmonien oder Octavengattungen kannte die frühere Zeit noch nicht die Namen Hypodorisch, Hypophrygisch und Hypolydisch. Von diesen drei Tonarten wurden die zwei ersteren nach griechischen Volksstämmen benannt, und zwar sagte man, wie Plato's Schüler Heraklides Ponticus bei Athenäus 16, 624 angibt: Aeolische Harmonie statt Hypodorisch, und wie aus zwei weiterhin zu besprechenden Stellen des Pollux und Ptolemäus erhellt: Iastische oder Ionische Harmonie statt Hypophrygisch. Für Hypolydisch dagegen sagte man früher nachgelassenes oder tiefes Lydisch: epaneimene oder aneimene Lydisti. Die alte Bezeichnung der Harmonien war also folgende:

Aiolisti in *a* (später Hypodoristi) .
Iasti in *g* (später Hypophrygisti)
epaneimene Lydisti in *f* (später Hypolydisch)
Doristi in *e*
Phrygisti in *d*
Lydisti in *c*
Mixolydisti in *h*.

Damit aber war die Zahl der Harmonien nicht abgeschlossen. Es gab auch noch eine Lokristi, deren sich Pindar und Simonides häufig bedienten, die aber später ausser Gebrauch kam (Heraclid. ap. Athen. 14, 625), wie Pollux 4, 65 sagt, eine Erfindung des Philoxenus *Φιλοξένου τὸ εὕρημα*, wofür vermuthlich zu lesen ist: *Ξενοκρίτου εὕρημα*. Aus den Technikern (Euklid. 16) wissen wir, dass die Hypodorische Octavengattung in *a* auch den Namen der Lokrischen führte, es bezeichnet also die Octavengattung in *a* entweder die Aeolische (Hypodorische) oder die von ihr verschiedene Lokrische Harmonie. Beide Harmonien waren verschieden, aber ihre thetische Hypate meson wurde durch den gemeinsamen Ton *a* gebildet.

Ferner gab es eine Syntono-Iasti und eine epaneimene Iasti. Von beiden redet der alte Dichter Pratinas (Bergk poet. lyr. fragm. 5); er sagt nämlich, er wolle weder der Muse der Syntono-Iasti, noch der epaneimene Iasti folgen, sondern das in der Mitte liegende Gebiet des Gesanges, die Aiolisti, beschreiten. Die Iasti ist die Tonart in *g*, die Aiolisti die Tonart in *a*, also beide Tonarten sind einander unmittelbar benachbart. Sagt also Pratinas, dass die Aeolische Tonart in der Mitte zwischen zwei Iastischen liege, so können mit den letzteren nur zwei Tonarten in *g* und *h* gemeint sein: die eine von beiden — entweder die aneimene oder die Syntono-Iasti — ist also die Tonart in *g* und mit dem gewöhnlichen Iasti identisch, die andere von beiden ist eine der Octavengattung nach mit der Mixolydisti in *h* zusammenfallende Harmonie.

Von besonderer Bedeutung ist eine Stelle der Platonischen Republik 3, 398, wo die Harmonien ihrem Ethos nach kurz charakterisirt werden. Auch Aristoteles hat in seiner Republik 8, 5 auf diese Stelle Plato's Rücksicht genommen. Von den üblichen Tonarten, meint Plato, müssten einige wegen des in ihnen herrschenden unmännlichen, krankhaften oder maasslosen Charakters aus der Praxis verbannt werden: nämlich die Mixolydisti, die Syntonolydisti und ähnliche weil sie zu klagend ($\vartheta\varrho\eta\nu\dot\omega\delta\epsilon\iota\varsigma$, $\dot o\delta\nu\varrho\tau\iota\varkappa\dot\omega\tau\epsilon\varrho\alpha\iota$), die chalara Iasti und chalara Lydisti weil sie zu ausgelassen und sinnlich seien ($\mu\alpha\lambda\alpha\varkappa\alpha\iota$, $\sigma\nu\mu\pi\sigma\tau\iota\varkappa\alpha\iota$). Aristoteles sagt in der bezeichneten Stelle aneimene statt des von Plato gebrauchten chalara, mithin ist chalara Iasti dasselbe, was die aneimene Iasti des Pratinas ist, und chalara Lydisti ist mit aneimene oder epaneimene Lydisti (d. h. der Hypolydischen Octavengattung) identisch. „Beizubehalten", führt Plato fort, „sei bloss die ruhige maasshaltige Doristi und die den religiösen Zwecken dienende enthusiastische Phrygisti." Hier werden also im Ganzen folgende Harmonien genannt:

klagend $\begin{cases}\text{Mixolydisti} \ . \ . \ . \ . \ . \ \text{in } h \\ \text{Syntonolydisti.} \ . \ . \ . \ . \ . \ a \\ \text{u. ähnliche}\end{cases}$

maasslos $\begin{cases}\text{aneimene oder chalara Lydisti} \ g \\ \text{aneimene oder chalara Iasti} \ \ \ f\end{cases}$

ruhig: Doristi . . . . *e*

religiös: Phrygisti . . . . *d*

Ein alter Commentar zu diesen 6 Tonarten ist bei Aristides erhalten, der dazu die Noten angibt, theils in Lydischer, theils in Hypolydischer Transpositionsscala. Reduciren wir diese Notentabellen auf die Hypolydische Transpositionscala (ohne Vorzeichen), so ist nach Aristides' Angabe der Ton *d* der höchste Ton in der Phrygischen, *e* in der Dorischen, *f* in der aneimene Lydisti, *g* in der aneimene Iasti, *a* in der Syntonolydisti, *h* in der Mixolydisti. Zu bemerken ist hierbei, dass Aristides statt aneimene und chalara Iasti, aneimene und chalara Lydisti, bloss Iasti und Lydisti sagt (mit Weglassung des von Plato resp. Aristoteles gebrauchten Zusatzes) und dass er die Namen Syntonolydisti und Iasti umgestellt hat: den Namen Iasti zu der Tonart in *a*, den Namen Syntonolydisti zu der Tonart in *g*. Weshalb hier der Text verändert werden muss, braucht hier nicht gesagt zu werden, denn es wird sich aus dem weiterhin Folgenden von selber ergeben.

Die Tonart in *c* (die eigentliche Lydisti) ist von Plato nicht ausdrücklich genannt. Sie ist ohne Zweifel enthalten in seinen Worten: „klagende Tonarten sind die Mixolydisti, Syntonolydisti und ähnliche der Art", denn wir wissen auch sonst, dass der Charakter der Lydisti ein klagender ist; ebendarunter wird auch wohl die von Pratinas genannte Syntono-Iasti mit inbegriffen sein. Aus der Stelle des Pratinas ging hervor, dass entweder die epaneimene Iasti die Tonart in *g* und dann die Syntono-Iasti die Tonart in *h*, oder umgekehrt die epaneimene Iasti die Tonart in *h*, die Syntono-Iasti die Tonart in *g* war. Aus Plato's Worten und dem dazu bei Aristides erhaltenen alten Commentar ergibt sich nun, dass die aneimene Iasti im *g* beginnt, also mit der gewöhnlichen Iasti identisch ist, dass also die Syntono-Iasti eine Tonart in *h* sein muss. — Berücksichtigen wir nun ferner noch die in *a* anfangenden Lokristi und Aiolisti, welche bei Plato ebenfalls fehlen, so können wir nunmehr die Harmonien der Alten folgendermaassen bestimmen:

in *h*: Mixolydisti
     syntonos Iasti
in *a*: syntonos Lydisti
     Lokristi
     Aiolisti, später Hypodoristi,
in *g*: aneimene oder chalara Iasti, auch Iasti schlechthin, später Hypophrygisti,
in *f*: aneimene oder chalara Lydisti, später Hypolydisti,
in *e*: Doristi
in *d*: Phrygisti
in *c*: Lydisti.

Endlich wird uns vom Scholiasten zu Aristoph. Equit. 989 u. a. als
eine der Doristi, Phrygisti u. s. w. coordinirte Harmonie noch genannt,

die Boiotisti,

von der wir aber zunächst nicht wissen, aus welcher Octavengattung
sie besteht.

In dem Tone *a* beginnen also drei Harmonien, die Aiolisti oder
Hypodoristi, die Lokristi und die Syntono-Lydisti; sie haben also die
gemeinsame Octavengattung

a h c d e f g a,

und dennoch sind sie verschieden. Verschieden sind nämlich einmal
das Aeolische · und Lokrische nach S. 25; verschieden sind ferner
das Aeolische und Syntonolydische, denn beide haben einen grade
entgegengesetzten Charakter, das Syntonolydische einen klagenden
(Plato a. a. O.), das Aeolische dagegen einen selbstbewussten, männ-
lichen, schwungvollen Charakter (Athen. 16, 624); und endlich muss
auch das Lokrische und Syntonolydische aus einem gleich anzugebenden
Grunde verschieden gewesen sein. Worin mag nun diese Verschiedenheit bestehen? Diese Frage würde schwerlich eine genügende Antwort erhalten, wenn uns nicht das in den alten Musikresten erhaltene
Material zu Hülfe käme.

Von den griechischen Schriftstellern über Musik hat nämlich der
von Bellermann herausgegebene Anonymus (aus der römischen Kaiserzeit) am Ende seiner Darstellung eine Reihe von Musikproben mitgetheilt. Darunter neben allerlei Uebungsstücken für die Anfänger
auch eine kleine für eine Instrumentalstimme gesetzte Melodie, die wir
im Anhange unter No. 1 (Syntonolydisch) mitgetheilt haben. Die
Tonica dieser Melodie ist der Ton *f*, und zwar ist die Tonart *f*-Dur,
aber nicht unser gewöhnliches Dur, sondern Dur mit übermässiger Quarte
h statt *b*. Es ist also dieselbe Tonart, welche wir nach den Ergebnissen der Aristotelischen Probleme als Lydisch bezeichnen mussten.
Indess bildet die Lydische Tonica *f* nicht den Schluss der Melodie, sondern vielmehr die Lydische Dur-Terz *a*, nicht bloss am Ende des sechsten Tactes, sondern auch am Ende des zweiten Tactes, — eine Art des
Melodieschlusses, welche auch in unsern Volksliedern beliebt ist.

Wir haben hiermit eine Melodie derjenigen Harmonie, welche die
Alten die Syntonolydische, *σύντονος λυδιστί* oder *συντονολυδιστί* nannten.
Wir Modernen würden ihr schwerlich den Namen einer besonderen Ton-
art gestatten, sondern sie als ein in *a* oder der Dur-Terz schliessendes

Lydisch bezeichnen. Auch die Alten bezeichnen sie als Lydisti, jedoch mit dem Zusatze syntonisches Lydisch d. h hohes (eigentlich angespanntes Lydisch). Dem müsste also ein „tiefes" Lydisch zur Seite stehen. Und das ist in der That der Fall. Denn die Alten reden noch von einer zweiten Lydischen Harmonie, der aneimene, epaneimene oder chalara Lydisti, welche in *f* schliesst. Dies ist also diejenige Behandlung der Lydischen Tonart, in welcher die Melodie in der Tonica abgeschlossen wird. Würde der Schluss der obigen Melodie lauten: *c c f* statt *c c a*, so wäre die Harmonie derselben die epaneimene Lydisti. Nun gibt es aber noch eine dritte Art der Lydischen Harmonie, welche als „Lydisti schlechthin" bezeichnet wird: sie umfasst die Octavengattung *c* bis *c*. Dies kann nichts Anderes sein als diejenige Art der Lydischen Harmonie, in welcher die Melodie in dem Tone *c*, also der Durquinte abschliesst:

$$\text{Lydische Tonica } f \begin{cases} f \text{ (Prime)} & \dots \text{ aneimene Lydisti} \\ a \text{ (Terz)} & \dots \text{ syntonos Lydisti} \\ c \text{ (Quinte} & \dots \text{ Lydisti.} \end{cases}$$

Die Melodie kann also in jedem Tone des tonischen Dreiklanges schliessen, und hiernach haben die Alten drei Unterarten der Lydischen Tonart unterschieden. Die in der Prime schliessende haben sie später die Hypolydische genannt.

Die Tabellen des Ptolemäus geben der Hypolydischen Tonart eine eigene thetische Mese (= dynamische Hypate meson oder Nete diez.) und wir haben demnach oben, wo wir die Bedeutung der thetischen Mese nach den Aristotelischen Problemen erörterten, zunächst diese dynamische Hypate meson als hypolydische Tonica angesetzt (S. 23 fünfte Notenreihe). Dann wäre aber die Hypolydisti die Tonart *h c d e f g a h* mit Melodieschluss auf *f*, also eine absolute Missgestalt, der gegenüber uns entschieden nichts Anderes übrig bleibt als die Annahme, dass der Verfasser der Problemata, welcher die thetische Mese schlechthin, als Tonica (jeder Tonart) hinstellt, die epaneimene Lydisti oder Hypolydisti ebenso wie die syntonos Lydisti nur als Unterarten der Lydisti fasst und ihnen eine gemeinsame Mese, nämlich die Lydische gibt.

Von der **Phrygischen Tonart**, als deren Octavengattung von den Technikern die Scala *d e f g a k c d* angegeben wird, nahm man bisher an, dass der Ton *d* die Tonica, mithin dass die ganze Tonart in Moll mit vermehrter Sexte (*h* statt *b*) sei. Indess lehren die Aristotelischen Problemata, dass nicht *d*, sondern *g* als thetische Mese die

Tonica war. Ist also das Lydische ein Dur mit vermehrter Quarte, so
ist das Phrygische ein Dur mit verminderter Septime

$$g \quad a \quad h \quad c \quad d \quad e \quad \natural f \quad g,$$

jedoch so, dass die Melodie nicht mit der Prime g, sondern mit der
Quinte d abschliesst. — Wie dem Lydischen ein Hypolydisch, so steht
dem Phrygischen ein Hypophrygisch zur Seite, als dessen Octavengattung
uns die Techniker die Scala $g\ a\ h\ c\ d\ e\ f\ g$ überliefern. Durch glücklichen Zufall ist uns eine Hypophrygische (in g schliessende) Melodie
überliefert, nämlich der Hymnus auf Nemesis, mitgetheilt im Anhange
No. 2. Diese Melodie ist ohne alle Frage ein in der Prime schliessendes Dur mit verminderter Septime f statt fis, es verhält sich also das
Hypophrygische zum Phrygischen, wie das Hypolydische zum Lydischen,
d. h. die schlechthin nach den Volksstämmen der Phryger und Lyder
benannten Tonarten sind Durtonarten mit Melodieabschluss in der
Quinte, die mit „Hypo“ bezeichneten Tonarten sind dieselben Tonarten mit Melodieschluss in der Prime.

Hypo-Lyd.	Lyd.	Hypo-Phr.	Phryg.
$f \quad g \quad a \quad h \quad c \quad d \quad e \quad f$		$\parallel \quad g \quad a \quad h \quad c \quad d \quad e \quad f \quad g$	

Das Hypophrygische heisst auch Iastisch oder Ionisch (Ἰάς, Ἰαστί, Ἰωνική).
Die Ionier sind der griechische Stamm, welcher am frühzeitigsten dem
Einfluss der asiatischen Nachbarvölker Zugang verstattet hat. Wie sie
in der bildenden Kunst fremde Elemente in sich aufnahmen, wie sie in
der Architectur sich die den asiatischen Völkern angehörende Voluten-
form zu eigen gemacht und daraus den nach ihnen benannten Ionischen
Stil entwickelt haben, der im übrigen Griechenland erst in der Periklei-
schen Zeit Eingang findet, ebenso haben sie sich auch der Tonart der
Phrygier bemächtigt (Dur mit vermehrter Septime), doch so, dass sie
selber die Melodien in der Prime schlossen, während das eigentliche Phrygisch die Melodie in der Quinte abschloss.

Wir haben aber gesehen, dass man statt Hypophrygisch auch Iastisch
und aneimene Iasti sagte. Ebenso sagte man statt Hypolydisch auch
aneimene Lydisti. Daneben gab es aber auch noch eine syntonos Iasti,
wie es eine syntonos Lydisti gab. Ist die aneimene Iasti gleich der
aneimene Lydisti die mit der Prime schliessende Melodieform, so muss
die syntonos Iasti gleich der syntonos Lydisti die in der Terz
schliessende Melodieform sein.

Zwischen der syntonos Iasti und aneimene Iasti in der Mitte liegt
der Ton *a*, der Anfangston der Aeolischen oder Hypodorischen
Octavengattung, wie wir dies unterhalb der zweiten Scala durch
ein darunter gesetztes *Aiolist.* angedeutet haben. So kann also Pratinas in der oben citirten Stelle sagen: er wolle weder die syntonos
noch die aneimene Iasti wählen, „sondern das in der Mitte liegende
Gebiet bearbeitend wähle ich die Aeolische Tonart.“

Die Griechen hatten also zwei aus der Fremde entlehnte Durtonarten, von denen aber keine mit unserem Dur übereinkam: die eine
hatte eine vermehrte Quarte, die Lydische, — die andere eine verminderte Septime, die Phrygisch-Iastische. Jede dieser beiden Tonarten
kam in drei verschiedenen Species vor, indem die Melodie in jedem der
drei Töne des Tonica-Dreiklangs abschliessen konnte, in der Prime,
Terze, Quinte. Die aneimene Iasti, die schon Pratinas kennt, war
früher im Gebrauch als die aneimene Lydisti, die erst Damon erfunden
hat. Hieraus erklärt sich die Terminologie aneimene und syntonos.
Ἀνειμένη bedeutet „tief“, σύντονος bedeutet „hoch“. Die Phrygische
Tonart ist ein die Melodie in der Quinte abschliessendes Dur mit verminderter Septime. Die beiden Harmonien, welche man die Iastischen nennt, sind Modificationen dieses Phrygischen Dur, indem man
die Melodie entweder in der Prime oder der Terz abschloss. Die in
der Terz abschliessende war die „höhere Iastische“, daher σύντονος
Ἰαστί, die in der Prime abschliessende war die „tiefere Iastische“, daher
ἀνειμένη (oder χαλαρὰ) Ἰαστί. Als man dann später nach Analogie des
Phrygisch-Iastischen Dur auch im Lydischen Dur ausser der Quinten-
Species auch noch die Terzen- und Primen-Species zu gebrauchen
anfing, da bezeichnete man auch hier wie in der Phrygisch-Iastischen
die Primen-Species als eine ἀνειμένη oder χαλαρά, die Terzen-Species
als eine σύντονος, und zwar als eine ἀνειμένη und σύντονος Λυδιστί, die
Quinten-Species behielt ihren alten einfachen Namen Λυδιστί.

Die dorische Tonart (Octavengattung *e f g a h c d e*) ist eine

Moll-Tonart. Bisher sah man in *e* die Moll-Tonica und definirte daher das Dorische als ein Moll mit kleiner Secunde (*f* statt *fis*). Anders aber, wenn man die Berichte der Alten herbeizieht. Denn nach den Aristotelischen Problemen ist die thetische Mese — und das ist hier der Ton *a* — der tonische Grundton, der der ganzen Tonart ihren bestimmten Charakter giebt, der Ton *e* (die thetische Hypate meson) ist der Schlusston der Melodie. Das Dorische ist mithin unser gewöhnliches absteigendes Moll mit Melodieschluss in der Quinte. Die erhaltenen Dorischen Melodien können erst weiter unten besprochen werden.

Die Mixolydische Octavengattung *h c d e f g a h* musste man bisher als ein *h*-Moll mit verminderter Quinte *f* statt *fis* auffassen und das wäre eine sonderbare Tonart gewesen: ein *h*-Moll ohne Tonica-Dreiklang *h d fis*, sondern statt dessen mit dem wunderlichen Accorde *h d f*. Und eine solche Tonart soll es gewesen sein, welche Sappho erfunden und die nachher die Tragödie mit solcher Vorliebe für die Chorpartien angewandt hat? Unter den Kirchentönen kommt sie als unmelodisch nicht vor; es würde räthselhaft sein, wenn sie in der griechischen Musik in solchem Ansehen gestanden hätte.

Folgen wir dem Satze der Aristotelischen Problemata von der harmonischen Bedeutung der μέση κατὰ θέσιν, so ist der harmonische Grundton der Mixolydischen Octavengattung der Ton *e*, denn eben dieser ist die μέση κατὰ θέσιν Μιξολυδίου. Dann ist die Μιξολυδιστί ein *e*-Moll mit kleiner Secunde und stellt sich als die parallele Moll-Tonart des Phrygischen Dur dar:

und zwar als eine Molltonart, in welcher die Melodie in der Quinte abschliesst, wie dies zunächst auch für die entsprechende Phrygische Durtonart und, wie wir oben gesehn haben, auch für das gewöhnliche oder Dorische Moll der Fall ist.

Es bleibt nun von den sieben Octavengattungen der Griechen noch die in *a* beginnende: *a h c d e f g a* übrig. Wenden wir den Satz von der μέση κατὰ θέσιν auf sie an, so hat sie den Ton *a* zum harmonischen Grundton und ist demnach ein *d*-Moll mit grosser Sexte, welches sich als die parallele Molltonart der Lydischen Dur darstellt; ebenfalls wie das Dorische und Mixolydische Moll mit dem Melodieschlusse in der Quinte:

Aber welchen Namen führt diese Molltonart? Es hat sich gezeigt, dass die Octavengattung *h c d e f g a h* je nach ihrer verschiedenen harmonischen Behandlung bald die Syntono-Iastische, bald die Mixolydische Octavengattung sein kann, und so ist es auch für die vorliegende Octavengattung *a h c d e f g a* von Euklid. p. 16, Gaudentius p. 20, Bacchius überliefert, dass sie die Hypodorische oder die Lokrische ist, zwei Namen, welche nicht etwa identisch sind, sondern nach S. 25 zwei verschiedene Tonarten bezeichnen, — ja es sind nicht blos zwei, sondern sogar drei Tonarten, welche die gemeinsame Octavengattung *a h c d e f g a* haben, denn es hat sich oben gezeigt, dass dies auch die Scala der Syntonolydischen Tonart ist. Wie die Hypodorische und die Lokrische unter sich verschieden sind, so müssen beide auch von der Syntonolydischen verschieden sein. Denn dass die Hypodorische oder Aeolische mit der Syntonolydischen identisch sei, dem widerstreitet was uns von dem klagenden Charakter der einen, und dem vertrauensvollen, freudigen und energischen Charakter der andern überliefert ist (S. 26 u. K. 2, 1), und ebensowenig darf man eine Identität der Syntonolydischen und Lokrischen Tonart annehmen, denn die Lokrische Tonart war schon zu Heraklides Ponticus' Zeit ausser Gebrauch gekommen, die Syntonolydische ist aber noch zur römischen Kaiserzeit so vulgär, dass ein Musiker, der bereits das Spiel auf der Hydraulis bei der Klassification der einzelnen Zweige der Musik obenan stellt, für den Anfänger ein Uebungsbeispiel in der Syntonolydischen Tonart gewählt hat.

Die in Rede stehende Tonart, welche das parallele Moll des Lydischen Dur ist, muss entweder die Lokrische oder die Hypodorische auch Aeolisch genannte Tonart sein. Ist sie die Lokrische, dann muss die derselben Octavengattung *a h c d e f g a* angehörende, aber von

der Lokrischen durch harmonische Behandlung verschiedene Aeolische oder Hypodorische Tonart etwas anderes sein und wiederum
auch etwas anderes als die derselben Octavengattung angehörende
Συντονολυδιστί — es bleibt dann für die Hypodorische Tonart nichts
übrig, als dass sie ein gewöhnliches, die Melodie in der Prime schliessendes a-Moll ist, also die Primen-Species der Δωριστί. Im andern
Falle aber, wenn, wie es oben vorläufig angenommen ist, die Parallel-
Mollart des Lydischen Dur nicht die Λοκριστί, sondern die Αἰολιστί ist,
muss die Λοκριστί die in der Prime schliessende a-Moll-Tonart sein.
Die vorausgehenden Untersuchungen haben zu dem Resultate geführt,
dass die Ὑπολυδιστί die Primen-Species der Λυδιστί, die Ὑποφρυγιστί
die Primen-Species der Φρυγιστί ist, und da liegt die Annahme nahe
genug, dass auch die Ὑποδωριστί die Primen-Species der Δωριστί ist.
Die Ὑποδωριστὶ Αἰολιστί ist mit der Δωριστί die älteste und vornehmste
aller griechischen Harmonien.   Schon Terpander hat einen kitharodischen νόμος Αἰόλιος componirt; ferner heisst sie geradezu die κιθαρῳδικωτάτη
(Arist. probl. 19, 48), in der chorischen Lyrik wird sie mit grösster Aus-
zeichnung genannt (Lasos, Pratinas, Pindar), sie ist die Tonart für
dorische Schlachtmusik gleich der Δωριστί (vgl. den νόμος καστόρειος Kap.
II), und auch in der Tragödie ist sie wenigstens die vornehmste Tonart
der Bühnen-Monodieen (Aristot. probl. a. a O.).   Das Alles lässt sich
von der Λοκριστί nicht sagen, sie wurde zwar von Pindar und Simonides
angewandt und scheint dann auch zufolge der Stelle des Pollux 4, 65
durch Philoxenus, dessen εὕρημα sie dort fälschlich genannt wird,
in dem kitharodischen Nomos eine Stelle, doch keineswegs eine hervorragende Stelle erhalten zu haben, aber schon Heraklides sagt: ὕστερον
κατεφρονήθη.   Die Hypodorische dagegen hat auch noch in Ptolemäus'
Zeit ihren Ehrenplatz bei den Kitharoden behauptet.   Wenn Plato in
seiner Durchmusterung der Tonarten der Lokrischen nicht gedenkt, so
kann das weiter nicht befremden; aber höchst befremdlich ist es, dass
dort so wenig wie in der Parallelstelle des Aristoteles der Hypodorischen oder Aeolischen Tonart gedacht wird und dass sie ebensowenig
in dem Verzeichnisse der Tonarten, welches Plato im Laches p. 188
gibt, erscheint.   Plato zieht geradezu am Schlusse seiner Auseinandersetzung das Resultat: Ἀλλὰ κινδυνεύει Δωριστὶ λείπεσθαι καὶ Φρυγιστί. Ist
vielleicht in den vorausgehenden Textesworten ein Satz ausgefallen,
in welchem die Αἰολιστί erwähnt war?   Dies anzunehmen, verbietet
die Parallelstelle des Aristoteles.   Oder ist sie mit enthalten in den
Worten: Τίνες οὖν θρηνώδεις ἁρμονίαι; Μιξολυδιστὶ καὶ Συντονολυδιστὶ καὶ

τοιαῦταί τινες; Mit den τοιαῦταί τινες kann wohl die σύντονος Ἰαστί
des Pratinas und auch die eigentliche Ἰαστί und Λυδιστί gemeint sein,
aber sicherlich nicht die Αἰολιστί, die nichts weniger als ϑρηνώδης ist.
Da bleibt denn nur übrig, dass sie Plato entweder unter den von ihm
zugelassenen Δωριστί oder Φρυγιστί als eine Species derselben mit begriffen hat, und wenn man unter der Δωριστί und Φρυγιστί zu wählen
hat, so wird es wohl keine Frage sein, dass die Ὑποδωριστί oder
Αἰολιστί nicht eine Nebentonart der Φρυγιστί, sondern vielmehr der
Δωριστί ist. So hat man auch bisher ihr Auslassen bei Plato und in
anderen Stellen erklärt. Ist aber die in a beginnende Ὑποδωριστί
oder Αἰολιστί eine Nebengattung der Δωριστί, so kann sie nichts anderes
sein, als die Primen-Species der A-Moll-Tonart, in welcher die Δωριστί
(in e) die Quintenspecies ist. Die mit demselben Tone beginnende
Λοκριστί muss dann die oben aufgestellte parallele Molltonart der
Λυδιστί sein:

Die Hypodorische Tonart verhält sich also zur Dorischen, wie die
Hypolydische zur Lydischen, wie die Hypophrygische zur Phrygischen.

Schon Terpander, die älteste historische Persönlichkeit unter den
griechischen Componisten hat ausser dorischen νόμοι auch einen νόμος
Αἰόλιος, also in äolischer Tonart componirt. Dies haben wir nunmehr so
zu verstehen, dass die Tonart, in welcher seine Compositionen gehalten
waren, die natürliche Molltonart war, und dass die Melodien bald in
der Moll-Quinte ausgingen — dann hiessen sie Dorisch —, oder in
der Moll-Prime — dann hiessen sie Aeolisch. Die früheste und ächt
hellenische Tonart entspricht also unserem Moll mit dem einzigen
Unterschiede, dass die aufsteigende Mollscala keine Erhöhung der
sechsten und siebenten Stufe zuliess, sondern der absteigenden Mollscala gleich war. Die Singweisen des Dorischen Stammes schlossen
auf diesem Moll in der Quinte, die des Aeolischen Stammes in der

Prime ab; Terpander, der geborene Aeolier, hat die Singweisen
seines Stammes, als er unter Dorern lebte und Dorisch componirte,
auch unter den Dorern eingebürgert. Terpander hat aber auch einen
νόμος Βοιώτιος componirt, wie Suidas überliefert. Spätere nennen die
Βοιώτιος ἁρμονία als eine der *Δωριστί*, *Λυδιστί*, *Φρυγιστί* coordinirte Tonart, vergl. S. 28, und wir dürfen an der Existenz einer solchen Tonart
nicht zweifeln. Unter den 7 *εἴδη διὰ πασῶν* wird sie nicht genannt, sie
muss also ihrer Scala nach mit einer derselben zusammengefallen sein,
aber durch eine harmonische Behandlung sich unterschieden haben, sie
muss mithin eine Species von irgend einer der sonst bekannten Tonarten
gewesen sein, etwa wie die *σύντονος Λυδιστί* eine Species der *Λυδιστί*
u. s. w. Zu Bestimmung der Böotischen Tonart stehen nun folgende
Möglichkeiten offen. 1) Sie kann die Primen- oder Terzen-Species
der *Λοκριστί* gewesen sein, — aber die *Λοκριστί* ist erst eine Erfindung des
Philoxenus, oder, wenn unsere Emendation richtig ist, des Lokrers
Xenokritus, welcher erst der zweiten musischen Katastasis angehört,
also ist sie jedenfalls erst geraume Zeit nach Terpander aufgekommen
und Terpander kann mithin noch in keiner Species derselben componirt
haben. 2) Sie kann die Primen- oder Terzen-Species der *Μιξολυδιστί*
sein, — aber die *Μιξολυδιστί* ist wiederum erst eine Erfindung der
Sappho, und mithin kann sich Terpander auch keiner Mixolydischen
Tonart bedient haben. Da bleibt nur 3) die Möglichkeit, dass sie die
Terzen-Species des Dorischen ist:

Dass die Böotische Tonart diese Bedeutung hatte, ist auch
aus inneren Gründen sehr wahrscheinlich. Wir sehen nämlich jetzt
die Einheit der von Terpander gebrauchten drei Tonarten: es sind
die drei Species des altgriechischen Moll und unterscheiden sich nur
dadurch von einander, dass die Melodie auf jedem Tone des Moll-
Dreiklangs schliessen kann. Wir müssen jetzt den obigen Satz dahin
vervollständigen, dass die Dorischen Singweisen in der Moll-Quinte
schlossen, die Singweisen des Aeolischen Stammes dagegen den
Schluss in der Moll-Prime oder in der Moll-Terz bilden, und zwar
fand hier wieder ein Unterschied unter den asiatischen (lesbischen) und

europäischen (böotischen) Aeoliern statt: bei jenen waren vorwiegend die Primen-, bei diesen die Terzen-Schlüsse üblich. Ich sage vorwiegend, denn es ist keineswegs meine Ansicht, dass die Tonarten anfänglich ausschliessliches Eigenthum der Völkerschaften und Stämme waren, deren Namen sie tragen. Auch die Ionier haben sicherlich ursprünglich an der althellenischen Moll-Tonart Theil gehabt und nur deshalb führte eine aus dem Phrygischen Dur abgeleitete Tonart den Namen der Ionischen, weil diese früher unter den Ioniern, als bei den übrigen Griechen in Aufnahme gekommen war.

Die griechischen Tonarten reduciren sich hiernach auf 5. Die älteste und allein ächt-nationale Tonart der Hellenen ist die Dorisch-Aeolische, wie wir sie jetzt nennen können, d. h. unsere Molltonart — sie ist es auch, die stets das grösste Ansehen behauptete. Unser Dur kannten die Hellenen ursprünglich nicht und haben es auch niemals kennen gelernt. Es kamen zwar zu dem hellenischen Moll zwei Durtonarten orientalischer Völker hinzu, das Lydische Dur und das Phrygische Dur und zwar das letztere zugleich in einer Modification, welche den Namen der Iastischen Tonart trägt; aber weder das Lydische, noch das Phrygisch-Iastische Dur ist unser modernes Dur und war nicht fähig, die Wirkungen unseres modernen Dur zu erreichen: es war viel trüber, herber, gewaltsamer, ekstatischer, und. es ist daher ganz natürlich, dass nach den Aussagen der Griechen nur ihr dorisch-äolisches Moll ein $\dot{\eta}\vartheta o\varsigma$ hatte, welches sich dem Charakter unserer modernen Musik annähert. Es ist nun aber auch ganz natürlich, wenn die Griechen überhaupt für die Molltonart eine solche Vorliebe hatten, dass sich bei ihnen nach Analogie der ihnen aus der Fremde zugeführten zwei Durtonarten zwei neue Molltonarten gestalteten, das Mixolydische Moll nach Analogie des Phrygisch-Iastischen Dur, und das Lokrische Moll nach Analogie des Lydischen Dur; Sappho wird als die Erfinderin des Mixolydischen genannt, und der Erfinder des Lokrischen ist wahrscheinlich der epizephyrische Lokrer Xenokritus. Diese fünfte und letzte Tonart ist aber noch innerhalb der klassischen Zeit aus dem Gebrauche verschwunden; den Späteren galt sie blos als eine der Theorie angehörende Tonart.

Eine fernere Eigenthümlichkeit der griechischen Tonarten besteht darin, dass bei ihnen die Melodie nicht blos in der Tonica abschloss, sondern auch in der Terz und Quinte des Tonicadreiklangs — die Quintenschlüsse waren sogar ganz besonders beliebt und so viel wir wissen, haben die zwei spätesten Tonarten der Griechen, das Mixolydische und Lokrische überhaupt nur diese Melodieschlüsse in der Quinte verstattet. Das altnationale Moll und die beiden Durtonarten aber hatten auch Primen- und Terzenschlüsse. Durch die Anwendung dieser dreifach verschiedenen Melodieschlüsse erhielt auch die Tonart selber ein dreifach verschiedenes Colorit und so werden denn auch diese Species einer Tonart als besondere ἁρμονίαι oder Tonarten bezeichnet.

I. **National-hellenisches (dorisch-äolisches) Moll:**

II. III. **Phrygisch-Iastisches und Lydisches Dur:**

IV. V. **Parallele Molltonarten zum Phrygischen und Lydischen:**

Man sieht hieraus, wie es zugeht, dass die Griechen, obwohl sie nur 5 Tonarten haben, doch 11 ἁρμονίαι besitzen. So kam es auch, dass jeder Ton der diatonischen Scala der Grundton einer Melodie (aber nicht harmonischer Grundton) war. Dies sind die Octaven-gattungen, im Grunde betrachtet eine wenig fruchtbringende Theorie. Ihrer kann es natürlich nur 7 geben. Um sie zu bezeichnen, gingen die Griechen von den Quinten-Species aus und dann zu den Primen-Species über (die Terzen-Species liessen sie unberücksichtigt).

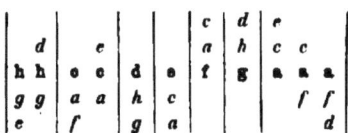

Erste Octavengattung in h: Mixolydisch, Tonica *e g* h
                       Syntono-Iastisch, Tonica *g* h *d*
Zweite   „   „ c: Lydisch, Tonica *f a* c
                       Böotisch, Tonica *a* c *e*
Dritte   „   „ d: Phrygisch, Tonica *g* h d
Vierte   „   „ e: Dorisch, Tonica *a* c e
Fünfte   „   „ f: Hypolydisch, Tonica f *a* c
Sechste   „   „ g: Hypophrygisch, Tonica g *h* d
Siebente   „   „ a: Hypodorisch, Tonica a *c* e
                       Syntonolydisch, Tonica f *a* c
                       Lokrisch, Tonica *d f* a

Der Anfangs- oder Schlusston der Octavengattung ist jedesmal der Schlusston der Melodie, der Schlusston der Melodie aber ist entweder die Prime oder die Terze oder die Quinte des Tonica-Dreiklangs. Und zwar ist sie in den drei Hypo-Tonarten die Prime, in den Syntono-Tonarten und dem Böotischen die Terze, in den übrigen Tonarten die Quinte. Benannte man die Octavengattung nach der Tonart, so benannte man sie stets nach einer in der Quinte oder Prime schliessenden, nie nach einer in der Terz schliessenden Species der Tonart.

Die Namen Hypodorisch, Hypophrygisch, Hypolydisch sind zwar später als die gleichbedeutenden *Aiolisti*, (*ἀνειμένη*) *Ιasti* und *ἀνειμένη Λυδιστί*, denn sie sind erst von den Transpositionsscalen auf die Tonarten übertragen (vgl. Kap. 2, 4), aber sie sind nichts destoweniger sehr zweckmässig und haben deshalb die älteren Namen seit Aristoxenus verdrängt. Sie bezeichnen nämlich sämmtlich die Primen-Species derjenigen Tonart, in welcher das Dorische, Phrygische, Lydische die Quinten-Species bildet. In allen drei Tonarten, in welchen eine Hypo- oder Primen-Species vorkommt (und nur in diesen) gibt es auch eine Terzen-Species. Für zwei derselben, das Syntono-Lydisch und Syntono-Iastisch hat sich ebenfalls durch die gemeinsame Vorsetz-Silbe „Syntono" eine rationelle Bezeichnung gebildet; sie würde durch alle drei Terzen-Species durchgehen, wenn für das Böotische auch der Name Syntono-Aeolisch bestände. Wir können sie indess immerhin als eine Syntono-Tonart bezeichnen. Vom Standpunkte der griechischen Theoretiker aus (es ist das freilich nicht der Standpunkt der modernen Musik) können wir also sagen:

Es gibt 5 Normaltonarten: Dorisch, Phrygisch, Lydisch, Mixolydisch, Lokrisch — in ihnen schliesst die Melodie nach der bei den Griechen beliebten Weise in der Quinte der Tonica.

Den 3 ersten dieser 5 Normaltonarten entsprechen 3 Hypo-Tonarten — in ihnen schliesst die Melodie in der Tonica oder der Prime;

und ebenso entsprechen denselben 3 Syntono-Tonarten (einschliesslich das Böotische) — in ihnen schliesst die Melodie in der Terze der Tonica.

Der harmonische Grundton ist aber für alle die Prime oder die Tonica.

Der Schlusston der Melodie heisst bei jeder Tonart, sei er Prime, Terz oder Quinte, die ὑπάτη μέσων κατὰ θέσιν der betreffenden Tonart. Der harmonische Grundton fällt mit dem Schlusstone der Melodie nur in den Hypo-Tonarten zusammen, in den 5 Normaltonarten ist es die Ober-Quinte oder Unter-Quarte, in den Syntono-Tonarten die Ober-Terz oder Unter-Sexte des Grundtons der Melodie.

Wenn also in den Aristotelischen Problemata überliefert wird, dass die μέση κατὰ θέσιν der harmonische Grundton oder die Tonica der Tonarten sei, so sind hier nur die Normal-Tonarten, das Dorische, Phrygische, Lydische, Mixolydische und (wenn es damals noch gebräuchlich war) das Lokrische gemeint; die 3 Hypotonarten Hypodorisch, Hypophrygisch, Hypolydisch sind hier unter den entsprechenden Normaltonarten Dorisch, Phrygisch, Lydisch als deren Species mitbegriffen; ebenso auch die drei Syntono-Tonarten.

Es hat sich gezeigt, dass in Bezug auf den Dreiklang der Tonica das Dorisch-Aeolische Moll mit dem Mixolydischen und Lokrischen Moll, und ebenso das Lydische Dur mit dem Phrygisch-Iastischen Dur vollständig übereinstimmt. Ohne diese Uebereinstimmung wären die einen keine Dur- und die andern keine Molltonarten — es ist derselbe grosse oder kleine tonische Dreiklang wie in unserem Dur und Moll.

Der Punkt, wodurch die antiken Molltonarten und ebenso die antiken Durtonarten unter sich und von unserem Moll und Dur auseinander gehen, ist die Beschaffenheit des Dreiklangs, dessen die Ober- und Unter-Dominante einer jeden Tonart fähig ist. Wir wollen das zunächst an dem Dorisch-Aeolischen Moll klar machen. Es ist von allen antiken Tonarten die einzige, welche einer modernen Tonart, nämlich unserem Moll, im Wesentlichen gleich steht — denn dass das Dorisch-Aeolische in der aufsteigenden Scala die Sexte und Septime nicht um einen halben Ton erhöht, will im Ganzen nicht viel besagen. Aber dennoch macht sich in der harmonischen Behandlung zwischen dem genannten Moll der Alten und dem modernen Moll ein wichtiger Unterschied geltend. Es ist uns für unsere Molltonart ganz nothwendig, dass der auf der Oberdominante d. h. der Oberquinte errichtete Dreiklang eine grosse Terz habe, der Dreiklang der Unterdominante d. h. der Unterquinte oder der Oberquarte dagegen eine kleine Terz.

Unter-D.   Tonica   Ober-D.

Der Ton *gis* im Oberdominanten-Accorde ist für unser Moll durchaus unentbehrlich — wir können ohne ihn eigentlich keinen festen harmonischen Abschluss gewinnen. Das Dorisch-Aeolische hat mit unserem Moll den nämlichen Tonica- und auch den nämlichen Unterdominanten-Dreiklang, aber der Oberdominanten-Dreiklang ist nur der kleinen Terz *g*, nicht der grossen Terz *gis* fähig.

Wollen die antiken Componisten in der Weise, wie die modernen

es fast überall thun, mittels des Oberdominanten-Accordes schliessen
so mussten sie die Terze völlig weglassen und statt des Dreiklang:
eine blosse Quinte nehmen; wollten sie dies nicht, so mussten sie der
Schluss mittels des Unterdominanten-Dreiklanges anwenden, der auch
in unserer Musik gebräuchlich ist, der sogenannte plagalische oder
Kirchenschluss. Blicken wir auf die erhaltenen dorischen Melodien,
so sehen wir alsbald, dass sie in ihrem Baue so angelegt sind, dass
fast überall nur dieser Schluss mittelst der Unter-Dominante anwendbar ist. Das Vorkommen des Unterdominanten-Accords ist auch in der
That durch die Nachrichten über die bei den Alten vorkommenden
Accorde bezeugt (vergl. Kap. II, 2), während dort nichts erwähnt wird,
woraus wir auf das Vorkommen des Oberdominanten-Accordes
schliessen können. Der Charakter des Unbestimmten, welches der so
beliebte Abschluss der Melodie in der Quinte hervorbringt, wird durch
diese Anwendung des Unterdominanten-Accordes noch wesentlich
verstärkt.

   Noch bedeutungsvoller wird die Frage nach der Natur des Ober-
und Unterdominanten-Dreiklanges bei den übrigen Tonarten. Um
sie zu beantworten, müssen wir die einzelnen Tonarten mit Rücksicht
auf die Transpositionsscalen betrachten. Dazu wird die folgende
Uebersicht am geeignetsten sein, in welcher sämmtliche bei den
Griechen praktisch angewandten τόνοι vom Mixolydischen mit 6 ♭ bis
zum Hypo-Iastischen mit 3 ♯ nach der κοινωνία κατὰ τετράχορδον oder
dem Quintencirkel geordnet sind.

Hier sind zuvörderst für die sämmtlichen gebräuchlichen Transpositionsscalen die Tonica-Dreiklänge der fünf griechischen Tonarten
angegeben unter der darüber gesetzten Andeutung des Namens:
Lokrisch, Lydisch, Dorisch (-Aeolisch), Mixolydisch, Phrygisch-
(-Iastisch). Die drei Töne des Dreiklangs sind zugleich die Töne, in
welchen die Melodie einer jeden auf diesem tonischen Dreiklange
beruhenden Tonart schliessen kann, sie bezeichnen also zugleich die
Species einer jeden Tonart und zwar die Prime den Melodie-Schlusston der Hypo-Tonart, die Terze den Melodie-Schlusston der Syntono-
Tonart und die Quinte den Melodie-Schlusston der bei den Griechen
als Normaltonart geltenden Species. In den Lokrischen und Mixolydischen Tonica-Dreiklängen ist bloss die Quinte durch eine ganze Note
bezeichnet, die Prime und Terz durch eine Viertelnote, denn in diesen
beiden Tonarten kommt nur ein Melodie-Schluss in der Quinte, aber
nicht in der Prime und Terz vor (es gibt hier keine Hypo- und Syntono-
Tonart).

In der mittlern der drei durch verticale Striche verbundenen
Scalen stehen die Dorischen Tonica-Dreiklänge der verschiedenen
Transpositionsscalen. Sie kommen genau mit den Moll-Tonica-Drei-
klängen unserer Transpositionsscalen überein. Ein dem Dorischen
Moll paralleler Dur-Dreiklang kommt nicht vor, — unser Dur fehlt
dem Alterthume.

In der ersten der drei Scalen steht oberhalb des Dorischen Moll-
Dreiklanges der Lokrische Molldreiklang, in der dritten Scala steht
unterhalb des Dorischen der Mixolydische. Zu diesen beiden Molltonarten gibt es parallele Durtonarten, und so steht gleich unmittel-

bar hinter dem Lokrischen Moll das ihm entsprechende, derselben
Transpositionsscala angehörige Lydische Dur, hinter dem Mixolydischen Moll das ihm parallele Phrygische Dur.

Während vom Standpunkte unserer Musik aus die 10 Dorischen
Dreiklänge die richtige Vorzeichnung haben, ist dies für die 10 Dreiklänge jeder übrigen Tonart nicht der Fall. Der oberhalb des Dorischen B-Moll-Dreiklanges stehende Lokrische B-Moll-Dreiklang hat
in seiner Vorzeichnung nicht 5 $\flat$, sondern nur 4 $\flat$, also 1 $\flat$ zu
wenig, mithin kommt in dieser B-Moll-Tonart kein *ges*, sondern statt
dessen ein *g* vor. Und wiederum hat das unter dem Dorischen B-Moll
stehende Mixolydische B-Moll in der Vorzeichnung nicht 5, sondern
6 $\flat$, also ein $\flat$ zu viel; mithin kommt in dieser B-Moll-Tonart ein *ces*
statt *c* vor. Und ebenso hat vom Standpunkte unserer Musik aus das
Lydische Dur in der Vorzeichnung 1 $\flat$ zu wenig, das Mixolydische
Dur ein $\natural$ zu viel. In den Kreuztonarten hat umgekehrt das Lokrische
Moll und Lydische Dur 1 $\sharp$ zu viel und das Mixolydische Moll und
Phrygische Dur 1 $\sharp$ zu wenig um unser Dur zu sein. Jede einzelne Transpositionsscala wurde auf den S. 9, 19, 20 im Einzelnen
angegebenen diazeuktischen und Synemmenon-Systeme ausgeführt.
Wir wissen nun aber, dass es eine Verbindung beider Systeme gab,
indem man hinter der beiden Systemen gemeinsamen μέση zuerst das Tetrachord συνημμένων und darauf das Tetrachord διεζευγμένων folgen liess,
wie dies S. 20 dargestellt ist. Man brauchte die Töne beider Tetrachorde neben einander, Aristides nennt uns sogar eine Art der Melodie,
welche in den Synemmenon-Tönen auf und in den diazeuktischen
Tönen absteigt, und umgekehrt. Im Grunde aber kommen durch
Aufnahme des Synemmenon-Tetrachords zu dem diazeuktischen Tetrachorde nicht 3, sondern nur 1 neuer Ton hinzu, nämlich die τρίτη
συνημμένων, denn die παρανήτη συνημ. ist mit der τρίτη διεζ. und die νήτη
συνημ. mit der παρανήτη διεζ. identisch.

Man kann nun auf einem jeden dieser Systeme mit vereinten Tetrachorden sich zur Ausführung der Melodie der diazeuktischen Töne
bedienen oder auch der Synemmenon-Töne. In beiden Fällen enthält
das System dann noch einen Ton, welcher in der Melodie der betreffenden Tonart nich vorkommen kann, wenn nicht eine μεταβολή derselben Tonart in die nächste Transpositionsscala des Quintencirkels
oder eine μεταβολή in eine andere Tonart eintreten soll.

1. Man benutzt für die Melodie der Tonarten das diazeuktische Tetrachord. Die τρίτη συνημμένων ist ein für ametabo-

lische Melodien unbenutzbarer Ton. Wir wollen als Beispiel die
Scalen von 3 τόνοι hersetzen, dem Lydischen, Hypolydischen und
Hyperiastischen, mit der ὀνομασία κατὰ δύναμιν. Die unterhalb der Töne
gesetzten Namen bezeichnen die Tonart, in welcher sie die harmonischen Grundtöne oder die μέσαι κατὰ θέσιν bilden.

II. Man benutzt für die Melodie der Tonarten das Synemmenon-Tetrachord. Dann bleibt die παράμεσος und deren tiefere
Octave ὑπάτη ὑπατῶν als ein in ametabolischen Melodien nicht zu ge-
brauchender Ton übrig. Als Beispiel mögen die obigen 3 Transpositionsscalen dienen:

Somit kommen auf drei τόποι, dem Lydischen, Hypolydischen und Hyperiastischen für die fünf Tonarten folgende Scalen (vom harmonischen Grundtone bis zu dessen höherer Octave) vor:

A. Mit der Paramesos.   *B.* Mit der Trite synemmenon.

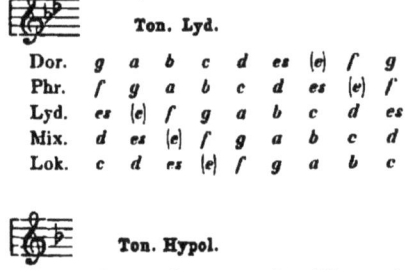

				Ton. Lyd.				
Dor.	g	a	b	c	d	es	(e)	f	g
Phr.	f	g	a	b	c	d	es	(e)	f
Lyd.	es	(e)	f	g	a	b	c	d	es
Mix.	d	es	(e)	f	g	a	b	c	d
Lok.	c	d	es	(e)	f	g	a	b	c

				Ton. Lyd.				

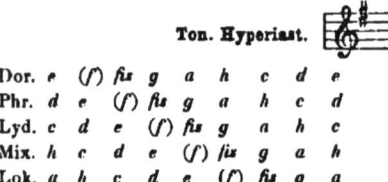

Ton. Lyd.   Ton. Hypol.

Dor.	d	(es)	e	f	g	a	b	c	d			d	e	f	g	a	b	(h)	c	d

Dor. d (es) e f g a b c d   d e f g a b (h) c d
Phr. c d (es) e f g a b c   c d e f g a b (h) c
Lyd. b c d (es) e f g a b   b (h) c d e f g a b
Mix. a b c d (es) e f g a   a b (h) c d e f g a
Lok. g a b c d (es) e f g   g a b (h) c d e f g

Ton. Hypol.   Ton. Hyperiast.

Dor. a (b) h c d e f g   a h c d e f (fis) g a
Phr. g a (b) h c d e f g   g a h c d e f (fis) g
Lyd. f g a (b) h c d e f   f (fis) g a h c d e f
Mix. e f g a (b) h c d e   e f (fis) g a h c d e
Lok. d e f g a (b) h c d   d e f (fis) g a h c d

Ton. Hyperiast.

Dor. e (f) fis g a h c d e
Phr. d e (f) fis g a h c d
Lyd. c d e (f) fis g a h c
Mix. h c d e (f) fis g a h
Lok. a h c d e (f) fis g a

Der eingeklammerte Ton ist unter *A* die τρίτη συνημμένων, unter *B* die παράμεσος; sie ist auf dem vollständigen Systeme, auf welchem die Melodie genommen wird, enthalten, aber für die ametabolische Melodie unbrauchbar; jedenfalls aber stand sie den begleitenden Accorden zu Gebote, falls sie hier verwendbar war.

Prüfen wir hiernach die einzelnen Tonarten.

Dur-Tonarten.

Das Lydische Dur wendet in der Melodie die übermässige statt der gewöhnlichen Quarte an. Benutzt man zur Darstellung desselben auf dem vereinten Systeme das diazeuktische Tetrachord, so ist indess auf der Lydischen Dur-Scala neben der übermässigen auch die gewöhnliche Quarte vorhanden und steht den begleitenden Accorden zu Gebote

b   c   d   (es)   e   f   g   a   b

f   g   a   (b)   h   c   d   e   f

c   d   e   (f)   fis   g   a   d   c

Der hier eingeklammerte Ton, die τρίτη συνημμένων κατὰ δύναμιν, ist aber die gewöhnliche Dur-Quarte. Die gewöhnliche Quarte aber fehlt der Begleitung, wenn man die Tonart auf dem Synemmenon-Tetrachorde nimmt:

b   (h)   c   d   e   f   g   a   b

f   (fis)   g   a   h   c   d   e   f

Im erstern Falle stehen also der Lydischen Tonart im τόνος Ὑπολύδιος (Transpositionsscala ohne Vorzeichen) und analog auch in allen übrigen τόνοι folgende Dreiklänge zu Gebote:

Ober-D.   Tonica   Unter-Dom.

Das Lydische Dur hat also nicht bloss gleich unserem Dur den grossen Tonica- und grossen Oberdominanten-Dreiklang, sondern es hat auch, wenn die Melodie auf dem gewöhnlichen diazeuktischen Systeme genommen wird und die χροῦσις die τρίτη συνημμένων hinzuzieht, den grossen Unter-Dominanten-Dreiklang. Die uns bei dem Anonymus erhaltene Lydische Melodie (in Syntonolydischer Species) ist aus dem von dem Anonymus für seine sämmtlichen Musikbeispiele zu Grunde gelegten und ausdrücklich vorausgesetzten vereinten Systeme des τόνος Λύδιος genommen, und zwar umfasst sie hier die Töne von der παρυπάτη ὑπατῶν bis zur τρίτη διεζευγμένων κατὰ δύναμιν.

d e f g‾a b c d [es f g] e f g a b c d,

der Begleitung steht also der Ton es als τρίτη συνημμένων zu Gebote.

Das Phrygische Dur wendet in der Melodie die verminderte Septime statt der grossen an. Benutzt man zur Darstellung desselben auf dem combinirten Systeme das diazeuktische Tetrachord, so hat auch die κροῦσις bloss die verminderte, nicht die grosse Septime, z. B.

c d (es) e f g a b c
g a (b) h c d e f g.

Benutzt man dagegen das Synemmenon-Tetrachord:

c d e f g a b (h) c
g a h c d e f (fis) g,

so steht der κροῦσις in der παράμεσος (dem hier eingeklammerten Tone h, fis) auch die grosse Septime zu Gebote. Dass man nun in der That für die Phrygische Melodie oder das Phrygische μέλος das Synemmenon-Tetrachord benutzte, ist uns ausdrücklich überliefert. Denn der Musiker, welchen Plut. mus. 19 excerpirt, berichtet, dass für die Melodien („κατὰ τὸ μέλος") der Μητρῷα und anderer Φρύγια das Synemmenon-System angewandt werde. Dann standen also der κροῦσις durch die Anwendung der auf dem combinirten Systeme enthaltenen παράμεσος folgende Dreiklänge zu Gebote:

Ober-D.   Tonica   Unter-D.

also wie unserem modernen Dur auch der grosse Dreiklang der Ober-Dominante. Ist die uns erhaltene Phrygische Melodie (in hypophrygischer Species), die sich in der Transpositionsscala mit 1 ♭ vom f bis g bewegt, wie jene Φρύγια bei Plutarch im Synemmenon-Tetrachorde genommen, so gehört sie nicht dem diazeuktischen Systeme des τόνος Λύδιος, sondern dem Synemmenon-Systeme des τόνος Ὑπολύδιος an:

A H c d e f g a b (h) c̄ d̄ ē f̄ ḡ ā
μέση τρίτη σ. παραμ.

Der κροῦσις steht also die grosse Septime h als παράμεσος des combinirten Systemes zu Gebote, mithin auch der grosse Dreiklang der Ober-Dominante und die sich hieraus ergebenden weiteren Accorde.

Moll-Tonarten.

Für die Dorische Melodie mag man das diazeuktische oder das Synemmenon-Tetrachord anwenden, es wird der κροῦσις niemals die grosse Septime, sondern immer nur die kleine Septime zu Gebote stehen, wie man sich aus den Scalen S. 46 überzeugen wird: sie ist daher keines grossen Dreiklangs auf der Ober-Dominante fähig und es muss mithin bei den S. 41 gegebenen Bestimmungen sein Bewenden haben. Nimmt man aber die Melodie auf dem Synemmenon-Tetrachorde:

g a b c d es (e) f g
d e f g a b (h) c d
a h c d e f (fis) g a

so steht der κροῦσις die erhöhte dorische Sexte zu Gebote, mithin ergeben sich für das Dorische folgende Dreiklänge:

Ober-D.   Tonica.   Unter-Dom.

Die Lokrischs Tonart entspricht dem Lydischen als ihrer parallelen Dur-Tonart. Nahm man zu der Lokrischen Melodie das gewöhnliche diazeuktische Tetrachord:

g a b c d e (es) f g
d e f g a h (b) c d
a h c d e f (fis) g a

so steht der κροῦσις die der Melodie fehlende grosse Sexte als τρίτη συνημμένων (es, b, fis) zu Gebote. Die Lokrische Tonart hat demnach genau wie das Dorische nicht bloss einen kleinen Tonica- und einen kleinen Ober-Dominanten-Dreiklang, sondern zugleich einen kleinen und einen grossen Unter-Dominanten-Dreiklang.

Ober-Dom.   Tonica.   Unter-Dom.

In der Mixolydischen Tonart als der parallelen Molltonart des Phrygischen Dur steht der κροῦσις die der Melodie fehlende grosse Secunde zu Gebote, wenn die Melodie sich des Synemmenon-Tetrachords bedient:

d es (e) f g a b c d
a b (h) c d e f g a
e f (fis) g a h c d e

denn alsdann steht der κροῦσις der hier eingeklammerte Ton als παρά-

μεσος des combinirten Systems zu Gebote. Ohne diesen Ton kann das
Mixolydische überhaupt keinen Dreiklang auf der Ober-Dominante
bilden, denn sie kann ohne denselben keinen reinen Quintenaccord der
Ober-Dominante erreichen. Mittels jenes Tones aber ist sie ausser des
kleinen Dreiklangs auf der Tonica und Unter-Dominante auch eines
kleinen Dreiklangs auf der Ober-Dominante fähig:

Ober-Dom.   Tonica   Unter-Dom.

Die beiden antiken Durtonarten sind also im Wesentlichen derselben harmonischen Behandlung fähig wie unser modernes Dur, denn
sowohl ihre Ober-Dominante wie ihre Unter-Dominante ist eines grossen
Dreiklangs fähig:

Das Phrygische kann zwar auch den kleinen Ober-Dominanten-Dreiklang bilden, aber die erhaltene Phrygische Melodie weist ebenso wie
die erhaltene Lydische Melodie auf die Anwendung des grossen Ober-
Dominanten-Dreiklangs zur Bildung des Schlusses hin.

Von den drei antiken Molltonarten hat dagegen keine einzige den
grossen Ober-Dominanten-Dreiklang, der in unserem Moll zur Er-
reichung eines vollständigen Schlusses nothwendig ist; dagegen haben
sie sämmtlich, gleich unserem Moll, den kleinen Unter-Dominanten-
Dreiklang:

Daher müssen die antiken Moll-Melodien im Allgemeinen auf die Schlussform mittels der Unterdominante angelegt sein, wie in den erhaltenen dorischen Melodieen. Ausserdem aber ist das Dorische und Lokrische Moll auch noch eines grossen Dreiklangs auf der Unterdominante fähig, was wir in einem unserer Kirchentöne, dem sogenannten Dorischen, wiederfinden. Der in Klammern stehende Accord der Lydischen Unterdominante und der Mixolydischen Oberdominante *h d f* ist gar kein Dreiklang, denn ihm fehlt die reine Quinte; er scheint das einzige gemeinsame Band zwischen dem Lydischen und Mixolydischen zu sein, und hierin eben beruht vielleicht der Grund, weshalb die parallele Molltonart des Phrygischen Dur Μιξολύδιος genannt worden ist. Nehmen wir den Accord in der Umkehrung *d f h*, so erscheint in demselben das übermässige Quarteninterval, welches die Alten τρίτονος nannten. Das Vorkommen eines solchen Tritonosaccordes bezeugt Gaudentius S. 11: παράφωνοι δὲ οἱ μέσοι μὲν συμφώνου καὶ διαφώνου, ἐν δὲ τῇ κρούσει*) φαινόμενοι σύμφωνοι, ὥσπερ ἐπὶ τριῶν τόνων φαίνεται ἀπὸ παρυπάτης μέσων (d. i. κατὰ δύναμιν, · also *f*) ἐπὶ παραμέσην (d. i. *h*) καὶ ἐπὶ δύο τόνων ἀπὸ μέσων διατόνου (sc. λιχανοῦ d. i. *g*) ἐπὶ παραμέσην (*h*). Das Tritonos-Intervall wird hier also geradezu dem grossen Terzenintervall coordinirt. Doch lässt sich schwerlich denken, wie *d f h* im Lydischen Dur als Accord verwandt sein kann. Eher passt es für die Molltonarten und zwar nicht bloss für die Mixolydische allein, sondern auch für die Dorische. Für die Mixolydische Tonart ist uns ausserdem noch von Aristoxenus überliefert, dass sie wenigstens im tragischen Chore in Verbindung mit der Dorischen angewandt werde. Plut. mus. 16: Ἀριστόξενος δέ φησι Σαπφὼ πρώτην εὑρᾶσθαι τὴν Μιξολυδιστί, παρ' ἧς τοὺς τραγῳδοποιοὺς μαθεῖν λαβόντας γοῦν αὐτοὺς συζεῦξαι τῇ Δωριστί, ἐπεὶ ἡ μὲν τὸ μεγαλοπρεπὲς καὶ ἀξιωματικὸν ἀποδίδωσιν, ἡ δὲ τὸ παθητικόν, μέμικται δὲ διὰ τούτων τραγῳδία. Der Ausdruck συζεῦξαι lässt sich nicht so verstehen, dass neben der Dorischen auch noch die Mixolydische Tonart in der Tragödie Bürgerrecht gefunden, dass man also bald ein Canticum Dorisch, bald Mixolydisch componirt habe, sondern er deutet auf eine Verbindung beider Tonarten in demselben Canticum, wohl gar in demselben Theile hin, etwa so, dass man aus einer in die

---

*) An dem Worte κροῦσις ist hier natürlich nichts zu ändern. Wollte man statt dessen κρῆσις schreiben, so würde das sogar zu der angegebenen Definition der σύμφωνοι, διάφωνοι und παράφωνοι nicht einmal passen.

andere überging und wieder aus ihr in die erste zurückkehrte, was
sich bei der oben erörterten Natur beider Tonarten leicht vorstellig
machen lässt. Hierbei möge nur zugleich noch eine andere Stelle bei
Plut. mus. 35 besprochen werden, die, wie sich zeigen lässt, ebenfalls
einem Werke des Aristoxenus entlehnt ist. Aristoxenus sagt hier:
wenn man die Theorie der Tonarten vollständig inne hätte, so folge
daraus noch nicht, dass man sie ihrem eigenthümlichen Charakter angemessen in der richtigen Weise anwende. Die Theorie der Tonarten
lehre nicht, ob z. B. ein Componist dem eigenthümlichen Ethos oder
Character der Tonart angemessen die Hypodorische im Anfange einer
Composition, oder die Mixolydische und Dorische im Schlusse, oder
die Hypophrygische und Phrygische Tonart in der Mitte einer Composition richtig angewandt habe. Die drei durch oder angereihten Sätze
sind nur drei coordinirte Fragen: Lehrt die blosse Theorie der Tonarten, ob ein Componist im Anfange die Hypodorische Tonart richtig
gebraucht hat? ob er im Schlusse die Mixolydische und Dorische
richtig gebraucht hat? u. s. w. Offenbar hat Aristoxenus hier eine bestimmte Composition von drei Theilen vor Augen, in welchem folgende
Tonarten angewandt waren:

Anfang, ἀρχή   Mitte, τὸ μέσον   Schluss, ἔκβασσις
Hypodor   Hypophryg.   Phrygisch   Mixolydisch   Dorisch

Die hinzugefügten Accorde deuten die Tonica an, in der jede der
5 aufeinander folgenden Tonarten abschliesst, die in diesen Accorden
hervorgehobene Note bezeichnet den Schlusston der Melodie (in der
Hypodorischen und Hypophrygischen die Prime, in allen übrigen die
die Quinte). Die hierdurch uns überlieferte Folge der fünf Tonarten
ist eine sehr natürliche und auch nach unseren Begriffen wohlver-
mittelte: von der Hypodorischen in die Hypophrygische d. h. von der
Primenspecies der Dorischen in die Primenspecies der Phrygischen —
die Unterdominante der ersten Tonart wird hiermit zur Oberdominante
einer neuen Tonart; — von der Phrygischen Primenspecies in die
Phrygische Quintenspecies, von dieser in die Quintenspecies der ihr
parallelen Mixolydischen Molltonart; — an das Mixolydische endlich
schliesst sich das Dorische, so dass also die obige Nachricht von der
σύζευξις dieser beiden Tonarten nunmehr durch ein thatsächliches Beispiel bestätigt wird. Nicht ausser Acht zu lassen ist auch dies, dass

der Anfang und der Ausgang der Composition derselben Tonart angehört, denn Hypodorisch und Dorisch sind nur verschiedene Species
derselben Molltonart. — Dass in der vorliegenden Stelle das Wort
τόνος nicht Transpositionsscala, sondern Tonart oder ἁρμονία bezeichnen
soll, bedarf wohl kaum einer Erwähnung, denn nur die Tonarten
oder ἁρμονίαι, aber nicht die Transpositionsscalen haben ihr ἦθος.

Das ist Alles, was wir zunächst über die Theorie der antiken
Tonarten im Anschlusse an die Ueberlieferung aufstellen können. Es
ist nicht viel, aber es ist immerhin eine Grundlage, die uns wenigstens
von der allgemeinen harmonischen Natur einer jeden Tonart ein
wenigstens in den Umrissen bestimmtes Bild zu machen verstattet,
wenn uns auch so gut wie Alles fehlt, dies Bild im Einzelnen aus-
zuzeichnen. Am Förderlichsten würde es sein, wenn wir noch eine
Zahl antiker Melodien auffinden könnten, worauf die Hoffnung noch
keineswegs aufzugeben ist.

Wir können schliesslich nunmehr auch einen vergleichenden
Blick auf die Kirchentöne werfen. Am Anfange unserer Untersuchung
mochten wir uns dies nicht gestatten und haben daran sicherlich recht
gethan, denn wenn wir zwischen den Kirchentönen und den mit denselben Grundtönen anfangenden Octavengattungen der Griechen irgend
welche Beziehung gesucht hätten, so wären wir sicherlich auf Irrwege
gerathen, auf denen es unmöglich gewesen wäre, die Berichte der
Alten über die μέση κατὰ θέσιν u. s. w. richtig zu würdigen und aus
ihnen die Natur der griechischen Tonarten zu erkennen. Hätten wir
z. B. für die in d beginnende Octavengattung (die Phrygische) die
Analogie des entsprechenden Kirchentones in d (Dorisch genannt) herbeigezogen, so würden wir schwerlich erkannt haben, dass das antike
Phrygisch eine Durtonart ist. Wir müssen auch jetzt den Satz aufstellen, dass die antiken Octavengattungen mit den entsprechenden
Kirchentönen, nämlich:

mit Ausnahme der in a, f, g beginnenden nichts gemein haben. Ich
rede hier natürlich nicht von der Verschiedenheit der Namen — ob-

wohl gerade in dieser Beziehung nur der in *a* beginnende Kirchenton
den Namen der in demselben Tone beginnenden antiken Octavengattung behalten hat — ich rede von der harmonischen Bedeutung der
antiken Octavengattungen und der ihnen nicht dem Namen nach,
sondern im Anfangstone entsprechenden Kirchentöne. Und in dieser
Beziehung ist die in *c* beginnende Lydische Octavengattung der
Griechen von dem in *c* beginnenden Ionisch genannten Kirchentone
völlig verschieden, ebenso die antike in *d* beginnende (Phrygische)
Octavengattung von dem in *d* beginnenden (Dorisch genannten)
Kirchentone u. s. w.; bloss die in *a*, *f*, *g* beginnende Octavengattung
fällt mit dem ebenso beginnenden Kirchentone harmonisch zusammen,
wobei es indess gleichgültig ist, dass nur bei der Tonart in *a* der
antike Name der Octavengattung zugleich der Name des mittelalterlichen Kirchentones geblieben ist.

Aus den Berichten der Griechen hat sich nun aber ergeben, dass,
während der Anfangston einer Kirchentonart zugleich deren harmonischer Grundton ist, von den griechischen Octavengattungen nur die 3 sogenannten Hypotonarten den Anfangston zugleich zum harmonischen
Grundtone hatten, dass dagegen die fünf übrigen Octavengattungen nicht
den die Scala beginnenden Ton (die ὑπάτη μέσων κατὰ ϑέσιν), sondern
vielmehr dessen Oberquinte oder Unterquarte (die μέση oder den
προσλαμβανόμενος κατὰ ϑέσιν) zum harmonischen Grundtone haben. Es
werden also mit Rücksicht auf den harmonischen Grundton die
antiken Octavengattungen den mittelalterlichen Tonarten in folgender
Weise entsprechen:

Der Aeolische Kirchenton entspricht sonach dem antiken
Aeolisch und zugleich dem antiken Dorisch (Aeolisch und Dorisch
sind nur verschiedene Species derselben Tonart oder Harmonie).

Der Lydische Kirchenton entspricht dem antiken Lydisch und
zugleich dem antiken Hypolydisch (beides sind ebenfalls nur verschiedene Species derselben Tonart).

Der Phrygische Kirchenton entspricht dem antiken Mixolydisch.

Der **Mixolydische Kirchenton** entspricht dem **antiken Phrygisch** und **Hypophrygisch**.

Der **Ionische Kirchenton** fehlt dem antiken **Systeme**.

Dazu kommt noch der **Dorische Kirchenton.** Er entspricht dem antiken Lokrisch, welches als Octavengattung mit der Scala des Aeolischen zusammenfällt, aber als Tonart oder Harmonie, d. h. in harmonischer Beziehung vom Aeolischen gänzlich entfernt ist und mit dem Dorischen Kirchentone identisch ist.

Von den sechs Kirchentönen entsprechen also zwei den gleichnamigen antiken Tonarten, nämlich der Aeolische und sodann der Lydische, — zwei Kirchentöne, nämlich das Mixolydische Dur und das parallele Phrygische Moll, wurden bei den Griechen in umgekehrter Weise benannt —; der Dorische hiess bei den Griechen Lokrisch. Der Ionische als reines Dur war den Alten unbekannt.

Doch kommt es hierbei natürlich nicht auf die Namen, sondern nur auf das sachliche Verhältniss an: dies letztere verdient scharf ins Auge gefasst zu werden. Und hier muss ich noch einmal darauf aufmerksam machen, dass ich in der Untersuchung der griechischen Tonarten ganz und gar nicht von dem Vorurtheile einer Beziehung zwischen antiken Tonarten und Kirchentönen ausgegangen, sondern lediglich nur den Nachrichten der Alten gefolgt bin. Das hieraus gewonnene Resultat, dass die Griechen 2 Dur- und 3 Moll-Tonarten hatten, von denen immer Eine Dur- und Eine Molltonart Paralleltonarten von einander sind, zeigt, dass das System der antiken Tonarten von dem heutigen Systeme, welches nur auf Eine Dur- und Eine Molltonart beschränkt ist, zwar wesentlich verschieden ist, dass es aber in allem Wesentlichen identisch ist mit dem Systeme der sechs Kirchentöne. Man braucht auf der S. 54 hingestellten Uebersicht der antiken Tonarten bloss die hinzugesetzten antiken Namen Phrygisch-Dur und Mixolydisch-Moll nur in Mixolydisch-Dur und Phrygisch-Moll umzukehren und den Namen Dorisch statt des antiken Namen Lokrisch zu setzen, so wird das System der antiken Tonarten sofort zum Systeme der Kirchentöne mit allen charakteristischen Eigenthümlichkeiten, welche durch den auf der Ober- und Unterdominante errichteten Dreiklang bedingt sind. Dass nun eben das Ergebniss meiner Untersuchungen zu dem weitern Resultate einer völligen Identität des in den antiken Tonarten und den Kirchentönen herrschenden Princips führt, wird, denke ich, einen Jeden mit jenem

von mir lediglich aus den Alten gewonnenen Ergebnisse, so sehr dies
auch von der bisherigen Auffassung abweicht, befreunden.

Die Haupteigenthümlichkeit der griechischen Musik ist die in ihr
herrschende Dyas und Trias der Dur- und Molltonarten, eine Mannigfaltigkeit, innerhalb welcher das reine d. h. unser modernes Dur
zu der Stellung, die ihm in der modernen Musik angewiesen ist,
nicht gelangen konnte. Das Auftreten des Christenthums in der
griechisch-römischen Welt konnte jene Basis der griechischen Musik
nicht umändern; mochte sich immerhin der Gregorianische Gesang den hervorgebrachten Notenzeichen widersetzen und statt derselben in den Neumen eine, wenn auch höchst unzureichende Semantik
einführen, von der man wohl vermuthen könnte, dass ihr die Musik-
zeichen des alttestamentlichen Textes, nach welchen sich der Vortrag
in den Synagogen richtete, als Vorbild gedient haben, — mochte
immerhin von den Vorstehern der Kirche nachdrücklich geltend gemacht werden, dass sich die christlichen Gesänge durch Einfachheit
und Lauterkeit von dem profanen Stile der damaligen heidnischen
Musik zu unterscheiden hätten: es waren dennoch die heidnisch-
griechischen Tonarten, vielleicht auch geradezu heidnisch-griechische
Melodien, deren sich die Christen bedienten, so gut wie sie in den heidnischen Tempeln ihren Gottesdienst einrichteten oder nach deren Muster
neue erbauten und mit Werken der Malerei und Plastik, welche ebenfalls in dem damals freilich sehr herabgesunkenen Stile der heidnischen
Malerei und Plastik gehalten waren, ausschmückten. So ist denn die
Musik des christlichen Mittelalters im Abendlande zunächst nichts Anderes, als die alte griechische Musik, wie manche Veränderungen auch
seit der Zeit des klassischen Griechenthums eingetreten sein mochten.
Im Laufe der Jahrhunderte wurden diese Verschiedenheiten natürlich
immer bedeutender, aber der Zusammenhang zwischen christlicher und
altgriechischer Musik war noch immer so gross, dass ein Musiker des
zehnten Jahrhunderts, der Mönch Hucbald, den Versuch machte, die
Musik seiner Zeit auch theoretisch an die fast ganz verschollene Doctrin
der alten griechischen Musiker wieder anzuknüpfen.

Zweites Kapitel.

Die monodische Lyrik und die Instrumentalmusik der Griechen.

1. Terpander und der kitharodische Nomos.

So fest es auch steht, dass von allen Gattungen der griechischen
Poesie das Epos am frühesten zu der Stufe der vollendeten Kunstent-
wickelung gelangt ist, so zahlreiche Zeugen uns auch auf jedem Blatte
der griechischen Literatur entgegentreten, dass die übrigen Arten der
Poesie ihre concrete Gestaltung gerade dem ausgebildeten Epos verdanken, so ist doch keineswegs damit gesagt, dass das Epos überhaupt
die älteste Poesie war. Vielmehr sind die homerischen Gedichte das
Product einer langen Entwickelung und haben zu ihrer Voraussetzung
zahlreiche Factoren, von denen uns bei Homer selber die treueste
Kunde erhalten ist. Ausser den in der Ilias und Odyssee mit dem
Namen κλέα ἀνδρῶν bezeichneten epischen Einzelgesängen, welche die
unmittelbare Voraussetzung der homerischen Epen bilden, erhalten wir
dort ein lebensvolles Bild von einer hohen Bedeutung des lyrischen
Gesanges, ja wir finden dort fast alle Verhältnisse schon in der Weise
ausgebildet, wie sie uns später in der Geschichte der zur eigentlichen
Kunstform entwickelten Lyrik wieder entgegentreten. Vor allem zeigt sich
dort die dem Dienste des Apollocultus entstammende chorische Lyrik,
die den Namen der Päanenpoesie trägt; dieselbe Dichtungsart,
welche auch in der Blüthezeit Griechenlands als die vorzüglichste Gattung der apollinischen Chorlyrik erscheint. Wir stehen hier auf dem
Punkte, wo es leicht ist, das fast unzertrennbare Band der drei musischen Geschwisterkünste, der Poesie, Musik und Orchestik, in seiner
Entstehung zu begreifen. Die Quelle der Poesie im ältesten Leben
der Völker ist die Religion. Im Verkehre mit der Gottheit erhob sich
die Rede zu den schwungreichen Formen, die sich der Sprache des ge-

wöhnlichen Verkehrs gegenüber zum poetischen Ausdrucke gestalteten:
das Gebet, das Lob der Gottheit schuf die Poesie; — an die Gottheit
gerichtet nahm die Rede zugleich einen mannigfaltigen Wechsel der
Accente an, der gehobene Vortrag wurde zum Gesange, zur Melodie;
— der Ort endlich, wo der Mensch zur Gottheit sich wandte, war der
Altar, auf dem die Opfer brannten und den die Singenden im feier-
lichen Zuge umwandelten: und diese Bewegung um den Altar ist es,
in der der Anfang der Orchestik gegeben ist; der Tanz der Alten ist
in seinem Ursprunge nichts Anderes als ein heiliger Opferzug oder
Opfertanz.   Das ist die Entstehung der drei musischen Schwester-
künste, der Poesie, Musik und Orchestik, und ihrem Ursprunge ge-
treu stehen sie in der klassischen Zeit des Griechenthums noch vorwiegend im Dienste der Religion; in der Religion empfangen sie fortwährend ihre frischeste Lebenswärme und fortwährend sehen wir aus
ihr neue poetische Gattungen hervorgehen.   Der Cult aber, der in der
frühesten Zeit am wirksamsten für die Pflege der musischen Kunst
war, ist der Cult des Apollo, des eigenthümlich hellenischen Gottes,
des Gottes ewiger Jugendlichkeit und Klarheit, des schönsten Typus
des jugendlichen hellenischen Geistes.   So erklärt es sich leicht, dass
der Blüthe des Epos eine apollinische Chorlyrik vorausgeht, ja dass
der Päan bereits in der Ilias als dieselbe poetische Gattung erscheint,
wie sie der höchsten Vollendung der Lyrik typisch bleibt — der Päan
einerseits als Bitt- und Flehgesang, gesungen in der Noth, die der
Gott Apollo gesandt — und andererseits der Päan als preisendes
Siegslied; eine Bedeutung, aus der sich der Kampfes-Päan entwickelt hat.   Als Bittgesang erschallt der Päan im Chore der Achäer,
als Apollo das Heer durch die Pest darniederbeugt Il. 1, 472; ein
Siegespäan wird von den Myrmidonen nach Hectors Falle angestimmt
Il. 22, 291, das treue Bild eines päanischen Prosodions.

Neben der päanischen Poesie erscheint in der Ilias eine zweite
Art von Chorlyrik, der Gesang bei der Hochzeits- und Todtenfeier,
der Hymenäus und Threnos.   Es ist unnöthig auf den religiösen Ursprung dieser Dichtungsarten hinzuweisen.   Wie bei allen alten Völkern
die Ceremonien der Hochzeits- und Todtenfeier den chthonischen
Göttern gelten, die dort bei der Schliessung der Ehe ein neues Leben
erwecken sollen und hier im Tode das Leben wieder zu sich nehmen,
so gelten ihnen auch die Lieder, die dort in freudigem Jubel, hier in
der Gewalt des Schmerzes gesungen werden.   Diese religiöse Bedeutung tritt niemals ganz zurück, wenn auch das Hochzeitslied zu einem

profanen Jubelliede und die Todtenklage zu einem Ergusse bloss individuellen Schmerzes und Trostes wird, wie dies in den kargen Resten antiker Hymenäen- und Threnen-Lyrik meist der Fall ist. Bei Homer nun erinnert die Schilderung beider Dichtungsarten fast in Allem an die spätere historische Zeit, die des Hymenäus auf dem Schilde des Achilleus Il. 18, 493 und die des Threnos bei der Todtenklage um Hektor Il. 24, 720. Jener ist ein chorischer Gesang unter bewegter Orchestik von Flöten und Phormingen begleitet, dieser ein kommatischer Wechselgesang der Andromache, Hekabe und Helena, in deren Klagen der Chor der Troerinnen einstimmt, ἐπὶ δὲ στενάχοντο γυναῖκες. Die kommatische Vertheilung des Threnos treffen wir zwar nicht mehr in dem Threnos der ausgebildeten Lyrik, dagegen ist sie von der Tragödie festgehalten, denn die kommatische Form des tragischen Threnos ist nicht eine Neuerung der tragischen Dichter, sondern ein Festhalten der alten volksmässigen Weise. Ja selbst die strophische Composition der späteren Hymenäen lässt sich bereits für jenen Threnos der Troerinnen nachweisen*). Die Klagen der Hekabe und der Helena zerfallen nämlich je in 4 tristichische Strophen, die durch scharfe Interpunction von einander gesondert sind. Auch der in den tragischen Threnen, wie in den erhaltenen volksmässigen Hymenäen, so beliebte Parallelismus der Worte zeigt sich in der Gleichheit des Anfangs beider Lieder. In der Klage der Andromache scheint die Anrede an Astyanax spätere Einschiebung. Mag dieser Threnos zu den spätesten Bestandtheilen der Ilias gehören, immerhin wird er noch vor Arktinos hinaufzurücken sein und enthält das früheste Beispiel einer strophischen Composition als eine treue Nachahmung des volksmässigen Threnos.

Zu den genannten Gattungen der Chorlyrik tritt bei Homer noch eine dritte hinzu, das eigentliche hyporchematische Tanzlied, von einem Einzelsänger zur Phorminx gesungen, während der Chor den Gesang mit dem Tanze begleitet. Ich brauche hier nicht darauf hinzuweisen, wie das Hyporchema in der spätern Lyrik zwar in den meisten Fällen, aber keineswegs immer vom ganzen Chore gesungen wird, und ebenso bedarf es kaum der Erinnerung, dass das Hyporchema wie der Päan in seiner Entstehung dem apollinischen Cult angehört,

---

*) Ausführlicher von mir nachgewiesen in den Verhandl. der 17 Philologen-Versammlung „Terpander und die früheste Entwickelung der griechischen Lyrik", S. 51—65, woraus diese Seiten im Auszuge wiederholt sind.

uber diese Beziehung auf Apollo häufig verloren hat, wie in dem
Pindarischen Hyporchema auf Helios und im Hyporchema der Sparta-
ner, welches Aristophanes am Schlusse der Lysistrata aufführen lässt.
Zu den Hyporchemen der Ilias rechne ich im weiteren Sinne das Lied
auf den vom Apollo geliebten und getödteten Linos Il. 18, 570, das in
der Schaar froh scherzender Jünglinge und Jungfrauen ein Knabe zur
Phorminx singt, während jene um ihn her den Tanz beginnen und ihn
zusammen mit Singen und Jauchzen und hüpfendem Sprunge begleiten.
Ein genaueres Bild des Hyporchema gibt eine andere Stelle aus dem
18. Buche der Ilias: ein göttlicher Sänger singt zur Phorminx, in der
Mitte des Chores beginnen zwei Vortänzer den Reigen und geschmückte
Jünglinge und Mädchen drehen sich bald an den Händen haltend mit
kundigen Füssen im Kreise, bald tanzen sie in Reihen ($\dot{\epsilon}\pi\dot{\iota}$ $\sigma\tau\dot{\iota}\chi\alpha\varsigma$) gegen
einander.   Noch interessanter ist die Schilderung eines Hyporchema
im 8. Buche der Odyssee, wo uns ein vollständig ausgemaltes Bild
eines vor Kampfrichtern gehaltenen musischen 'Agon aufgerollt wird,
ganz in der Weise, wie an den spartanischen Gymnopädien agonistische Hyporchemen zur Aufführung kommen.   Und Homer schon
kennt Kreta als eine Hauptpflegstätte der hyporchematischen Kunst,
wie aus Il. 18, 590 hervorgeht jene Insel, wo später Thaletas die alt-
einheimischen hyporchematischen Weisen zur Kunstblüthe sich entfalten
liess und in festen Formen zu den verwandten Stämmen des Festlandes
hinüberführte.

Wir haben den drei Gattungen der chorischen Lyrik noch eine
monodische Lyrik als eine der frühesten Gestaltungen der griechischen
Poesie hinzuzufügen, die dem freien volksmässigen, oft auf ein profanes
Gebiet hinübergehenden Tone des ältesten Chorgesanges gegenüber
einen recht eigentlich sacralen Charakter bewahrt und hierdurch früher
zu festen typischen Formen gelangt.   Es sind dies die religiösen Hymnen, die an bestimmten Cultusstätten zum Lobe der Götter ertönten
und diesen Cultusstätten auf lange als ein lebendiges Erbtheil in der
Tradition priesterlicher Geschlechter und Schulen verblieben.   Sie
wurden Nomoi, Gesetze genannt von der stätigen Compositionsform,
in der diese Hymnen gedichtet und überliefert wurden, im Gegensatze
zu den auf der freien poetischen That des schaffenden Volksgeistes beruhenden chorischen Gesängen.   Wir können die Nomoi am besten
den Veda-Hymnen vergleichen, in denen zu der hymnodischen Lyrik
ein episches Element hinzutritt: der Gott wird durch Schilderung
seiner Thaten gepriesen.   An die Tempel und Cultusstätten schlossen

sich bestimmte Priester- und Sängerfamilien, und wir können, der Sage folgend, die grösstentheils auf solchen Tempeltraditionen beruht, bereits mehrere Sängerschulen unterscheiden. Die zwei bedeutendsten Heiligthümer dieser Art gehören dem Apolloculte an: es sind die Stätten von Delos und Delphi. Hier wurden in bestimmten dem Apollomythus angehörenden Festcyklen schon in frühester Zeit musische Agonen aufgeführt, wo priesterliche Sänger, mit einander im Lobe des Gottes wetteifernd, den Nomos zur Kithara vortrugen. Die Nomoi des Delischen Apollocultus werden auf Olen zurückgeführt, der von den Hyperboräern oder von den Lykiern am Xanthus kommend den Apollocült in Delos gegründet und den Hexameter erfunden haben soll. Noch grössere Bedeutung erhielten die Agonen von Delphi, dem religiösen Mittelpunkte des gesammten Dorischen Stammes. Apollo selber hatte hier das Heiligthum, das mit seinen Tempelschätzen und seinem Orakel schon bei Homer hochberühmt ist (Il. 9, 405. 2, 519). Od. 8, 87), gegründet und kretische Männer zu seinen Priestern eingesetzt; zu seiner Feier ertönte am Pythischen Feste der Nomos im Agon der Kitharöden, vor Allen der Pythische Nomos, der den Sieg des jugendlichen Gottes über den Drachen Pytho besang. Wir brauchen nicht weit umherzuschauen, um in diesem Nomos vom drachentödtenden Gotte eines der ältesten Hellenischen Lieder zu erblicken. Wer da weiss, wie tief die Zusammenhänge der indogermanischen Völker in ihrer Sprache, ihren ältesten Sitten, ihren ältesten Culten und Mythen wurzeln, wer da weiss, dass alle diese Völker in vorhistorischer Zeit ein einheitliches Volk bildeten, das im Innern von Asien wohnend bereits zu einer festen Culturstufe gekommen war, ehe noch die einzelnen Zweige sich abtrennten, — dem treten auch die ältesten Lieder dieser Völker vor die Seele: die altindischen Lieder vom ahi-tödtenden Gotte, die altzendischen vom Kereçâçpa und Thraetaona, den Siegern des dreiköpfigen Drachen azhi dahâka, die altgermanischen Lieder vom drachentödtenden Siegfried. Die rege Forschung der neuesten Zeit hat gelehrt, dass diese Sieger nicht menschliche Helden, sondern Götter und speciell Götter des Lichtes sind, die der Finsterniss den Kampf bieten, — es sind dieselben Götter, wie der im Pythischen Nomos gefeierte Drachentödter Apollo. Doch zurück zu den Nomoi der Agonen von Delphi, für deren hohes noch weit über Homer hinaufreichendes Alter ich hiermit die Urverwandtschaft der Völker in Anspruch nehme. Der Schatz der Lieder, der hier gesungen, wird von der delphischen Tempelsage auf 2 heilige Sänger zurückgeführt: Chrysothemis den Kreter, den Sohn Karmanors, und Philammon den Delpher, den Sohn Apollos, die beide im delphischen Agon als musische Kämpfer auftreten. Chrysothemis ist der Prototyp des agonistischen Kitharoden, der im Prachtgewande der späteren Nomossänger zur Phorminx den pythischen Nomos singt; Philammon aber ist der Erfinder der Dorischen Tonart, die vor Allem an Delphi als den Centralpunkt des dorischen Geistes und der Dorischen Kunst fixirt war. Wir werden sehen, wie auch noch die Nomosdichter der historischen Zeit mit diesem Philammon in unmittelbare Verbindung gebracht werden.

Der Dorischen Sängerschule tritt eine Aeolische entgegen, deren Andenken von der Sage zwar mit minder scharfen Zügen gezeichnet ist, die aber dennoch als ein historisches Factum feststeht. Ihr frühester Hauptsitz war das Aeolische Böotien, wo durch den alten Stamm der Aeolischen Thraker die ersten Anfänge der hellenischen Cultur fixirt waren und wo am Helikon früher als im übrigen Hellas der Dienst der Musen und mit ihm die musische Kunst erblühte. Der Name Orpheus bezeichnet den Sänger, der von der Sage als Repräsentant dieser alten thrakischen Poesie und Musik hingestellt wird; neben ihm steht der Name Musäus, der zum Sohn oder Schüler des Orpheus gemacht wird. Es gehört nicht hierher, wie sich später Attika dieser beiden Namen bemächtigt und sie zu Trägern einer Orakelpoesie macht, ja auf sie das theologische Epos aus der Zeit des Onomakritus zurückführt. Nur die Züge der leicht auszuscheidenden älteren Sage wollen wir hier festhalten, um an den durchaus verschiedenen Charakter der Aeolischen Poesie von der Dorisch-Delphischen zu erinnern. Der Sang der orphischen Schule ist nicht der ruhige Nomos zu Ehren Apollos; wir hören aus der Sage deutlich den bewegteren Ton erklingen, der hier angeschlagen wurde, einen Ton, in den die Laute des Schmerzes und Orgiasmus sich einmischen — mit einem Worte, es ist hier das religiöse Gebiet der chthonischen Götter, deren Dienste die orphische Muse vor allen geweiht war. Daher der Mythus vom Orpheus, der um die entrissene Eurydike klagt, daher der Tod des Sängers durch rasende Bacchanten, die seinen Leib zerfleischen: nur seine Lyra schwimmt von Böotien zu den Aeoliern des Ostens, nach der glücklichen Insel Lesbos, auf der fortan wie in keinem andern griechischen Lande die musische Kunst erblühen sollte und von der zuerst Terpander den Aeolischen Sang nach dem griechischen Mutterlande zurückführte. Und wenn ich hier bloss mit Sagen zu operiren scheine, so muss ich hinzusetzen, dass

die alten Kenner der musischen Kunst, dass namentlich Glaukus von
Rhegium von der Poesie und Musik des Orpheus als einem bestimmten
Kunststile der früheren Entwickelung spricht und sie mit dem Stile
Terpanders zusammenstellt. Plut. de mus. 7. 8.

Verlassen wir jetzt die früheren Gestaltungen der griechischen
Lyrik, die theils als chorische Gesänge dem freien Schaffen des poetischen Volksgeistes überlassen blieben, theils als monodischer Nomos-
gesang von priesterlichen Sängern gepflegt, eine festere Form be-
wahrten. Es war eine andere Richtung der Poesie, welcher zuerst
eine höhere Blüthe der Kunst zu Theil werden sollte: dem nach Thaten
drängenden Geiste des jugendlichen Volkes ward das Gebiet der Inner-
lichkeit zu enge, es drängte hinaus zu kühnem Beginnen, zu Fahrten
über das Meer, zu Kämpfen mit dem Barbarenthum des Orients, und
als künstlerische Reproduction dieses Heldenthums erhebt sich das
Epos zu wunderbarem Glanze empor. Warum sollen wir es aus-
zusprechen scheuen, dass die Ausgangspunkte dieser epischen Poesie
bereits in der alten religiösen Lyrik enthalten waren? Ertönte nicht
schon in den ältesten Nomen das Lied von den Thaten der Götter, von
ihren Siegen über Dämonen und Drachen, und war es nicht ein kleiner Schritt, diese epischen Elemente von der Cultusstätte, an die sie
ursprünglich gebunden waren, auf das Gebiet des Menschlichen hin-
überzuführen? Mit dem Göttlichen wurde das Menschliche vereint,
zu dem Kreise der Götter traten die Heroen, die Söhne der Götter,
hinzu; — wie früher zur Freude und Ehre der Götter im heiligen
Tempelbezirke der Nomos ertönte, so erschallt jetzt zur Freude und
Ehre der Fürsten und des Volkes das epische Lied. Die Entstehung
des Epos ist nichts anderes als eine Uebertragung vom Gebiete des
Göttlichen auf das des Menschlichen, eine Herübernahme, wie wir sie
später bei der Entstehung der Archilocheischen Jamben aus den Demetri-
schen und Dionysischen Volksgesängen sich wiederholen sehen. Die
Musik, als das eigentlich lyrische Element, trat mehr und mehr zurück;
während die κλέα ἀνδρῶν noch zur Phorminx ertönten, erhob sich bald
als die Zusammenfassung dieser epischen Einzelgesänge das homerische
Gedicht, das sich völlig von der musikalischen Form befreite und nicht
mehr durch Kitharöden gesungen, sondern durch Rhapsoden vorgetragen wurde.

Doch noch ehe der epische Gesang abgeblüht war, — noch zur
Zeit als die älteren Cykliker wie Arktinus die Thaten der Helden in
homerischem Tone feierten —, da erhob sich die bis dahin durch das

Epos gehemmte Stimme der Lyrik zu Gesängen künstlerischer Vollendung, um bis zum Untergange des klassischen Griechenthums nicht wieder zu verstummen. Und wer war der Erste, der in Hellas diesen Wendepunkt der Poesie hervorrief, der für die Lyrik eine dem Epos gleiche Vollendung der Kunst anbahnte? Es waren nicht die Jamben des Archilochus, nicht der Gesang der elegischen Dichter: es war die Lyra Terpanders, jene gepriesene Lyra, zu der noch vor Archilochus' und Kallinus' Zeit der Lesbische Dichter und seine Schule in bisher ungeahnten Weisen die Hymnen der Götter ertönen liess.

Wir müssen uns hier vor Allem über Terpander's Zeitalter verständigen. Wenn man von der Ansicht ausgeht, dass Terpander mehr eine mythische als eine historische Persönlichkeit sei, so wird man auch darauf verzichten müssen, die chronologischen Data zu bestimmen. Bedenkt man aber, dass aus dem Zeitalter Terpanders eine Menge geschichtlicher Thatsachen überliefert ist, dass in eben dieser Zeit schon eine grosse Anzahl von Persönlichkeiten mit sicheren historischen Zügen hervortritt, und dass endlich die Geschichte Terpanders in sich durchaus zusammenhängend und geschlossen ist und in keinem wesentlichen Punkte das sonst gewöhnliche Schwanken verräth, so muss man gestehen, dass Terpander eine durchaus historische Gestalt ist und dass sein Zeitalter, falls die Tradition uns Nachrichten überliefert, bestimmt werden kann. Ja eine genaue Combination der Stellen führt zu dem Resultate, dass wir über Terpander mehr und Sichreres wissen als über manchen späteren Dichter, von dem weit zahlreichere Fragmente erhalten sind. In manchen Zügen mag die Tradition sagenhaft sein, wie in der Veranlassung seines Todes und seiner Wanderung nach Sparta, aber es sind dies nur unwesentliche Punkte, wie wir sie noch viel häufiger bei spätern Dichtern, Stesichorus und Pindar, ja selbst bei Aeschylus und Sophokles finden. Wo aber die Ueberlieferung variirt, wie in der Chronologie, da sind sichere Anhaltspunkte genug vorhanden, die uns führen und leiten können, so dass es auch hier möglich ist, einen sicheren Boden zu gewinnen.

Die neuere Literaturgeschichte scheint darin übereingekommen zu sein, dass Terpander jünger als Archilochus sei; eine Ansicht, die sich allerdings auf alte Zeugnisse stützt, aber sich als unhaltbar zeigt, wenn man auf die überlieferten Data kritisch eingeht. C. Fr. Hermann (Antiquit. Lacedaem. p. 5) weicht von jener Annahme ab und wendet sich einer andern Gruppe von Zeugnissen zu, welche Terpander vor Archilochus setzen und auch nach unserer Ansicht die richtige Zeitbestimmung gegeben haben. Auch Bernhardy scheint sich Gr. L. 1, S. 301 der zweiten Auflage dieser Ansicht zuzuwenden, während er an anderen Stellen den Terpander nach Archilochus setzt. Die erste Klasse der Zeugnisse wird durch die Chronik des Parischen Marmor und des Eusebius sowie durch Phaneias und Hellanikus vertreten, die zweite durch Glaukus' Schrift „über die alten Dichter und Musiker", durch Alexander „über Phrygien" und durch Hieronymus „über die Kitharoden". Die Ansicht derer, welche Terpander in das Zeitalter des Hipponax setzten, verrückt so sehr alle chronologischen Verhältnisse, dass sie bereits Plutarch de mus. 6 als irrig bezeichnet und sie in der That keiner Erörterung bedarf.

Die Chronik des Eusebius gibt die Blüthezeit des Terpander als Ol. 33, 2 an, und damit stimmt der Parische Marmor, welcher den Terpander 381 Jahre vor den Archon Diognet (Ol. 129, 1), also um Ol. $^{33,1}/_{34,1}$ setzt, epoch. 34. Cf. Boeckh C. I. II. p. 316. 335. Dieses Datum sieht sehr unverfänglich aus und dient den meisten Neueren wie Böckh Met. Pind. 245 als chronologischer Ausgangspunkt, dennoch aber verhält es sich mit ihm nicht viel anders als mit jener Angabe der πλανώμενοι bei Plutarch. Wie dort Terpander mit Hipponax zusammengestellt wird, der aus inneren Gründen einer viel späteren Zeit angehört, so wird hier Terpander mit Alkman gleichzeitig gesetzt, der in jeder Beziehung eine viel entwickeltere Periode der griechischen Poesie, Musik und Metrik repräsentirt, als der Stifter der ersten musischen Katastasis, und in seinen Gedichten bereits den Polymnestus, einen Vertreter der zweiten Katastasis, gefeiert hat (Plut. mus. 5. 9. 29). Was aber das Auffallendste ist, die Chronik des Eusebius macht den Terpander geradezu zum jüngeren Zeitgenossen Alkmans; denn der letztere blüht nach ihrer Angabe schon um Ol. 30, 4 (*Alcman clarus videtur et Lesches*), was mit Suidas, der ihn um Ol. 27 setzt, völlig übereinstimmt; Terpanders Blüthe wird dagegen erst um 33, 2 gesetzt. Dies Missverhältniss wird dadurch nicht aufgehoben, dass Eusebius im weiteren Verlaufe seiner Chronik Ol. 44 als Blüthezeit Alkmans angibt mit dem Zusatze *ut quibusdam videtur*; denn so entsteht eine zweite Collision, dass nämlich Alkman hierdurch in die Blüthezeit Stesichorus hinabrückt, womit ebenfalls aller Chronologie ins Gesicht geschlagen wird. Der Parische Marmor weiss freilich auch hier Rath, indem er den (alten?) Stesichorus zum Zeitgenossen des Aeschylus macht, epoch. 50. Solche Widersprüche sind in der That unausbleiblich, wenn Terpander in Alkmans Zeit verwiesen wird.

Von gleicher Beschaffenheit ist der Bericht des Phaneias von Lesbos, eines Zeitgenossen Alexanders, der in zwei Büchern über die Dichter schrieb. Clem. Alex. stromat. 1 p. 333: „Terpander sei jünger als Archilochus, Archilochus jünger als Lesches und dieser ein Zeitgenosse des Arktinus." Phaneias schliesst sich im Grunde an die Chronologie der Chronisten an: lebt Terpander 33, 2, so ist er jünger als Archilochus und auch jünger als Lesches, der in die Zeit des Alkman fällt, vergl.:

> Ol. 20 Archilochus,
>
> Ol. 30, 4 „*Alcman clarus habetur et Lesches*,"
>
> Ol. 33, 2 „*Terpander insignis habetur*".

Phaneias begeht aber noch die Ungereimtheit, dass er den Lesches aus Ol. 30 an den Anfang der Olympiaden hinaufrückt, indem er ihn mit dem alten Arktinus in einen musischen Wettkampf bringt. Wir sehen hieraus, wie unkritisch Phaneias zu Werke gegangen ist.

Von hervorragender Bedeutung erschien den Neueren die Angabe des Hellanikus. Terpander lebt nach ihm zur Zeit des Midas (Clem. Alex. strom. 1, p. 333). Genauer ist dies Datum bei Athen. 14, 635: „Terpander sei der älteste Sieger in den Karneischen Spielen zu Sparta, die nach Sosibius in der 26. Olympiade eingesetzt seien." Allerdings ein sehr wichtiges Zeugniss. Die musischen Agonen an den Karneen sind nach dem unzweifelhaften Zeugnisse des Lakonen Sosibius Ol. 26 eingesetzt; wenn es nun feststeht, dass Terpander der älteste Karneonike ist, so muss er nothwendig um Ol. 26, also nach Archilochus gelebt haben, als dessen Blüthezeit Ol. 15—20 feststeht. Aber hiermit tritt die zweite Gruppe der Zeugnisse in Conflict, welche den Terpander vor Archilochus setzen, und es entsteht die Frage, auf welcher Seite das Richtige ist.

Wie sind die Gewährsmänner der zweiten Gruppe? Es sind Musiker und Literarhistoriker, die sich *ex professo* mit diesem Gegenstande beschäftigt haben oder wenigstens vielfach die Musik berühren. Einer von ihnen, der gewichtige Glaukus, spricht es in dem uns durch unschätzbare Notizen bekannten Werke über die alten Dichter und Musiker direct aus, dass Terpander älter sei als Archilochus. Wir lesen nämlich Plut. mus. 4: πρεσβύτερον γοῦν αὐτὸν Ἀρχιλόχου ἀποφαίνει Γλαῦκος ὁ ἐξ Ἰταλίας ἐν συγγράμματι τῷ περὶ τῶν ἀρχαίων ποιητῶν καὶ μουσικῶν· φησὶ γὰρ αὐτὸν δεύτερον γενέσθαι μετὰ τοὺς πρώτους ποιήσαντας αὐλῳδίαν. Wer die πρῶτοι ποιήσαντες αὐλῳδίαν sind, ergibt sich aus den folgenden Kapiteln des Plutarch, wo es von Orpheus, dem Vorgänger des

Terpander, heisst: ὁ δ' Ὀρφεὺς οὐδένα φαίνεται μεμιμημένος· οὐδεὶς γὰρ πω γεγένητο εἰ μὴ οἱ τῶν αὐλωδικῶν ποιηταί, es sind die ältesten mythischen Vertreter der Aulodik, Hyagnis und Marsyas, zu verstehen. Mit Glaukus stimmt Alexander überein, woraus Plutarch mus. 5 die betreffenden Worte entlehnt hat. Während Glaukus und Alexander nur eine relative Zeitbestimmung über Terpander geben, gibt Hieronymus in seiner Schrift über die Kitharoden, welche das fünfte Buch seines Werkes περὶ ποιητῶν bildete, ein positives Datum, indem er den Terpander an den Anfang der Olympiaden setzt und zum Zeitgenossen des Lykurg macht (Athen. 14, 655 c.).

Es wäre eine dialektische Spielerei, wollte man die entgegenstehenden Nachrichten dadurch auszugleichen suchen, dass man annähme, der Sieg an den Karneen sei in die letzten Lebensjahre des Lesbischen Sängers gefallen, und so könnte er noch immerhin, wie Glaukus und Alexander angeben, älter als Archilochus sein. Nehmen wir an, dass Terpander erst im 70. Jahre den Sieg errungen, so wäre er doch zur Blüthezeit des Archilochus (Ol. 20) 45 Jahre alt gewesen und könnte dann unmöglich älter als Archilochus heissen, ganz abgesehen davon, dass zwischen beiden noch der Aulode Klonas gesetzt ist. Eine Vereinigung des Hellanikus mit Glaukus und Alexander, um zunächst von Hieronymus abzusehen, ist durchaus nicht möglich. Auf welcher Seite liegt der Fehler? Aufschluss gibt Plut. mus. 6: Τελευταῖον δὲ Περίκλειτόν φασι κιθαρῳδὸν νικῆσαι ἐν Λακεδαίμονι Κάρνεια, τὸ γένος ὄντα Λέσβιον· τούτου δὲ τελευτήσαντος τέλος λαβεῖν Λεσβίοις τὸ συνεχὲς τῆς κατὰ τὴν κιθαρῳδίαν διαδοχῆς. Die Terpandriden (vgl. unten S. 72) hatten an den musischen Spielen der Karneen von der frühesten Zeit an in unmittelbarer Diadoche gesiegt, ohne dass eine andere Sängerschule sich an diesem Feste hätte geltend machen können: die Namen der Terpandriden füllten demnach bis auf Perikleit die Karneoniken-Liste aus. Wenn nun mit Terpanders Musik, mit Terpanders Nomen und Compositionen und von Terpanders Schülern die Siege errungen waren, so erklärt es sich leicht, wie Terpander selber, dessen geistiges Urbild in diesen Siegen lebte, an die Spitze der Karneoniken gestellt werden konnte, zumal das Streben der Hellenen ihre Institute auf gefeierte Namen zurückzuführen sogar einen Chrysothemis an die Spitze der delphischen Agonen stellte. So enthält jene Angabe des Hellanikus noch immer etwas Wahres, auch wenn die musischen Spiele der Karneen erst nach Terpanders Zeit eingesetzt sind: an die Stelle von Terpanders Schule ist der Name ihres gefeierten Stifters gestellt.

Demnach stellt es sich heraus, dass, wenn wir die Angaben des
Hellanikus und die des Glaukus und Alexander gegen einander ab-
wägen, sich die Wagschale auf die Seite der letzteren hinneigen muss.
Streifen wir von der Terpandrischen Musik alle die Unrichtigkeiten
und Uebertreibungen ab, durch die sie von den Literarhistorikern ent-
stellt ist, und folgen wir bloss den übereinstimmenden Nachrichten
über die erste Einfachheit der Terpandrischen Kunst, so ergibt
sich ohnehin aus inneren Gründen, dass Glaukus Recht hat, wenn
er den Terpander vor Archilochus setzt.   Terpander repräsentirt
überall die älteste uns bekannte Stufe archaistischer Einfachheit in der
Lyrik; er kennt nur einfache Metra und auch von diesen nur den
Hexameter und einige noch einfachere Choralrhythmen, er weiss noch
nichts von zusammengesetzten Maassen, von einem Wechsel der Rhythmen und Tonarten, während die Neuerungen des Archilochus einen
weit entwickelteren Standpunkt der Metrik und Musik bezeichnen, wobei
ich nur auf seinen melodramatischen Vortrag und die ausgebildete
Instrumentalbegleitung zu verweisen brauche (Plut. mus. 28).   Archilochus selbst kennt schon die Blüthe der Lesbischen Musik, indem er
singt Athen. 4, 180 c:

αὐτὸς ἐξάρχων πρὸς αὐλὸν Λέσβιον παιήονα.

Wenn Archilochus hier bereits die Ausbildung der Aulodik voraussetzt, so weist das auf eine Zeit hin, der die Terpandrische Ausbildung
der Kitharodik schon vorausgegangen ist, da die Aulodik sich überall
erst nach der Ausbildung der Kitharodik entwickelt hat.

So führen uns innere und äussere Gründe zu strengem Festhalten an dem Bericht des Glaukus, dass Terpander älter ist als
Archilochus.   Damit ist aber seine Lebenszeit nur annähernd bestimmt, denn es bleibt noch die Frage offen: wie lange lebte er vor
Archilochus? Hierauf antwortet Hieronymus, dass er zur Zeit des
Lykurg, also zu Anfang der Olympiaden gelebt habe.   Wir müssen
gestehen, dass dieses Datum an sich nicht viel Ansprüche auf Glaub-
würdigkeit machen kann, da Andere auch den erst der zweiten Katastasis angehörenden Thaletas in die Zeit Lykurgs versetzen.   Aber wir
finden noch einen andern Anhaltspunkt.   Jene anderen Schriftsteller
nämlich, die den Terpander in die vorarchilocheische Zeit hinaufrücken,
machen ihn nicht zum unmittelbaren Vorgänger des Archilochus,
sondern setzen zwischen beide noch die Periode des Klonas, der für die
ältere Peloponnesische Aulodik dieselbe Bedeutung hat, wie Terpander
für die ältere Kitharodik; und so erhalten wir ein zweites Zeugniss,

durch welches Terpander in die ersten Olympiaden hinaufgerückt wird. Die Terpandrische Lyrik gehört hiernach der Zeit an, wo sich im cyklischen Epos die Nachblüthe des Homerischen Epos zu entwickeln begann; und wie sehr dies mit dem Charakter seiner Poesie stimmt, die sich in Allem auf das Epos bezieht, wird aus dem Folgenden hervorgehen.

Schon ein Blick auf die nachfolgende Zeit hätte die Richtigkeit der Chronologie des Glaukus erkennen lassen können.   Setzt man Terpanders erste Katastasis nach Archilochus, also nach Ol. 20, wo bleibt da ein Platz für die zweite Katastasis Spartas, die durch Thaletas, Xenodamos, Polymnastus u. A. vertreten ist? Polymnastus muss jedenfalls älter oder mindestens ein Zeitgenosse von Alkman sein, da ihn dieser bereits in seinen Gedichten erwähnt (Plut. mus. 8.), Polymnastus aber hatte wiederum den Thaletas besungen (Pausan. 1, 14, 4).   Die Annahme des Hellanikus schliesst also die Ungereimtheit in sich, dass in der Zeit von Ol. 20 bis 27 oder 30 oder von Archilochus bis Alkman nicht bloss die Periode des Terpander und die erste Katastasis, sondern auch die Periode der älteren Aulodik des Klonas und sogar die zweite Katastasis mit ihren zwei verschiedenen Generationen angehörigen Vertretern Thaletas und Polymnastus eingeschoben werden muss, oder mit anderen Worten, dass das, was nach inneren Gründen sowohl wie nach den Zeugnissen der Alten verschiedenen Perioden und Entwickelungsstufen angehört, wie die erste und zweite Katastasis Spartas, gleichzeitige Ereignisse sind.

Wir glauben hierdurch die Richtigkeit der Zeitbestimmungen des Glaukus dargethan zu haben und stellen in dem Folgenden die Zeitverhältnisse der älteren Lyrik, die sich aus seinen Angaben ergeben, übersichtlich zusammen:

	Homerisches Epos.	Cultuslieder der Orphischen Kitharodik.
	Beide Arten der Poesie in Terpander vereinigt (Plut. 4).	
I. Katast.	Terpander, Nomenpoesie der heptachordischen Kitharodik, ohne Metabole.	
	Klonas, alte aulodische Nomenpoesie der Peloponnesier.	
Ol. 20.	Archilochus, metrische und musikalische Neuerungen (Plut. 28.)	Olympus, neuere aulodische Nomenpoesie, metrische (Plut. 7, 33, 29) und musikalische Neuerungen (Metabole, Phrygisch, Lydisch) — Asiatische Auletik.
	An die Metra beider schliesst sich Thaletas (Plut. 10).	
II. Katast.	Thaletas, Päanen und Hyporchemata, älter als Polymnast, von dem er besungen wird.	
Ol. 27 (33).	Polymnastus, Weiterbildung der neueren aulodischen Nomenpoesie (Plut. 29), wird von Alkman besungen und ist daher dessen Zeitgenosse oder Vorgänger.	

Die Entwickelungsstufen der älteren Lyrik sind hiernach folgende:

1) Die älteste Lyrik der Vorhomerischen und Homerischen Zeit, innerhalb ihrer besonders die Nomosschule der Dorischen Kitharoden und die sogenannte Orphische Schule der Aeolier.

2) Die Kitharodik des Terpander: der ausgebildete kitharodische Nomos — Hexameter und gedehnte spondeische Maasse. — Erste musische Katastasis.

3) Die alt-Peloponnesische Aulodenschule des Klonas: aulodischer Nomos, Elegien und Prosodien, — Hexameter und elegisches Maass, vielleicht auch anapüstische Prosodiakoi.

4) Die Epoche des Archilochus.

5) Gleichzeitig oder bald nachher das Eindringen der Olympischen Auletik aus dem Orient — asiatische Flötenmusik im Gegensatze zu der althellenischen des Klonas.

6) Die erste künstlerische Ausbildung der chorisch-orchestischen Lyrik durch Thaletas (Päan, Hyporchema, Pyrriche): an Thaletas schliesst sich Xenodamos von Kythere, Alkman u. s. w. — Zweite musische Katastasis.

Auf der ersten Stufe sind bereits alle Elemente und Gattungen der Lyrik im ersten Keime vorhanden, aber sie existiren nur in der

Vereinzelung der Stämme und Völkerschaften, und sind entweder bloss der Pflege der Volkspoesie überlassen oder erstarren im strengen Dienste des Cultus. Nach und nach bemächtigt sich die mit Bewusstsein schaffende und formende Kunst dieser Elemente und führt sie aus der lokalen Vereinzelung zum Gesammtbesitze der hellenischen Nation. So wird zuerst dem kitharodischen Nomos durch Terpander, dann den aulodischen Prosodien und Elegien durch Klonas eine feste künstlerische Form gegeben. Nach Klonas entwickelt Archilochus aus den Festliedern des Demetreischen und Dionysischen Cultus die jambisch-skoptische Poesie, und endlich nach dem Eindringen asiatischer Elemente (Olympus) führt Thaletas die alte chorische Lyrik des Apolloeultes auf künstlerische Normen zurück.

Zwei Momente sind es, welche zunächst die Voraussetzung der Terpandrischen Lyrik bilden: das Homerische Epos und die hieratische Lyrik der Orphisch-äolischen Schule. So fassten es nach dem Berichte des Plutarch de mus. 5 die Alten auf: „Terpander habe Homers Gedichte, Orpheus' Melodien nachgeahmt." Mit der Orphisch-äolischen Schule steht Orpheus durch sein Vaterland in unmittelbarem Zusammenhange, denn er war ein Lesbier, zu Antissa geboren, und wenn er bei Suidas s. v. *Τέρπανδρος* ein Arnäer oder Kymäer genannt wird, so bezeichnet auch dies seinen Aeolischen Ursprung. Im Einklang mit jener Angabe *ἐζηλωκέναι Τέρπανδρον Ὀρφέως τὰ μέλη* stellt auch Glaukus von Rhegium mehrmals die Namen Terpander und Orpheus zusammen (Plut. mus. 7, 10) und unterscheidet sie streng von den Repräsentanten andrer Schulen; die hellenische Phantasie drückt die Beziehung zwischen beiden in der schönen Sage aus, dass die Lyra des Orpheus von dem Aeolischen Böotien nach dem Aeolischen Lesbos hinübergeschwommen und dort dem Terpander zu Theil geworden sei (Nicomach. de mus. 2, p. 29). Man darf hiernach annehmen, dass die Böotisch-äolische Kitharodenschule sich gleich der Dorisch-delphischen in unmittelbarer Continuität forterhielt und dass die alten auf Orpheus zurückgeführten Cultuslieder von Böotien nach Asien mit hinübergenommen wurden. Aber neben den hieratischen Gesängen war eine epische Poesie aufgeblüht und zu hoher künstlerischer Vollendung gelangt und musste auf jene Lyrik zurückwirken. Die Lyrik nahm den epischen Inhalt in sich auf, wurde eine lyrisch-epische Poesie und der Vermittler dieses Processes, dessen letzte Stadien noch in der Poesie des Stesichorus und Pindar deutlich bemerkbar sind, ist Terpander. Deshalb heisst es *ἐζηλωκέναι δὲ τὸν*

Τέρπανδρον Ὁμήρου τὰ ἔπη, womit keineswegs bloss die Form des Hexameters bezeichnet sein soll. Deshalb wird auch Terpander mit Homer in einen genealogischen Zusammenhang gebracht: Homer-Euryphron - Phokeus - Boios - Terpander (Suid. s. v. *Τέρπανδρος*). Der epische Charakter der Terpandrischen Nomos-Poesie steht über allen Zweifel fest, er ging so weit, dass Terpander bisweilen sogar ganze Partieen des Homerischen Epos in seine Nomen aufnahm und nur die Melodie hinzufügte (vergl. unten).

Terpander ist es aber auch, der die bis dahin isolirten Zweige der griechischen Musik, die Aeolische und Dorische, vereinigt. In jener mächtig andringenden Strömung, welche die früher zur Blüthe gediehene Bildung des östlichen Hellas nach dem Mutterlande zurücktrieb, in jener Zeit, wo die Homeriden von Asien und den Inseln aus ihre Epen nach Sparta trugen, kam auch Terpander nach dem Dorischen Hellas und gründete in Sparta die erste Katastasis der Musik (Plutarch mus. 9) und eine bleibende Diadoche für seine Nachfolger. Als äusseren Grund dieser für die Entwickelung der gesammten musischen Kunst der Hellenen so folgereichen Wanderung gibt die Tradition eine Blutschuld an, durch die Terpander aus der Heimath getrieben wurde. Jetzt wurde Delphi, die Hauptstätte der Dorischen Musik, ein Mittelpunkt für Terpanders Wirksamkeit, hier siegte er viermal hintereinander an den Pythischen Agonen (Plutarch mus. 4) und seine Nomen wurden bleibende Kultuslieder. In wieweit der Aeolier Terpander im Dorischen Hellas ein Vertreter der Dorischen Musik wurde, geht besonders daraus hervor, dass sein Name so sehr mit dem Charakter und der Eigenthümlichkeit des Dorischen Geistes verbunden war, dass einige seiner Nomen mit denen des Philammon, jenes alten Vertreters Dorischer Nomen - Kitharodik, verwechselt wurden (Plut. mus. 5, Suid. s. v. *Τέρπανδρος*). Vielleicht liegt dieser Verwechslung die Thatsache zu Grunde, dass Terpander einige alte Melodien aus den Delphischen Tempelgesängen in seine kunstreicher ausgeführten Nomen aufnahm. Auf Geheiss des Delphischen Orakels, so meldet die Sage, wurde Terpander nach Sparta berufen, um durch die beruhigende Kraft seiner Musik die Schwankungen und Zerwürfnisse des Staatslebens beizulegen. Suid. *μετὰ Λέσβιον ᾠδόν*, Aelian. V. H. 12, 50. Plutarch. mus. 42. Heraclid. resp. Laced. 2. Seine Neuerungen in der musischen Kunst wurden hier politisch sanctionirt und gesetzlich eingeführt — oder wie es die Alten ausdrücken, er wurde der Gründer der ersten musischen Katastasis (Plut. mus. 9). Wir haben oben den

Beweis geführt, dass Terpander noch vor der Stiftung der Karneen in Sparta gewirkt hat, aber gerade die musischen Agonen dieses Festes erhielten seine Kunst in immerwährender Geltung; denn seine Schule, die Lesbischen Terpandriden, feierte hier in ununterbrochener Folge ihre Siege. Das Ansehn des Lesbischen Sängers in Sparta war so gross, dass in den Karneischen Agonen der Herold zuerst diejenigen zum Kampfe aufrief, welche Terpanders Geschlechte angehörten, dann die andern aus Lesbos herübergekommenen Sänger, und erst in dritter Reihe die übrigen Kitharoden. Die Worte τίς μετὰ Λέσβιον ᾠδόν? „Wer kommt nach dem Lesbischen Sänger?" mit denen dieser Ausruf geschah, wurden zum allgemeinen Sprüchworte und erhielten die hohe Bedeutung Terpanders bis in die späteste Zeit in lebendiger Erinnerung. Der älteste der Terpandriden war Kapion, Terpanders Lieblingsschüler, nach welchem ein Terpandrischer Nomos benannt war (Pollux 4, 65. Plut. mus. 4) und auf welchen die Form der asiatischen Lyra (Plut. 6. Aristoph. Thesmoph. 120 c. schol. Bekker anecd. 1, 452) zurückgeführt wurde. Erst nach der Zeit des Terpandriden Perikleitos, der von Plutarch mus. 6 vor Hipponax gesetzt wird, vermochten auch andre als Lesbische Sänger an den Karneen einen Sieg zu erringen, doch zählte auch noch später die Terpandrische Schule hochberühmte Meister. Ausser Euanetides von Antissa war vor Allen der Terpandride Aristokleides zur Zeit der Perserkriege ein in ganz Hellas weitberühmter Name; bis zu seiner Zeit behielt die Terpandrische Kitharodik ihren einfachen Charakter; erst Aristokleides' Schüler, der vielgenannte Phrynis, setzte einen manierirten und gekünstelten Stil an die Stelle des Terpandrischen.

Tonarten. Nach dem Berichte des Pollux 4, 65 sollen die Nomoi Terpanders folgendermaassen benannt worden sein:

nach Völkerstämmen: der Aeolios und Boiotios,
nach den Rhythmen: der Orthios und Trochaios,
nach den Tropoi: der Oxys und Tetraoidios,
nach Terpander selber und seinem Lieblingsschüler: der Terpandreios und Kapion.

Aehnlich Plut. mus. 4, Suid. ὄρθιος und νόμος ὁ κιθαρῳδικός. „Aeolisch" und „Böotisch" sollen die Nomoi „nach Völkerstämmen" (ἀπὸ ἐθνῶν) genannt sein; würde der Berichterstatter gesagt haben, sie seien nach den Tonarten (ἀπὸ ἁρμονιῶν) so benannt, dann würde er sich richtiger ausgedrückt haben, denn offenbar ist der Aeolische und Böotische Nomos ein Nomos in Aeolischer und Böotischer Tonart. Ausserdem wandte Terpander für seine Nomoi die Dorische Tonart an, wie Clem.

Alex. strom. 6. 748 bezeugt. Jede dieser 3 Tonarten war eine Moll-
Tonart und zwar genau unser absteigendes Moll, ohne Erhöhung der
sechsten und siebenten Stufe beim Aufsteigen, und eine andere als
diese kannten die Griechen ursprünglich nicht; erst die weiter ent-
wickelte Kunst führte ihnen andere Tonarten zu. Dies darf uns nicht
wundern, denn auch bei anderen Nationen, z. B. den Slawischen, sehen
wir den Volksgesang sich vorwiegend in der Molltonart bewegen. Die
Melodien der Griechen hatten nun die Eigenthümlichkeit, dass sie nicht
bloss in der Prime, sondern auch in der Terz und in der Quinte
schlossen, — wir müssen dies Eigenthümlichkeit nennen vom Standpunkte unserer Kunst-Musik aus, denn in unserem Volksgesange
ist es ebenso wie in der griechischen Musik. Namentlich sind Melodieschlüsse in der Terz in Schwäbischen Volksliedern sehr beliebt:
ich erinnere an das ganz besonders charakteristische „Gang i ans Brü-
nele“, welches vom Volke fast überall in folgender einfacher Weise
gesungen wird*):

Auch in Griechenland waren bestimmte Arten des Melodieschlusses bei
den bestimmten einzelnen Stämmen vorwiegend in Gebrauch. Die
asiatischen Aeolier schlossen in der Moll-Prime, die europäischen
Aeolier in Böotien in der Moll-Terz, die Dorer endlich in der Moll-
Quinte**). Das sind die drei alten griechischen Tonarten: die Aeolische, Böotische und Dorische, jede eine Molltonart, aber mit ver-
schiedenem Melodieschlusse. Werfen wir einen Blick auf das vor-
stehende Schwäbische Volkslied, so sehen wir leicht, dass es durch
seinen Dur-Terzen-Schluss einen von den gewöhnlichen in der Prime
schliessenden Durmelodien sehr abweichenden Charakter erhält. So
wird es uns ganz natürlich erscheinen, dass auch die griechischn Moll-

---

*) Vergl. auch noch die Nummern 2, 3, 5 u. a. in E. Meier Schwäbische Volks-
lieder mit ausgewählten Melodien. Berl. 1855.
**) Welcher Tonart sich die alten Ionier bedienten, ist uns unbekannt, — die
Tonart, welche man später die Ionische oder Iastische nannte, ist keine ursprünglich griechische. Einen Unterschied zwischen einer älteren und einer späteren Tonart der Ionier deutet auch Heraklid. Pontic. ap. Athen. 16. 624 an.

melodien je nach den verschiedenen Schlüssen das Gemüth des Zu-
hörers auf verschiedene Weise afficirten — oder wie dies die Alten
ausdrückten, dass sie ein verschiedenes Ethos hatten. In dem in
der Quinte schliessenden Dorischen Moll zeigt sich keine Fröhlich-
keit und Ausgelassenheit, sondern vielmehr Ernst und Strenge, keine
Mannigfaltigkeit, sondern Einfachheit und Schmucklosigkeit, aber
sie ist die ruhigste und würdevollste aller Tonarten und daher
stellt sich vorzugsweise in ihr der feste männliche Charakter dar.
Das in der Prime schliessende Aeolische Moll ist selbstbewusster,
schwungvoller und stolzer — im Uebrigen hat es denselben Charakter
wie das Dorische: in dem einen spricht sich die ruhig feste, in dem
anderen die thatkräftige männliche Gesinnung aus — das Aeolische
ist dem Dorischen gegenüber die subjectiv-bestimmtere Tonart. So
erklärt sich denn leicht die in den Aristotelischen Problemen überlieferte Thatsache, dass dem tragischen Chore (der spätern Tragödie),
der als ein ruhiger Zuschauer der Handlung gegenübersteht, mehr die
Dorische, dem Solosänger der tragischen Bühne dagegen vorzugsweise
die Aeolische Tonart zusage. Was Plato pol. 3, 399 und Laches
p. 188 von der Dorischen Tonart sagt, dass sie die Gesinnung des
Mannes darstelle, der im Kampfe Kühnheit beweist und sich in jedem
gefahrvollen Werke auszeichnet und auch im Missgeschick und wenn
er Wunden und dem Tode entgegengeht oder wenn ihn irgend ein anderes Unglück trifft, überall wohlgerüstet und fest dem Schicksale entgegentritt — das bezieht sich nicht bloss auf die Dorische, sondern
auch auf die Aeolische Tonart; denn wie wir oben sahen, begreift
Plato beide sich nur durch verschiedenen Melodien-Schluss unterschei-
dende Molltonarten unter dem Namen der Dorischen. Dass von beiden
Tonarten die eine mehr, die andere weniger bestimmt und individuell
ist, beruht eben in dem Quintenschlusse der einen und in dem Primenschlusse der anderen —, und sicher ist Heraklides Ponticus (Athen. 14,
634) im vollen Rechte, wenn er diesen Unterschied der Dorischen und
Aeolischen Tonart auf den charakteristischen Gegensatz zurückführt,
durch welchen die Dorer und Aeolier auch in den übrigen Richtungen
des socialen, staatlichen und geistigen Lebens auseinander treten. —
Ueber den Charakter des in der Terz schliessenden Böotischen Moll
fehlen uns die Berichte; wir wissen nur, dass es noch zur Zeit des
Aristophanes im Nomos angewandt wurde.

Das sind die drei alten hellenischen Tonarten, welche sich im
isolirten Leben der Volksstämme selbstständig neben einander heraus-

gebildet hatten, der bis Aeolische Musiker Terpander, der bis dahin in seinen heimathlichen Weisen componirt, zu den Dorern kam, an den musischen Festen Sparta's und Delphi's mit Gesängen in Dorischer Harmonie auftrat, aber hier neben der altherkömmlichen Dorischen auch die Aeolische und Böotische zur Anerkennung brachte. Wenn er der Hegemon der ersten musischen Katastasis zu Sparta genannt wird, so heisst das nichts Anderes, als dass seine musikalischen Neue‑rungen vom Spartanischen Staate sanctionirt wurden, und zu diesen Neuerungen gehört vor Allem die Aufnahme der beiden Tonarten der asiatischen und europäischen Aeolier in die zu Sparta und Delphi im heiligen Agon vorgetragenen kitharodischen Nomoi. Die Aristoteli‑schen Probleme nennen die Aeolische Tonart „die κιϑαρῳδικωτάτη" — es gelang ihr also späterhin, im kitharodischen Nomos noch eine bedeu‑tungsvollere Stellung als selbst die Dorische zu gewinnen. — Worauf es beruht, dass ein Berichterstatter den Terpander auch den Erfinder der Mixolydischen Tonart nennt, wird sich weiter unten aufklären.

Die Gliederung des kitharodischen Nomos. Der Nomos war wie gesagt ein monodischer Gesang, der an den hohen Festen der hervorragendsten Cultusstätten von einem Sänger im Wettkampfe mit anderen zur Verherrlichung der Gottheit vorgetragen wurde. Der Text war ein vorzugsweise epischer, denn die Gottheit wurde durch die Schilderung ihrer Thaten gefeiert; doch versteht sich von selbst, dass auch lyrisch-hymnodische Elemente hinzutraten. Terpander soll nun dem Nomos eine feste Gliederung gegeben haben, die von seinen Nachfolgern treulich gewahrt wurde und, wie wir später sehen werden, auch in die meisten übrigen Gattungen der musischen Kunst, die sich später herausbildeten, eindrang. Die Sanctionirung dieser Terpan‑drischen Gliederung von Seiten des Spartanischen Staates ist ein fer‑nerer Punkt der sogenannten ersten musischen Katastasis in Sparta.

Pollux 4, 66 berichtet, der kitharodische Nomos hätte in Folge der Terpandrischen Eintheilung aus 7 Theilen bestanden: Eparcha, Metarcha, Katatropa, Metakatatropa, Omphalos, Sphragis, Epilogos. Man hat aus diesen 7 Theilen auf eine Strophische Bildung des kitha‑rodischen Nomos geschlossen (Ulrici, Gesch. der gr. Poes. 1, 348), obwohl ausdrücklich feststeht, dass die Nomoi nicht antistrophisch gegliedert waren (Aristot. probl. 19, 15). Bürette (mémoir. de l'acad. des inscript. X, 221) sieht in der Katatropa eine Marschbewegung des singenden Chores nach dem Götterbilde, in der Metakatatropa eine entsprechende Rückbewegung, in dem Omphalos den darauf folgenden

Schlussgesang. Aber der monodische Vortrag der Nomen muss jeden Gedanken an Chorgesang und chorische Evolutionen ausschliessen. Ebensowenig kann davon die Rede sein, dass die Namen der 7 Theile mit einem Wechsel der Tonarten oder des Rhythmus zusammenhängen, denn·Plutarch mus. 6 erklärt ausdrücklich, dass in Terpanders Nomoi weder Harmonie- noch Taktveränderung stattgefunden habe. Die Lösung der Frage nach der Bedeutung der 7 Theile wird eine andere sein müssen.

Dem eigentlichen Nomos ging ein Proömium voraus und folgte ein Exodion (Plut. mus. 6). Wir werden nicht irren, wenn wir von den sieben durch Pollux genannten Theilen das Proömium mit der Eparcha, den Epilogus mit dem Exodion identificiren. Die mittleren 5 Theile bilden dann den eigentlichen Nomos, der mit der Metarcha beginnt und mit der Sphragis endet. Ohnehin führt hierauf die Bedeutung des Wortes σφραγίς d. h. Siegel, denn das Siegel wurde bei den Alten zum Abschliessen (der Thüren u. s. w.) gebraucht. Vgl. ἐπισφράγισις Schol. Hephaest. p. 31. Der Omphalos (Nabel) muss, wie der Name besagt, den Mittelpunkt des Ganzen bilden; wenn er in der von Pollux gegebenen Aufzählung der Theile nicht in der Mitte, sondern erst an fünfter Stelle steht, so müssen wir annehmen, dass ihn Pollux nicht in der richtigen Reihenfolge genannt hat. Man sieht leicht, wohin er zu stellen sein wird. Die Metakatatropa (Rückwendung) wird nämlich nicht unmittelbar hinter der Katatropa (Umwendung) ihren Platz haben müssen, sondern erst nach dem Omphalos, und somit ergibt sich folgende Anordnung des Terpander'schen Nomos:

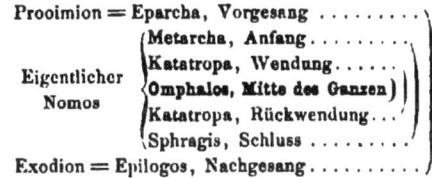

Prooimion = Eparcha, Vorgesang . . . .

Eigentlicher Nomos
- Metarcha, Anfang . . . .
- Katatropa, Wendung . . . . . .
- Omphalos, Mitte des Ganzen
- Katatropa, Rückwendung . . .
- Sphragis, Schluss . . . .

Exodion = Epilogos, Nachgesang . . . .

Der eigentliche Nomos also begann mit der Metarcha (eigentlich Nachanfang), so genannt, weil bereits das Proömium als erster Anfang vorausgegangen war. Wahrscheinlich hat sich der Ausdruck Metarcha erst in der Terminologie der späteren Kitharoden festgestellt und Terpander selber noch den Ausdruck „Archa" Anfang dafür gebraucht, wie in dem bei Clem. Alexandr. strom. 6, 784 erhaltenen Fragmente:

Ζεῦ πάντων ἀρχά, πάντων ἀγήτωρ,
Ζεῦ σου πέμπω ταύταν ὕμνων ἀρχάν.

Die fünf Theile des Nomos im engern Sinne reduciren sich auf drei
Haupttheile: Anfang, Mitte und Schlusstheil (Metarcha, Omphalos,
Sphragis); dazu zwei Uebergangstheile: die Wendung und Rückwendung (Katatropa und Metakatropa), von denen der erste den An-
fangstheil mit der Mitte, der zweite die Mitte mit dem Schlusstheile verbindet. Was diese Theile des Terpander'schen Nomos enthielten, ist
uns zwar nicht direct überliefert, aber es wird sich aus der Analogie
der übrigen Gattungen der musischen Kunst mit Sicherheit heraus-
stellen, dass die Mitte oder der Omphalos im epischen Tone die
Thaten des zu feiernden Gottes schilderte, dass dagegen der Anfangs-
und Schlusstheil (Metarcha und Sphragis) den Gott in lyrisch-synodi-
scher Weise verherrlichte. ' Also ein lyrischer, epischer und wiederum
lyrischer Theil: von dem ersten lyrischen Theile leitete die Wendung
oder Katatropa zum epischen, vom epischen leitete die Rückwendung
oder Metakatatropa wiederum zum lyrischen Theile zurück.   Trat
Terpander, wie uns berichtet wird, statt eines von ihm gedichteten
Nomos mit einer Partie des Homerischen Epos, die er in Musik gesetzt hatte, auf, so fand natürlich diese fünftheilige Gliederung nicht
statt.

    Dem eigentlichen Nomos oder dem ihn vertretenden Vortrage
Homerischer Dichtung ging das Prooimion, auch Pronomion genannt
(Pollux 4, 52), voraus, welches, insofern man dasselbe als einen zum
Nomos gehörenden nothwendigen Bestandtheil ansah, auch mit dem
Namen Eparcha (d. i. Anfang des Nomos) bezeichnet wurde. Von den
Terpander'schen Prooimien sagt Plut. mus. 4: πεποίηται δὲ τῷ Τερπάνδρῳ
καὶ προοίμια κιθαρῳδικὰ ἐν ἔπεσιν, woraus denn hervorgeht, dass sie in
epischen Hexametern geschrieben waren und von den Späteren auch
als selbstständige Dichtungen angesehen wurden.   An einer andern
Stelle (mus. 6) heisst es: τὰ γὰρ πρὸς τοὺς θεούς, ὡς βούλονται, ἀφοσιωσά-
μενοι, ἐξέβαινον εὐθὺς ἐπί τε τὴν Ὁμήρου καὶ τῶν ἄλλων ποίησιν · δῆλον δὲ
τοῦτ' ἐστιν διὰ τῶν Τερπάνδρου προοιμίων.   Unter dem ἐξέβαινον haben wir
den Uebergang von dem vorausgeschickten Prooimion zum eigentlichen
Nomos oder zum melodisirten Homerischen Gesange zu verstehen. Den
Inhalt des Prooimion bildete ein Gebet des Sängers zu Apollo oder
einem andern Gotte, den er um seinen Beistand anrief, ihm, dem
Sänger, gnädig zu sein und den Sieg über die übrigen Sänger im
Wettkampfe des musischen Agon zu verleihen.   Wahrscheinlich war
damit eine Libation an die Gottheit verbunden, worauf die Worte τὰ
πρὸς τοὺς θεοὺς ἀφοσιωσάμενοι und der gleiche Gebrauch bei den übrigen

Agonen hinweist. Erhalten ist uns noch der Anfang aus dem Prooimion des Terpander'schen Nomos Orthios:

$$\text{'}A\mu\varphi\acute{\iota}\ \mu o\iota\ a\mathring{\upsilon}\tau\iota\varsigma\ \mathring{a}\nu a\chi\vartheta'\ \mathring{\iota}\varkappa a\tau\eta\beta\acute{o}\lambda o\nu\ \mathring{a}\delta\acute{\iota}\tau\omega\ \mathring{a}\ \varphi\varrho\acute{\eta}\nu,$$

ein Anfangsvers, der bei den folgenden Kitharoden und auch den späteren Dithyrambikern zur stehenden Formel wurde und den ersteren den Namen ἀμφιάνακτες verlieh.

Nachdem dann der eigentliche Nomos mit der Sphragis abgeschlossen war, folgte dem Prooimion oder der Eparcha entsprechend der Epilogos oder das Exodion, worin der Sänger nochmals die Gottheit für seinen Sieg anrief und ähnliche Formeln wie im Prooimion gebrauchte, denn der angeführte Anfangsvers des Prooimions Ἀμφί μοι αὗτις kam nach Zenob. prov. 5, 99 und Eustath. ad Il. 239, 13 auch im Anfange des Exodions vor.

Wir brauchen kaum darauf hinzudeuten, dass in der hiermit vorgeführten Anordnung des Terpander'schen Nomos ein architectonisches Princip zu Grunde liegt. Um einen hervorragenden Mittelpunkt, den Omphalos, den epischen Kern des Ganzen, gruppiren sich nach beiden Seiten hin einander entsprechende Glieder, zunächst die Katatropa und Metakatatropa, dann die lyrischen Metarcha und Sphragis, und endlich als äusserster Abschluss nach dem Anfange und dem Ende zu das Prooimion und Exodion. Das musische Kunstwerk erhält hierdurch die Formen eines Werkes der bildenden Kunst: die Hauptsache wird in die Mitte verlegt und mit respondirenden Seitenmassen umgeben. Dies bleibt ein stehender Typus, den auch die später sich entwickelnde Instrumental- und Chormusik bis auf die Zeiten des Peloponnesischen Krieges festhält. Den Ausgangspunkt dieser Gliederung gibt zunächst der poetische Text, aber sicherlich dürfen wir voraussetzen, dass im kitharodischen Nomos des Terpander, der keine strophische Gliederung kennt, auch der Gang der Melodie jener Responsion der Theile entsprach. Indess würde man irren, wenn man annehmen wollte, dass im Terpander'schen Nomos dem Wechsel der Theile auch ein Wechsel der Tonarten, der Transpositionsscalen und des Taktes entsprochen hätte. Plutarch. mus. 6. berichtet: die Terpander'sche Kitharodik bewahrte bis auf die Zeit des Phrynis ganz und gar ihre alte Einfachheit; denn es war damals nicht verstattet, die kitharodischen Compositionen wie heut zu Tage einzurichten, man liess noch keinen Wechsel der Ton- und Taktarten zu und hielt für jeden Nomos die einmal zu Grunde gelegte Transpositionsscala

fest*). Für den kitharodischen Nomos kam, wie wir hier erfahren,
erst seit Phrynis, dem Zeitgenossen des Sophokles und Euripides,
die metabolische Form auf; früher war dies in dem auletischen
und aulodischen· Nomos geschehen. Wenn die Terpander'schen
Proömien (und Epilogoi) stets in epischen Hexametern, der eigentliche Nomos aber auch in einem anderen Rhythmus gehalten war, so
stösst dies den Bericht des Plutarch, der ja das Proömium vom
eigentlichen Nomos sondert, nicht um.

Takt. Nach der S. 73 mitgetheilten Stelle des Pollux hat
Terpander einen Nomos Orthios und einen Nomos Trochaios geschrieben, welche mit diesen Namen nach den in ihnen herrschenden
Taktarten benannt waren. Alle übrigen Nomoi waren ebenso wie die
Prooimien in dactylischen Hexametern gehalten, wie schon aus der
mehrfach wiederholten Angabe, dass Terpander die ἔπη Homers nachgeahmt habe, hervorgeht.

Schon seit frühester Zeit hatten die Griechen zwei Taktarten,
den geraden zweitheiligen und den ungeraden dreitheiligen Takt. Der
Ausgangspunkt der Musik ist der Gesang, oder wenn wir wollen, der
poetische Text; daher dürfen wir uns nicht wundern, dass sich in der
frühesten Zeit der Takt des Gesanges, d. i. die Gliederung der von
dem Gesange ausgefüllten Zeit, genau an die Zeitdauer der langen und
kurzen Silben des Textes anschliesst. Die lange Silbe hat ursprünglich genau den doppelten Zeitumfang als die kurze, und so wird der
kleinste gerade oder der $\frac{2}{4}$ Takt durch den Dactylus $-\cup\cup$, der
kleinste ungerade oder der $\frac{3}{8}$ Takt durch den Trochäus $-\cup$ oder mit
vorausgehendem Auftakt durch den Jambus $\cup-$ ausgedrückt. Die beiden
Kürzen des $\frac{2}{4}$ Takts können auch durch eine Länge, die Länge des
Trochäus oder Jambus durch zwei Kürzen vertreten werden, und somit
wird statt des Dactylus der Spondeus $--$, statt des Trochäus oder
Jambus der Tribrachys substituirt. Müssen wir aber auch annehmen,
dass beide Taktarten gleich alt sind, so stehen sie doch in der ältesten
Musik einander nicht coordinirt. Der gerade oder dactylische Takt gehört der ernsten sacralen Musik an, der ungerade oder jambische Takt
ist ursprünglich ein rascher Tanzrhythmus, in welchem die volksmässigen Lieder der dem Dionysus und der Demeter gefeierten Erntefeste gesungen wurden.

Wir Modernen lieben die Verbindung von vier Takten zu einer

---

*) ἁρμονία ist Tonart oder Octavengattung, τάσις Transpositionsscala.

rhythmischen Reihe, zwei solcher Reihen bilden dann den Vorder- und
den Nachsatz der rhythmischen Periode. Der früheste dactylische
Rhythmus der Griechen besteht ebenfalls aus einer zweitheiligen Periode von einem gleich grossen Vorder- und Nachsatze, aber jede der
beiden zu einer Periode vereinigten Reihen enthält nicht vier, sondern
drei Tacte. Die älteste dactylische Periode besteht also aus sechs
dactylischen Einzeltakten und heisst deshalb der dactylische Hexameter. Mit Rücksicht auf die angegebene periodische Gliederung
können wir denselben als eine Verbindung von zwei $^3/_2$ Takten auffassen:

Der Hauptaccent fällt, wie die Cäsur des Verses andeutet, auf das
fünfte und auf das vorletzte Viertel, weshalb wir den Rhythmus auch
so auffassen können, dass wir die vier ersten Viertel als einen Auftact ansehen. Beispielsweise setzen wir die Melodie hierher, welche
uns in zwei Hexametern eines aus der römischen Kaiserzeit stammenden Hymnus auf die Muse erhalten ist:

Καλ-λι-ό-πει-α σο-φά, Μουσᾶν προκαθάγετι τερπνῶν, Καὶ σοφὶ μυστοδό-

τα Λα τοῖς γόνι Λά-λι-ε Παι-άν

Die ältesten Hexameter wurden nur gesungen; die Epiker emancipirten
zwar den Vers vom Gesange und trugen ihn declamirend vor, aber der
Nomos bewahrte die alte Weise des Vortrags. So ist es denn natürlich,
dass auch die Taktform der meisten Nomoi der Hexameter war; wenn
die Berichterstatter sagen, Terpander habe in den Melodien dem
Orpheus, in den ἔπη d. h. dem poetischen Texte dem Homer nachgeahmt, so darf dies nicht so verstanden werden, als ob Terpander
den Rhythmus seiner Gesänge dem Homer entlehnt hätte, vielmehr war
dieser Rhythmus schon in Vorhomerischer Zeit der Takt der Nomoi
und die Epiker haben umgekehrt ihren declamatorisch vorgetragenen
Hexameter aus dem althergebrachten Takte der Nomoi überkommen.

Ausser dem Hexameter hat Terpander aber auch noch zwei
Nomoi in zwei anderen Taktarten geschrieben, nämlich den Nomos

Trochaios und den Nomos Orthios, so genannt von dem trochäischen und orthischen Rhythmus. Aber der trochäische Takt des Terpander ist nicht der gewöhnliche $^3/_8$ Takt, sondern er enthält 3 halbe Noten ♩ ♩ ♩, von denen, wie die alten Rhythmiker lehren, eine jede einzelne das Vierfache der einzeitigen Kürze ist. Statt des $^3/_8$ Taktes haben wir hier also einen durchgängig aus halben Noten bestehenden $^3/_2$ Takt. Zum Unterschied von dem gewöhnlichen dreizeitigen Trochäus heisst dieser achtzeitige Trochäus des Terpander der *Trochaeus semantus*, das heisst der durch Taktschläge bezeichnete *Trochaeus*: um bei dem gewöhnlichen Trochäus im Takte zu bleiben, bedurfte es nicht des Taktirens; um aber genau den langgezogenen trochäischen Takt des Terpander zu wahren, liess man auf jede der drei Noten einen Taktschlag kommen und zwar, ganz wie in der modernen Musik, auf den starken Takttheil einen Niederschlag, auf den schwachen einen Aufschlag. Wie dem dreizeitigen Trochäus der mit dem Auftakte beginnende Jambus zur Seite steht, so auch dem semantischen Trochäus eine entsprechende Taktform mit dem Auftakte ♩ | ♩ ♩. Sie wird der *Rhythmus orthius* genannt — es ist nicht unwahrscheinlich, dass *orthius* ursprünglich nichts Anderes ist, als die Bezeichnung des Jambus überhaupt.

Wir stehen nicht an, den hier eben beschriebenen *Trochaeus semantus* und *orthius* für eine Neuerung des Terpander zu halten. Der dreitheilige oder ungerade Takt war, wie oben bemerkt, längst ein in den Tanzliedern der Erntefeste üblicher Rhythmus; aber er war von der ernsten Cultusmusik ausgeschlossen. Terpander war es, der zuerst den Versuch wagte, den ungeraden Takt jener Volkslieder auch in die hieratischen Tempelgesänge einzuführen; doch musste er die Schnelligkeit des $^3/_8$ Taktes in ein dem Charakter jener Musik entsprechendes langsameres Tempo verwandeln, und so schuf er den 3zeitigen Trochäus zum 12zeitigen *Trochaeus semantus*, den 3zeitigen Jambus zum 12zeitigen *orthius* um, um darin zwei Nomoi zu componiren, welche nach diesem Rhythmus als *nomos trochaios* und *nomos orthios* bezeichnet wurden[*]). Der poetische Text dieser *nomoi* kann kein anderes Metrum dargeboten

---

[*]) Man darf nicht unbemerkt lassen, dass nach der oben gegebenen Auffassung auch der Hexameter aus $^3/_2$ Takten besteht, der *Trochaeus semantus* und *orthius* steht also zum Rhythmus des Hexameters in einer genauen Analogie: dort ist der $^3/_2$ Takt durch $^1/_4$ und $^1/_8$ Noten, hier lediglich durch halbe Noten ausgedrückt.

haben, als ein spondäisches, und die auf S. 77 mitgetheilten spondäi-
schen Verse des Terpander haben wir wahrscheinlich als semantische
Trochäen anzusehen. Ihr Inhalt entspricht völlig dem Ethos, welches
nach dem Berichte des Aristides dem *Trochaeus semantus* eigenthümlich
ist, dem Ethos der Andacht und der Erhebung.

Tonumfang. In der allerfrühesten Zeit sollen die griechischen
Melodien auf den Umfang von nur 4 Tönen beschränkt gewesen sein.
Dies ist sehr wohl glaublich, denn im ersten Beginne der Musik war
der Gesang wohl kaum etwas Anderes als nur ein durch schärfere
und lautere Accente sich von der gewöhnlichen Sprache unterscheidender Vortrag, von monotonem, liturgischem Charakter. Eigentliche
Melodien lassen sich bei 4 Tönen wohl kaum denken — freilich hat
die aus der Ueberkultur späterer Zeiten hervorgehende Blasirtheit in
dem Streben, die allerursprünglichsten Zustände wieder zurückzuführen, es an dem Versuche nicht fehlen lassen, jene alte Beschränkung auf 4 Töne noch zu überbieten: J. J. Rousseau ist es eingefallen,
sogar einen *air à trois notes* zu componiren.

Man rechnete es früher dem Terpander zum besonderen Ver-
dienste an, dass er es gewesen, welcher zuerst über den Umfang von
4 Tönen oder des Tetrachord zu 7 Tönen fortgeschritten sei. Er soll zuerst ein Heptachord aufgebracht haben. Aber dies ist unrichtig. Vielmehr lagen dem Terpander schon 2 Scalen von je 7 Tönen vor, die
eine mit den Tönen:

$$h\ c\ d\ e\ f\ g\ a,$$

die andere:

$$e\ f\ g\ a\ h\ c\ d.$$

Beide Heptachorde werden uns von Nikomachos und in den Aristotelischen Problemen genau beschrieben. Die Alten denken sich unter
diesen Heptachorden zunächst Saiteninstrumente. Auf beiden hiess
die Saite, welche den höchsten Ton angab, Nete oder Neate, die auf
sie nach der Tiefe zu folgende Saite die Paranete (der Nete zunächst
liegend); die dritte, von der Höhe an gerechnet, nannte man die Trite
(die dritte); die vierte die Mese (mittlere), weil sie von den 7 Saiten
die mittlere war; die fünfte Lichanos oder Zeigefinger wohl mit
Rücksicht auf die Technik des Chitaron; die sechste Parhypate; die
siebente und tiefste Hypate. — Hypate bedeutet wörtlich die „oberste",
Nete die „unterste". Der antike Sprachgebrauch, der das Hohe als unten,

das Tiefe als oben bezeichnet, ist also dem modernen gerade entgegengesetzt; wollen wir sachlich richtig übersetzen, so müssen wir für Nete das Wort „oberste", für Hypate das Wort „unterste" wählen.

Wozu die beiden verschiedenen Scalen? Wir wissen, dass es eine Dorische und eine Aeolische Tonart gab — um von der Böotischen zunächst abzusehen. Auf dem mit *h* beginnenden Heptachorde lässt sich keine Aeolische Melodie spielen; es kommt auf ihr zwar der Aeolische Schlusston vor, aber als höchster Ton, und es lässt sich schwer denken, dass man eine Melodie mit dem höchsten Tone der ganzen zu Gebote stehenden Scala geschlossen habe. Dagegen lassen sich auf dem in Rede stehenden Heptachord die Dorischen mit *e* schliessenden Melodien darstellen, denn *e* ist hier der in der Mitte liegende Ton. Dies müssen dann aber Melodien von plagalischem Bau gewesen sein, die sich über den Schlusston der Melodie *e* bis zur Oberquarte *a* in die Höhe und abwärts bis zur Unterquarte *h* in die Tiefe bewegten. Ausserdem lässt sich auf diesem Heptachorde auch die Böotische in *c* schliessende Melodie darstellen: über dies *c* kann sie noch einen Ton in die Tiefe hinaus und sechs Töne in die Höhe steigen.

Auf dem zweiten mit *e* beginnenden Heptachorde lässt sich eine Dorische Melodie von authentischem Baue darstellen, denn *e* ist hier der tiefste Ton; sodann aber auch eine Aeolische in *a* schliessende Melodie von plagalischem Bau, die hier, analog wie die Dorische, auf dem ersten Heptachorde von der Oberquarte bis zur Unterquarte des Grundtones geht. — Darstellbar auf den beiden Heptachorden ist also die plagalisch-Dorische und die plagalisch-Aeolische, sowie die authentisch-Dorische Tonart, nicht aber die authentisch-Aeolische.

Dorisch plagalisch (*e*)

h   *c*   *d*   **e**   *f*   *g*   *a*

Dorisch authentisch (*e*)

e   *f*   *g*   **a**   *h*   *c*   *d*

Aeolisch plagalisch (*a*).

Hieraus müssen wir auf einen vorwiegend plagalischen Bau der alten Melodien schliessen. Auch die aus der Kaiserzeit uns erhaltenen griechischen Melodien sind sämmtlich plagalisch gebaut. Bei uns ist es ja auch nicht anders.

Dass Terpander das mit *e* beginnende Heptachord, auf welchem die plagalisch-Aeolische und authentisch-Dorische Tonart genommen wurde, bereits vorfand, wird uns ausdrücklich überliefert. Er war es nämlich, der an dieser Scala eine Veränderung vornahm. Plutarch. de mus. berichtet das aus alten Quellen, dass Terpander jener Scala die Octave des tiefsten Tones hinzugefügt habe. Um aber der alten einfachen Weise möglichst treu zu bleiben und die herkömmliche Zahl von 7 Saiten oder 7 Tönen festzuhalten, entfernte er aus der Scala den Ton *c* (Aristoteles problemata 19, 7; Nikomach. mus. p. 17). So ergab sich eine Scala, auf welcher für Aeolische Melodien die Oberquinte *e*, aber nicht die Oberterz *c*, und für Dorische Melodien (mit dem Grundtone *e*) die Dorische Octave ein höheres *e*, aber nicht die Dorische Sexte *c* vorhanden war. Die 7 Töne dieser Scala führten dieselben Namen, wie auf dem Vorterpander'schen Heptachorde, jedoch so, dass für die drei höchsten Töne die Bedeutung eine andere wurde, als früher: *h* hiess jetzt Trite, *d* Paranete, *e* Nete. Die so gestaltete Scala ohne den Ton *c* wurde noch in späterer Zeit als eine Normalform festgehalten. So wurde sie insbesondere von dem Pythagoräer Philolaos in seinem musikalisch-philosophischen Werke zu Grunde gelegt. Nikom. a. a. O.

Ebenso fest steht es aber auch, dass Terpander das mit *h* anfangende Heptachord, welches für plagalisch-Dorische Melodien eingerichtet war, gekannt hat. Plut. mus. 28 sagt nämlich. dass Terpander die Mixolydische Tonart zu den übrigen hinzu erfunden haben soll. Die auf jenem Heptachorde sich ergebende Octavengattung war, wenn man von dem tiefsten Tone *h* ausging, die Mixolydische: diese Tonart war hier ebenso gut vorhanden, wie auf dem andern Heptachorde die authentisch-Dorische; sie war wenigstens theoretisch gegeben, wenn auch noch nicht praktisch ausgeführt. Mit Rücksicht auf den tiefsten Ton könnten wir das Heptachord in *e* das Dorische, das Haptachord in *h* das Mixolydische nennen. Wird nun Terpander der Erfinder der Mixolydischen Tonart genannt, so scheint allerdings damit gesagt zu werden, dass er der Erste gewesen, welcher das die Mixolydische Octavengattung enthaltende Heptachord aufgestellt habe. Allem Anscheine nach aber ist dies lediglich für die plagalisch-Dorische Tonart berechnete Heptachord älter oder ebenso alt, als das mit dem Tone *e* anfangende: vermuthlich gehört das eine ursprünglich dem Dorischen, das andere dem Aeolischen Stamme an.

Unter den Namen der Terpander'schen Nomoi wird auch ein *nomos tetraoidios* und ein *nomos oxys* genannt; beide sollen diese Namen von den *tropoi* haben (vgl. S. 73). Das Wort *tropos* bedeutet sonst so viel wie Transpositionsscala, die aber hier schwerlich

gemeint sein kann; vermuthlich ist nicht *tropoi*, sondern *topoi* zu lesen.
Topoi nämlich sind die tiefere, höhere und mittlere Tonlage irgend
einer Scala u. kann unter Umständen das bedeuten, was wir Stimm-
region nennen. Hat also Terpander einen seiner *nomoi* nach dem *topos*
oder Tonlage den *nomos oxys*, d. h. den „hohen“ genannt, so ist dies
eben ein nur in den hohen Tönen gehaltener *nomos*, bei welchem die
tieferen Töne der Scala ausgelassen wurden, eine Art von Rückkehr
zu dem früheren Standpunkte der Musik, wo man das Heptachord noch
nicht kannte. Etwas Aehnliches scheint auch der *nomos tetraoidios*
gewesen zu sein, denn dies Wort kann schwerlich etwas Anderes als
den auf 4 Tönen gesungenen *nomos* bedeuten, also Beschränkung auf
das alte Tetrachord. Dabei bleibt freilich der Unterschied zwischen
beiden Nomoi unbekannt.

Die Kithara. Die Namen Hypate, Parhypate, Lichanos u. s. w.
sind die Bezeichnung der Töne überhaupt; einerlei, ob sie von der
menschlichen Stimme, von Blas- oder von Saiteninstrumenten angegeben
werden. Ursprünglich aber können sie nur die Töne eines Saitenin-
strumentes oder vielmehr diese Saiten selber bezeichnet haben, denn
es sind fast alles femininale Adjective, bei welchen das Wort χόρδη,
d. i. Saite, zu ergänzen ist. Die Terminologie der Töne und die ganze
Einrichtung der Scala ist also von dem Saiteninstrumente ausgegangen.
Ohnehin heisst der Terpander'sche Nomos durchgängig der kitharodische,
d. h. der zur Kithara gesungene, der Nomossänger selbst Kitharodos,
und die ganze Gattung dieser Musik wird unter dem Namen κιθαρῳδία
begriffen. Von der Terpander'schen Kithara ist uns zunächst nichts
weiter überliefert, als dass diejenige Form, welche die asiatische
(Ἀσιάς) genannt wurde, von Terpanders Schüler Kapion hergestellt
wurde, demselben, nach welchem auch ein Terpander'scher Nomos
benannt sein soll. Es wird genügen, hier im Allgemeinen die Beschaffenheit der ältesten griechischen Saiteninstrumente zu erörtern.
Wir behandeln hiermit zugleich die Saiteninstrumente, welche auch in
der klassischen Zeit der griechischen Musik, in der Zeit Pindars immer
die beliebtesten blieben; denn sonderbarer Weise sind jene siebensai-
tigen Instrumente Terpanders fast unverändert von der späteren Zeit
festgehalten, der Umfang von 7 Saiten wurde erst, als ein Verfall der
klassischen Musik eintrat, überschritten. Dies ist um so auffallender,
als gleichzeitig in Griechenland Saiteninstrumente orientalischen Ur-
sprungs von ungleich grösserem Tonumfange im Gebrauche waren.
Aber die letzteren werden meist nur in untergeordneten Gattungen der

Musik benutzt: bei Gastmählern und Gelagen begleiten Sklaven und
Sklavinnen mit ihnen ihre Liebes- und Trinklieder; aber in den höheren
Formen der musischen Kunst ist fast überall nur dem Terpander'schen
Heptachorde der Zutritt verstattet. Ein Hauptunterschied zwischen
den nationalen Heptachorden und den aus der Fremde eingeführten
Saiteninstrumenten besteht darin, dass bei jenen die Saiten mit dem
plektron, bei diesen mit der Fingerspitze angeschlagen werden, was
man ψάλλειν oder τίλλειν nannte, daher für die ausländischen Saiteninstrumente der Name ὄργανα ψαλτικά, ψαλτήρια (Plato Lys. 209, 6; Athen.
4, 81; 14, 36; Suid. s. v. ψαλλομένη). Bei dem Gebrauche des Plektrums sollen die Saiten tiefer klingen: in der That haben die ächt
griechischen eine tiefere Tonlage, als die orientalischen. Doch kann
der Gebrauch des Plektrums nicht aus der ältesten Zeit der griechischen
Musik stammen; denn was sollte es dann für einen Sinn haben, dass
man die dritt-tiefste Saite des Heptachords nach dem Zeigefinger benannt hätte?

Wir haben 2 verschiedene Arten unter den national-griechischen
Saiteninstrumenten zu unterscheiden: die Lyra und die Kithara.
Die erstere wird bei den Dichtern gewöhnlich φόρμιγξ genannt; in der
ionisch-epischen Sprache heisst sie nicht λύρα, sondern κίθαρις, ein
Name, der mit κιθάρα nicht verwechselt werden darf. Wenn Plato
rep. 3, p. 399 nur die λύρα und κιθάρα in seinem Staate zulassen will,
so macht er hiermit, wie sich aus den obigen Andeutungen ergibt,
keine neue Forderung, — er will keine fremdländischen Saiteninstrumente zulassen. Von beiden Instrumenten ist die Lyra das ver-
breitetste; ihre Behandlung bietet nur wenig Schwierigkeit und daher
soll die allgemeine musische Bildung der hellenischen Jugend nach
Aristoteles rep. 7, 6 auf die Erlernung des Lyraspieles beschränkt
bleiben. Die Kithara dagegen gehört lediglich dem Agon der Kitharoden an, ihre Behandlung erfordert einen eigentlichen Virtuosen
(Aristot. a. a. O.), und was Aristoxenos p. II von der grösseren Schwierigkeit sagt, welche die Saiteninstrumente vor den Blasinstrumenten
darbieten und durch welche die ersteren eine hervorragendere und ge-
achtetere Stellung einnehmen, bezieht sich sichtlich nur auf die κιθάρα
der agonistischen Kitharoden im Gegensatz zu den Auleten und
Auloden.

Vasenbilder, Wandgemälde, Reliefs und Gemmen geben von
beiden Instrumenten zahlreiche Abbildungen unter treuer Beachtung

des eben angegebenen verschiedenen Gebrauches*). Die Lyra ist
hier durch die mehrmals dabei stehende Inschrift λύρα oder λυριστής
kenntlich; eine der häufigsten Figuren ist folgende:

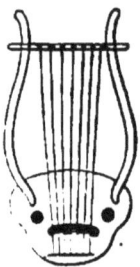

Alle diese Bilder stimmen mit der Construction der Hymn. in Merc.
und Lucian dial. Deor. 7, 4 beschriebenen alten Lyra, welche Gott
Hermes erfunden hat. Wir legen im Folgenden diese Beschreibung zu
Grunde und vereinigen damit die uns weiter zugekommenen Notizen,
besonders Pollux 4, 59. Als Resonanz nahm man ursprünglich die
Schale der Schildkröte (λιθορρίνοιο χελώνης), die man mit einer Thier-
haut überspannte (ἀμφὶ δὲ δέρμα ταννύσσε βοός), daher der Name χελώνη,
χελύς, testudo zur Bezeichnung des ganzen Instruments, auch noch zu
einer Zeit, wo man diesen Theil (χορδότονον, βατήρ, Athen. 14, 617 c.
Jamblich. vit. Pyth. 118) bereits aus Holz verfertigte. Aus der einen
Seite der Schale erheben sich parallel mit dem Resonanzboden zwei
gebogene Arme, πήχεις, ἀγκῶνες, κέρατα (hymn.: καὶ πήχεας ἐνέθηκε), die
an ihrem oberen Ende durch eine Querleiste, ζυγόν, ζύγωμα, vereint
wurden (ἐπὶ δὲ ζυγὸν ἤραρεν ἀμφοῖν). Von dem Zygon bis zu einem auf
dem entgegengesetzten Theile des Resonanzbodens befestigten Saiten-
halter, χορδότονον, χοινικίς, waren 7 Darmsaiten gezogen, νευροί, χορδαί,
λίνα, μίτοι, τόνοι (ἑπτὰ δὲ συμφώνους ὀίων ἐτανύσσατο χορδάς), gleich lang,
aber von verschiedener Dicke je nach der Höhe und Tiefe des Tons**).
Am Zygon sassen ebenso viele Wirbel (κόλλοπες, κόλλαβοι), durch die
ihnen der Spielende die richtige Spannung gab. Damit die Saiten
nicht den Resonanzboden berührten, mussten sie von diesem durch

---

*) C. de Jan de fidibus Graecorum, Berol. 1859 und in der archäologisch.
Zeitung 1858. S. 181 ff.

**) Dies folgt aus der Beschreibung des τρίγωνον bei Porphyr. ad Ptolem. 217.

einen untergesetzten Steg emporgehalten werden, genannt μάγας (σανὶς τετράγωνος ὑπόκουφος, δεχομένη ἐφ' ἑαυτῆς τὰς νευρὰς καὶ ἀποτελοῦσα τὸν φθόγγον*), μαγάδιον, λύριον**). Wenn aber der Steg unter der Kraft der angespannten Saiten den dünnen Resonanzboden nicht eindrücken sollte, so musste dieser durch eine oder mehrere unter ihm im inneren leeren Raume der Resonanz angebrachte Stützen gehalten werden, wie bei unsern Saiteninstrumenten durch die unter dem Stege angebrachte sogenannte Stimme.   Diese Stützen sind es, welche Aristophanes Ran. δόνακα ὑπολύριον nennt; mit ihnen beginnt die Beschreibung der Lyra im Hymnus auf Hermes:

πῆξε δ' ἄρ' ἐν μέτροισι ταμὼν δόνακας καλάμοιο
πειρήνας διὰ νῶτα λιθορρίνοιο χελώνης.

und wahrscheinlich sind sie es, welche Sophokles Fr. 34 im Auge hat, wenn er von einem plötzlich verstummenden Menschen sagt:

ὑφηρέθη σοι κάλαμος ὥσπερεὶ λύρας.

Endlich sind noch die auch auf der vorliegenden Abbildung zu erkennenden Schalllöcher zu erwähnen, bei Pollux ἠχεῖα genannt.

Die griechische Lyra ist also bei aller Verschiedenheit der äusseren Form im Wesentlichen eine kleine, in den Armen oder auf dem Schoosse gehaltene Harfe, auf der jede Saite nur einen einzigen Ton angibt.   Durch den Platz, welchen die Resonanz im Verhältniss zu den Saiten annimmt, sowie durch den Steg und das ὑπολύριον (die Stimme) berührt sich die Lyra in der Construction mit unseren Streichinstrumenten, durch den Anschlag der Saiten vermittelst des Plektron nähert sie sich der Mandoline.

Ausser der Lyra begegnet uns auf den Kunstdenkmälern ein zweites Instrument, in welchem man mit Recht die dem kitharodischen Agon angehörende Kithara erkannt hat.

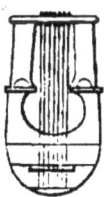

---

*) Athen. 14, 634 f.   Cyrill. lex. ap. Schowium Hesych. p. 514.
**) ὑπαγομίνων μαγαδίων Ptol. 1, 15 p. 40.

Während bei der Lyra die beiden Arme äusserst leicht gebaut sind und das materielle Uebergewicht in dem untern Theile liegt, treten bei der Kithara die Seitenarme als ein vorwiegender Körpertheil hervor, der entschieden als Resonanzkasten gilt. Auf Zierlichkeit und Schmuck der Arbeit ist die grösste Sorgfalt verwandt, das ganze Instrument tritt vor der schlichten Lyra bedeutungsvoll hervor. Der Kitharaspieler erscheint stets im lang herabwallenden Prunkgewande des agonistischen Kitharoden, er ist bekränzt und steht auf einem erhöhten Platze, ihm zur Seite ein Kampfrichter, und eine Nike überreicht ihm entweder vor Beginn des Kampfes die Kithara oder nach dem Siege den Preis. Sehr häufig ist Apollo der kitharaspielende Agonist, der sich selber den Nomos singt. Wir sehen also eine entschiedene Beziehung des in Rede stehenden Instruments zum Agon, und daraus ergibt sich, dass es eine Kithara ist. Wenn im Panathenäenzug des Parthenonfrieses Kitharaspieler im Kitharodengewande erscheinen, so haben wir nicht sowohl an ein die Procession begleitendes Spiel zu denken, als vielmehr an den kitharodischen Agon des Panathenäenfestes; denn auch die sogenannten panathenäischen Siegesvasen enthalten Darstellungen der Kithara. Die Lyra dagegen hat auf den Kunstdenkmälern mit dem Agon nichts zu thun, sie ist schlechthin das vulgäre Saiteninstrument, erscheint bei Festen aller Art, bei Gelagen, ertönt zum gymnischen Kampfe, erscheint in den Händen der Heroen wie des Achilles und Paris, und wird auch häufig genug von Weibern bei Festen aller Art gespielt. Aber nichts destoweniger ist sie auch das Instrument der Künstler von Fach, denn Orpheus, Musäus, Thamyris, Olympus erscheinen fast stets mit der Lyra; ebenso findet sie sich auch in den Händen der Götter. Apollo trägt zwar als agonistischer Kitharode die Kithara, aber sonst führt er auch häufig genug die Lyra, z. B. bei seiner Wanderung zu den Hyperboreern; ebenso hält Artemis bald das eine, bald das andere Instrument; Satyrn, Bacchanten, wie die Musen, spielen gewöhnlich auf der Lyra, selten auf der Kithara; Hermes, Eros, Dionysus haben eine Lyra. Die Lyra dient also im Gegensatz der Kithara zwar auch dem Profanen, aber sie ist keineswegs vom heiligen Gebrauche ausgeschlossen; die Kithara ist nur für den heiligen Agon bestimmt, sie ist das den Nomos des Kitharoden begleitende Instrument.

In den Homerischen Epen und Hymnen und in den Hesiodeischen Gedichten kommt weder der Name λύρα noch κιθάρα vor, die Saiteninstrumente heissen hier φόρμιγξ und κίθαρις; bei Pindar wird die κιθάρα nicht erwähnt, am häufigsten nennt er die φόρμιγξ als Begleiterin seiner

Epinikien, daneben die λύρα; einmal Pyth. 5, 61 ist auch von der κίθαρις als dem Geschenk des Apollo die Rede. Wie verhalten sich die λύρα und κιθάρα zur κίθαρις und φόρμιγξ? Man trägt bis jetzt kein Bedenken, die Kitharis mit der Kithara zu identificiren, jedoch mit Unrecht, denn das gewichtvolle Zeugniss aus der Instrumentenlehre des Aristoxenus trennt Beides als zwei verschiedene Instrumente. Ammon. de diff. voc. p. 82: κίθαρις καὶ κιθάρα διαφέρει, φησὶν Ἀριστόξενος· ἐν τῷ περὶ ὀργάνου. Κίθαρις γάρ ἐστιν ἡ λύρα καὶ οἱ χρώμενοι αὐτῇ κιθαρισταὶ οὓς ἡμεῖς λυρῳδούς φαμεν, κιθάρα δὲ ᾗ χρῆται ὁ κιθαρῳδός. Wo also Homer und die Hymnen und Pindar von der κίθαρις sprechen, da meinen sie nicht die κιθάρα, sondern die λύρα. Gegen die Autorität des Aristoxenus lässt sich in solchen Sachen nichts einwenden, und gerade in dem vorliegenden Punkte dürfen wir um so weniger bedenklich sein, als die κίθαρις, welche im Hymnus auf Hermes als die Erfindung dieses Gottes beschrieben wird, mit der Gestalt der λύρα, die sonst durchweg als das gerade von Hermes erfundene Instrument gilt, genau übereinstimmt. Die Wörter κίθαρις und κιθάρα sind allerdings bis auf die gleichgültige Stammendung identisch (ebenso wie μάγαδις und μαγάδη) und bedeuten wahrscheinlich nichts anderes als „Saiteninstrument" schlechthin. Sehen wir nun aber, dass die beiden identischen Worte v e r s c h i e d e n e Saiteninstrumente bezeichnen, so werden wir dadurch von selbst auf den Gegensatz der griechischen Stämme und Dialecte hingewiesen*). Man braucht nur an den Zusammenhang der dem kitharod. Agon angehörenden κιθάρα mit dem delph. Agon, an den sich die Entwicklung der sogenannten Kitharodik anknüpft, zu denken, um sofort in ihr ein der Dorischen Kunst angehörendes Instrument zu erkennen, an dessen Entwicklung aber auch die Aeolischen Terpandriden, die mit den Agonen von Delphi und Sparta im engsten Zusammenhang stehen, den regsten Antheil hatten. Die früheste Kunst, so berichtet die aus Delphischen Tempelsagen fliessende Nachricht bei Proclus in in Photius Biblioth. p. 523, war lediglich auf die von der λύρα oder von αὐλοί begleiteten Chorgesänge beschränkt, bis dann zuerst der Dorer Chrysothemis zu Delphi einen agonistischen Sologesang, einen Nomos mit der κιθάρα vorgetragen habe. Und Kapion, der Terpandride, soll nach Plut. mus. 6 die alte Form der κιθάρα erfunden haben,

---

*) Hieran denkt bereits Eustath. ad. Il. p. 381, 3: κίθαρις... ἐστιν ἴσως Αἰολικὸν, διὸ καὶ προπαροξύνεται κατὰ τὸ ἑορτή, ὕρτις... Dieser Grund aber entscheidet nichts.

die *Ασιάς*, welche die Lesbischen Kitharoden gebrauchten, wenn sie
aus Asien zu den Agonen in Sparta herüberkamen. Wie kann es da
auffallen, wenn sich bei Dorern und Aeoliern der Name *κιθάρα* für ein
zunächst ihrer Kunst eigenthümliches Saiteninstrument fixirte, während
der Stamm der Ionier, aus denen das Epos hervorging, mit dem
ähnlichen Worte *κίθαρις* ein anderes nicht dem Agon angehörendes
Instrument bezeichneten, für welches die Dorer ein eignes Wort *λύρα*
hatten?   Denn dass der im Epos nicht vorkommende Name *λύρα*
dorisch-äolisch ist, wird schon dadurch wahrscheinlich, dass es zuerst
bei Alkman und Alcäus vorkommt.

Das früheste Saiteninstrument ist also die *λύρα*, von den Ioniern
κίθαρις genannt. Dazu tritt in der sich weiter entwickelnden Kunst
der Dorer und Aeolier ein zweites Instrument hinzu, welches diese
mit dem Namen *κιθάρα* bezeichnen. Wie verhält es sich nun mit der
Phorminx? Ist sie, wie Böckh glaubte, nur eine grössere Art
Kithara? oder ist sie, wie man späterhin angenommen, mit der
Kithara identisch? Weder das Eine noch das Andere. Die Techniker
gebrauchen das Wort *φόρμιγξ* niemals, es kommt lediglich bei Dichtern
vor und findet erst aus ihnen in die nachklassische Prosa Eingang.
Mit Recht hat man darauf hingewiesen, dass Homer nicht bloss
φόρμιγγι κιθαρίζειν sagt, sondern auch umgekehrt *φορμίζειν* vom Spiele
auf der *κίθαρις* Od. 1, 153. Hiernach leidet es wohl keinen Zweifel,
dass die beiden Instrumente dasselbe bedeuten. *Φόρμιγξ* ist bloss ein
anderer, den Dichtern geläufigerer Ausdruck für *κίθαρις*, d. h. für *λύρα*
— für *λύρα* sage ich, aber nicht für *κιθάρα*; denn *κίθαρις* ist nicht die
κιθάρα, sondern die *λύρα*. Die Identität von *φόρμιγξ* und *λύρα* wird
durch Homer selbst bestätigt. Denn wo Homer von der Anwendung
der *φόρμιγξ* spricht, da ist es immer derselbe Gebrauch wie später bei
der *λύρα*. Die *φόρμιγξ* ist die Begleiterin des Festmahls Od. 8, 99;
19, 271; mit ihr wird zum Tanze gespielt, Il. 18, 569. 605; sie
erschallt zugleich mit *αὐλοί* zum Hymenäus Il. 18, 495; mit ihr begleitet der vom Kampfe ausruhende Held seine *κλέα ἀνδρῶν* Il. 9, 186.
Man könnte versucht sein, sich in dem Einen Falle unter der *φόρμιγξ*
eine *κιθάρα* zu denken, wenn ein kunstgeübter Virtuose mit ihr seinen
Sologesang, der in gewisser Weise dem agonistischen Sange des
Kitharoden verwandt ist, begleitet; aber gerade für einen solchen
Gebrauch wird Od. 1, 153 (im Gesange des Phemios) die *κίθαρις* d. h.
die *λύρα* ausdrücklich als das begleitende Instrument genannt. Ebenso
stellt es sich mit der *φόρμιγξ* heraus, welche bei Pindar den Chorgesang

der Epinikien bald allein, bald zugleich mit αὐλοί begleitet: hier
lässt sich ganz und gar nicht an das Instrument des im kitharodischen Agon auftretenden Nomossängers denken, sondern nur an die
λύρα. Wenn die Phorminx sowohl bei Homer wie bei Pindar als
Instrument des Apollo genannt wird (Il. 1, 603. 24, 63. Pyth. 1, 1),
so deutet auch dies nicht auf die κιθάρα, denn auch die κίθαρις, d. h.
die λύρα, ist Apollo's Geschenk, Pyth. 5, 59, und nicht bloss Hermes,
sondern auch Apollo gilt als Erfinder der Lyra, wie denn Apollo auf
Vasenbildern ja häufig genug nicht die κιθάρα, sondern die λύρα in den
Händen hat. Man könnte noch fragen, wie es kommt, dass Terpander,
das Haupt aller agonistischen Kitharoden, in dem Fragm. 3. Bgk nicht die
κιθάρα, sondern die φόρμιγξ als sein Instrument nennt? Wir müssen
hiermit die oben angeführte Notiz aus Plut. mus. 5 verbinden, dass erst
Kapion, Terpanders Schüler, die älteste Form der κιθάρα, die Ἀσιάς,
erfunden hat. Also zu Terpanders Zeit wurde im kitharodischen Agon
noch nicht die κιθάρα, sondern die λύρα gebraucht — ein interessantes
Datum über das Aufkommen dieses agonistischen Saiteninstruments,
gegen welches die Sage von der κιθάρα des Chrysothemis natürlich
nichts entscheidet.

1. *Aeltestes Saiteninstrument:*	2. *Entwickelteres Instrument für den Agon der Kitharoden:*
ionisch-homer. κίθαρις äolisch-dor. λύρα allgemein poetisch φόρμιγξ	κιθάρα.

In der oben angeführten bei Ammonius p. 82 erhaltenen Stelle
seiner Organik sagt Aristoxenus: Diejenigen, welche die λύρα spielen,
heissen κιθαρισταί, wir nennen sie λυρῳδοί; diejenigen, welche die
κιθάρα spielen, heissen κιθαρῳδοί. Auch hier hat man geglaubt, dem
Aristoxenus eine Unrichtigkeit Schuld geben zu müssen; κιθαρισταί, so
meint man, seien diejenigen, welche die κιθάρα zur blossen Instrumentalmusik gebrauchten, ohne dass hiermit Gesang verbunden war,
κιθαρῳδοί dagegen seien diejenigen, deren Kitharaspiel sich mit Gesang
verband. Aber wenn Aristoxenus sagt: οὓς ἡμεῖς λυρῳδούς φαμεν, so
zeigt dies, dass er hier von der Terminologie spricht, welche bei den
Technikern von Fach üblich ist; und die wird, sollte man denken,
Aristoxenus doch wohl gekannt haben. Der Gegensatz zwischen dem
Spiele der κιθαρῳδοί und λυρῳδοί gehört zu den allerwichtigsten in der

antiken Musik; wäre uns von den zahlreichen Schriften des Aristoxenus
mehr erhalten, so würden wir ohne Zweifel bei ihm viel davon lesen,
jetzt ist uns von der alten musikalischen Literatur nur die Harmonik
des Ptolemäus übrig, in welcher auf diesen Unterschied ausführlich
eingegangen wird und aus der wir ersehen, dass die akustischen Verhältnisse der Töne sich nach diesem Gegensatze verschieden gestalteten (Ptol. 1, 16. 2, 1. 2, 16). Die eigenthümlichen Tonintervalle
bei den κιϑαρῳδοί heissen hier ausdrücklich τὰ ἐν κιϑάρᾳ μελῳδούμενα, bei
den λυρῳδοί werden sie ausdrücklich τὰ ἐν λύρᾳ μελῳδούμενα genannt.
Hierdurch schwindet also aller Zweifel, ob die in jenem Fragmente des
Aristoxenus von κιϑαρῳδοί und λυρῳδοί aufgestellte Definition richtig sei
oder nicht. Wenn nun Aristoxenus ausser dem technischen Namen
λυρῳδοί noch die Bezeichnung κιϑαρισταί als gleichbedeutend hinzusetzt,
so lernen wir hieraus, dass man die Lyra-Spieler im gewöhnlichen
Leben κιϑαρισταί nannte. Der Zusatz οὕς ἡμεῖς λυρῳδούς φαμεν macht ein
Bedenken, ob sich hier Aristoxenus geirrt habe, unnütz. Sollten
hiermit Stellen anderer Autoren im Widerspruche stehen, so wären sie
es, aber nicht Aristoxenus, an deren Bericht man Anstoss zu nehmen
hätte. Aber ein Widerspruch findet in der That gar nicht statt. Es
heisst schol. Aristid. III. p. 4: κιϑαρῳδὸς κιϑαριστοῦ διαφέρει ὅτι ὁ μὲν
κιϑαρῳδός τῇ φωνῇ κέχρηται, ὁ δὲ κιϑαριστὴς κρούειν μόνον ἐπίσταται*). Der
κιϑαρῳδός singt und spielt zugleich, der κιϑαριστής d. h. der Lyra-
spieler begleitet mit seinem Instrumente den Gesang Anderer**), namentlich den Chorgesang, oder er spielt ohne allen Gesang, wie wir dies
auf den Kunstdenkmälern häufig abgebildet sehen, wo das Lyraspiel
bei der Palästra ertönt. Das Letztere nannte man ψιλὴ κιϑάρισις (Plato
leg. 669. Athen. 14, 42. Plato Ion 533). So sind die Stellen bei
Strabo und Pausanias zu erklären: Strab. 10, 3, 10 προσέϑεσαν δὲ τοῖς
κιϑαρῳδοῖς αὐλητάς τε καὶ κιϑαριστὰς χωρὶς ᾠδῆς, Paus. 10, 7, 3 προσενομοϑέ-
τησαν κιϑαρισταὶ τοὺς ἐπὶ κρουμάτων τῶν ἀφώνων. Nicht das Wort κιϑαρισταί

---

*) Cf. Proleg. Hermog. Walz Rh. IV. p. 7.

**) Κιϑαριστής ist hier offenbar nur mit Hinblick auf den eigentlichen Mu-
siker gebraucht, der entweder als κιϑαρῳδός oder nur als niedriger stehender
κιϑαριστής erscheint. Die Frage, ob es niemals vorgekommen, dass man zur
λύρα gesungen (z. B. in der παιδεία), ist hiervon unabhängig. Bei Homer begleitet
man seinen Gesang häufig mit der κίϑαρις oder φόρμιγξ, in der wir die λύρα erkannt haben. Dies mochte auch später nicht ganz aufhören, aber es wird nachweislich wenigstens seltener: Alcäus, Sappho, Anakreon gebrauchen zur Begleitung des
Sologesanges nicht die λύρα, sondern den βάρβιτος, die πηκτίς, die μάγαδις u. s. w.

an sich, sondern erst der Zusatz χωρὶς ᾠδῆς und ἐπὶ κρουμάτων τῶν ἀφώνων bezeichnet, dass hier eine ψιλή κιθάρισις ohne Gesang gemeint ist. Das steht alles mit der Angabe des Aristoxenus, dass das Wort κιθαριστής der Volkssprache so viel wie λυρῳδός sei, in bestem Einklange. Weil das Wort kein eigentlich technisches ist, so kann es auch von der λύρα noch auf andere Instrumente ausgedehnt werden: Dionys. ant. 7, 72 κιθαρισταὶ λύρας ἑπταχόρδους ἐλεφαντίνας καὶ τὰ καλούμενα βάρβιτα κρέκοντες. Aber man sieht auch aus dieser Stelle, dass κιθαριστής zunächst den Lyraspieler bedeutet, gerade wie es Aristoxenus uns mittheilt. Die goldene Phorminx und die Kithara mag noch so sehr von den Alten als Apollo's und der dunkelgelockten Musen gemeinsames Kleinod gefeiert werden, wir können vom Standpunkte der modernen Musik aus kein anderes Urtheil darüber fällen, als dass es eine Art von Miniaturharfen waren, die Phorminx oder Lyra mit schwächerer, die Kithara mit stärkerer Resonanz. Mochten seit der Zeit des peloponnesischen Krieges auch noch die eine oder die andere hinzugefügt werden, die Natur des Instrumentes wurde dadurch nicht geändert, und wir dürfen dreist sagen: die Musik des Alterthums ist im Bereiche der Saiteninstrumente nicht über die Harfe hinausgekommen, und noch dazu eine Harfe, die noch weit unvollkommener ist, als die unsrige. Was also bei uns eines der untergeordnetsten Saiteninstrumente ist, ist bei den Griechen das einzige. Man kann allerdings mit einem solchen Instrumente den Gesang begleiten, aber die Töne der Begleitung werden von sehr untergeordneter Bedeutung gewesen sein; denn die Töne solcher Instrumente sind immer nur von kurzer Dauer, klingen so gut wie gar nicht nach, kaum unterscheidet sich das Piano von dem Forte, schnelle Bewegungen können auch nur schwer ausgeführt werden. Die Begleitung durch Saiteninstrumente kann also in der alten Musik nur die Bedeutung gehabt haben, den Eindruck des Gesanges zu verstärken und zu dem einstimmigen Gesänge eine zweite oder bei mehreren Saiteninstrumenten auch mehrere Stimmen hinzuzufügen. Ob wir bereits für die Kitharodik Terpanders eine solche Mehrstimmigkeit annehmen dürfen, oder ob hier die Töne des Instrumentes mit dem Gesange unison waren, können wir erst in einem der folgenden Abschnitte erörtern.

Andere Fragen, die sich an die Persönlichkeit und Wirksamkeit Terpanders anschliessen, haben ein Interesse für die Literaturgeschichte, aber nicht für die Geschichte der Musik. Nur dies Eine sei hier noch bemerkt, dass die vulgäre Annahme, Terpander sei der Erfinder der Noten, auf Missverständniss der Quellen beruht.

2. Klonas und die alte Aulodik. Der Tropos spondaikos.

Während die Quellen über Terpander, wie wir gesehen, ziemlich reichhaltig sind, ist das Andenken des Klonas fast verschollen; bloss in der Plutarchischen Schrift über Musik (Kap. 3. 4. 5. 8) und bei Pollux (4, 79) wird seiner gedacht: dort sind die Nachrichten über ihn aus dem Werke des Glaukus von Rhegium, aus Heraklides Ponticus' Geschichte der Musik, aus den Festannalen von Sikyon (ἡ ἐν Σικυῶνι ἀναγραφὴ ἡ περὶ τῶν ποιητῶν) und Anderen, hier, wie es sehr wahrscheinlich ist, aus dem umfangreichen Reallexikon des gelehrten Grammatikers Tryphon geschöpft (ἀναγραφὴ ἡ ἐν Σικυῶνι ἀποκειμένη δι' ἧς τάς τε ἱερείας τὰς ἐν Ἄργει καὶ τοὺς ποιητὰς καὶ μουσικοὺς ὀνομάζει). Er ist es, der für die alte Aulodik dieselbe Stelle einnimmt, wie Terpander für die Kitharodik.

Die Auloi sind die Blasinstrumente der griechischen Musik. Es sind Rohr- oder Holzinstrumente — man gebrauchte zwar auch Blasinstrumente von Metall, die sogenannten Salpingen, aber nur in untergeordneten Gebieten der Musik, zu Alarmsignalen in der Schlacht u. s. w. Gewöhnlich übersetzt man das Wort Aulos durch Flöte, aber eine Flöte in unserem Sinne ist der Aulos ganz und gar nicht, sondern kommt vielmehr, wie sich weiterhin ergeben wird, am meisten mit unserer Klarinette überein. Mögen wir immerhin den antiken Namen Aulos, so gut wie Kithara und Lyra, beibehalten.

Es ist eine sehr verbreitete, aber unrichtige Ansicht, dass der Aulos ein ursprünglich den Griechen fremdes, erst aus dem Oriente ihnen überkommenes Instrument sei. Wir haben zu scheiden zwischen zwei Gebieten der Aulos-Musik. Das eine ist die Auletik, d. h. die auf dem Aulos ohne Gesang vorgetragene Instrumentalmusik, das andere die Aulodik, in welcher der Gesang von dem Spiele auf der Aulos begleitet wird. Die Auletik ist allerdings eine erst aus der Fremde den Hellenen überkommene Gattung der musischen Kunst, aber die Aulodik ist uralt. So sehen wir schon in der Ilias bei Gelegenheit der Beschreibung des Achilleischen Schildes die Auloi einen Hochzeitsgesang begleiten, und dies ist doch offenbar eine ächt hellenische Situation, der gegenüber wir die Meinung, dass Homer den Aulos nur als ein Instrument der Troer kenne, aufgeben müssen. Was aber noch bedeutungsvoller ist, auch im Peloponnes ist der Aulos ein uraltes Instrument. Wie der sagenhafte Chrysothemis und Philammon die ersten Erfinder der Kitharodik sein sollen, so nannten die alten Geschichtsschreiber über Musik einen Peloponnesier, den mythischen A r d a l o s aus Troizene, als den ersten Meister der Aulodik Plut. mus. 5, was sicherlich ebenso viele Berechtigung hat, als wenn sie den Phrygier Hyagnis, Marsyas und den alten Olympus als die ersten Auleten hinstellen.

Zu Ardalos steht K l o n a s in demselben Verhältnisse wie Terpander zu Chrysothemis und Philammon. Er ist eine völlig historische Person. Er war ein Tegeate, also ein Peloponnesier aus Arkadien — die Boöter, die in der späteren Zeit vor allen übrigen Griechen im Aulos-Spiel sich auszeichneten, suchten ihn freilich sich als Landsmann zu vindiciren und zu einem Thebaner zu machen (Plut. 5). Seine Zeit fällt nach den werthvollen Berichten des Glaukus u. A., die wir oben geprüft, zwischen die des Terpander und Archilochus: ohne Zweifel haben die von Sparta und Delphi sanctionirten Neuerungen des Terpander in der Kitharodik auch auf die altpeloponnesische Aulodik ihren Einfluss ausgeübt, und derjenige welcher die bis dahin kunstlosen aulodischen Gesänge nach Terpandrischem Vorbilde auf festere Normen der Kunst zurückgeführt hat, ist eben Klonas, der wie uns überliefert wird, nur um weniges jünger als Terpander war.

Von jetzt an gab es auch aulodische Nomoi. Heraklides Pontikus sagt bei Plut. m. 3, dass, ähnlich wie Terpander, Klonas der erste sei, welcher die a u l o d i s c h e n N o m o i und die P r o s o d i e n erfunden habe und dass er ein Dichter und Componist (beides ist durch das Wort ποιητής ausgedrückt) von E l e g i e e n und von D i c h t u n g e n i m H e x a-m e t e r gewesen sei. Auch Polymnastus aus Kolophon, der nach Klonas gelebt, habe sich in derselben Art der Kunst versucht.

Als aulodische Nomoi des Klonas und Polymnastus nennt Plut. Kap. 4 folgende: ἀπόθετος, ἔλεγος, κωμάρχιος, σχοινίων, Κηπίων τε καὶ δεῖος καὶ τριμελής· ὑστέρῳ δὲ χρόνῳ καὶ τὰ Πολυμνάστεια καλούμενα ἐξευ-ρέθη. Späterhin Kap. 5 wiederholt er, dass Einige vom Klonas sagten, er habe den νόμος ἀπόθετος und σχοινίων componirt, und an einer andern Stelle Kap. 8, dass Sakadas der Erfinder des νόμος τριμελής sei, die Sikyo-nische Anagraphe aber bezeichne den Klonas als Erfinder dieses Nomos. In der That müssen wir den N o m o s T r i m e l e s dem Klonas ab-sprechen, denn in ihm kam bereits ein Wechsel dreier Tonarten, der Dorischen, Phrygischen und Lydischen vor (vgl. unten). Wir müssen ihm aber auch weiter noch den N o m o s A p o t h e t o s und S c h o i n i o n absprechen, denn beide waren nach Pollux 4, 65 keine aulodischen, sondern auletische Nomoi, können also frühestens erst der sogen. Olympi-

schen Auletenschule angehören.   Auch der Nomos Kepion oder
Kapion kann kein Werk des Klonas sein, denn er ist ein kitharodi-
scher, nach Terpander's Lieblingsschüler benannt.   So bleiben denn
aus jener von Plutarch gegeben Aufzählung der Nomoi des Klonas
nur folgende 3: ἔλεγος, κωμάρχιος τε καὶ ὅσιος.   Das letzte Wort ist ohne
Zweifel eine Corruptel der Handschriften.   Man hat die Conjecturen:
λύδιος, oder Τήιος oder Τενήδιος versucht, von denen aber keine befriedigt.   Ich glaube das Richtige gefunden zu haben, wenn ich κήδειος
schreibe.   Der νόμος ἐπικήδειος ist ein Trauer- oder Grabes-Nomos, gesungen bei der Bestattung oder der Todtenklage.   Vgl. den auletischen
νόμος ἐπικήδειος des Olympos Plut. mus. 15, den θρῆνος ἐπιτυμβίδιος am
Grabe des Agamemnon in Aesch. Choeph. 342.

Die Kithara-Musik steht zu der Aulos-Musik in einem strengen
Gegensatze des Ethos: Ruhe, Maasshaltigkeit, heiterer Ernst charakterisirt die Kitharodik; — die Aulodie versetzt das Gemüth in Unruhe
und Bewegung, wirkt nicht besänftigend, sondern reisst gewaltsam
mit sich fort in den Orgiasmus der übersprudelnden Lust wie des
maasslosen Schmerzes.   So sehen wir denn die Auloi einmal als Begleiter der Hymenäus-Gesänge, von deren heiterem Character mit all
den übermüthigen, lasciven Derbheiten, die hier das Alterthum ge-
stattete, das volksmässige Hochzeitslied am Ende des Aristophaneischen Friedens ein treues Bild gibt.   Aber auch die Todten-Klage-
Lieder oder Threnen werden von Auloi begleitet.   Wir dürfen annehmen, dass die aulodischen Threnen anfänglich in demselben Rhythmus wie die kitharodischen Nomoi, nämlich im dactylischen Hexameter
vorgetragen wurden. (Vgl. die S. 59 besprochene strophische Todtenklage der Ilias).   Aber die Gleichförmigkeit dieses Rhythmus ist zu
ruhig für die Gemüthsbewegung des Threnos, und so entwickelt sich
aus dem Hexameter der Pentameter, indem die continuirlich sich an-
einander schliessenden dactylischen Tripodien durch Pausen unter-
brochen werden.

Dies ist der Takt des elegischen Distichons.   Die ältesten uns erhaltenen Gedichte, die in diesem Metrum geschrieben sind, sind die parä-
netisch-politischen Elegien des Kallinus, aber sicherlich ist Kallinus

nicht der Erfinder, vielmehr hat sich das elegische Maass in den volksmässigen Todtenklagen der Aulodik entwickelt.   Der Aulode Klonas,
der mindestens ebenso alt ist wie Kallinus, hat ebenfalls Elegien gedichtet und componirt, wie aus dem oben angeführten Zeugnisse feststeht*), und wir werden von den drei uns dem Namen nach überlieferten
Nomoi desselben sowohl den „Nomos Elegos" wie den „Nomos Kedeios"
hierher zu rechnen haben. — Der dritte Nomos des Klonas, „der Ko-
marchios" gehört der heiteren Seite der Aulodik an.   Dies geht aus
seinem Namen hervor, denn κωμάρχιος bedeutet nichts anderes als den
Gesang, der den ausgelassenen Zug der Komasten anführt, jener
heiteren Processionszüge, die namentlich zu Ehren des Dionysos unter
Gesang und Aulos-Begleitung gehalten wurden, vgl. Hesiod. Theog.
1061 μετ' αὐλητῆρος κωμάζειν, Scut. 281: ὑπ αὐλοῦ κωμάζειν.   Mit den
„Prosodien", von welchen Heraklides Ponticus als Werken des Klonas
redet, scheint eben diese Komos-Aulodik gemeint zu sein.   Da es
heisst, dass Klonas in Elegien und epischen Hexametern geschrieben
habe, so werden wir annehmen müssen, dass die Prosodieen in Hexametern gehalten waren.   Auch das Prosodion, welches der nicht viel
später lebende Korinther Eumelus für die Messener schrieb, hat den
Hexameter-Rhythmus, wie der bei Pausanias erhaltene erste Vers desselben bezeugt.   Interessant ist, dass der Dialect dieses Prosodions
nicht der epische, sondern der dorische ist.   Auch für die Hexameter,
vielleicht auch für die Elegien des Klonas müssen wir dasselbe voraussetzen.   Schreibt doch auch der Ceer Simonides für dorische Städte
und Staaten die elegischen Epigramme im dorischen Dialecte.

Die Aulodik des Klonas umfasst also die beiden Gegensätze der
Grabes- und Todtengesänge und der von ausgelassener Lust übersprudelnden Komoslieder.   Aber noch eine dritte Gattung von Gesängen
gehören der Aulodik an, nämlich die am Altare gesungenen Spende-
oder Opferlieder, genannt σπονδεῖα, σπονδεῖα μέλη, ἐπιβώμια Plut.
mus. 17. Pollux 4, 79.   Die begleitende Musik heisst αὔλημα σπονδεῖον,
die Instrumente σπονδειακοὶ αὐλοὶ, spondauli Pollux ib. Mar. Victor. 2448.
Die Wirkung der Auloi kann hier zwar keine leidenschaftliche Auf-
regung sein, aber doch immer eine Erregung des Gemüthes, welches
aus dem gewöhnlichen Kreise des irdischen Treibens heraus in eine
übermenschliche Sphäre entrückt werden soll.   Die metrische Form

---

*) Vgl. auch Plut. b ἐν ἀρχῇ γὰρ ἐλεγεῖα μεμελοποιημένα οἱ αὐλῳδοὶ ᾖδον.

7 *

dieser Lieder war diejenige, welche nach ihrem Zweck und Inhalte den
Namen der spondeischen führte: sie bestand aus lauter Längen; das
Tempo war ein so langsames, dass jede Länge den doppelten Zeitumfang hatte wie die Länge im dactylischen Hexameter: so ergab sich
ein achtzeitiger Spondeus, den die Techniker Spondeios meizon oder
diplus nennen und der genau dem $^2/_2$ Takte unserer Choralrhythmen
entspricht:

Die Tonart der alten aulodischen Spendelieder war die Dorische,
wie Plut. mus. 17 ausdrücklich angibt, nicht die Phrygische. Die Melodien hatten einen im höchsten Grade einfachen und alterthümlichen
Charakter, der selbst am Ende der klassischen Zeit in den Spende-
Liedern mit grosser Treue festhalten wurde. Man nannte diese alte
Singweise den Spondeiazon oder Spondeiakos Tropos, dessen
Eigenthümlichkeit uns in dem ohne Zweifel aus Aristoxenus geschöpften
19. Capitel in Plut. mus. näher angegeben wird. Diese Stelle ist für
die alte Musik von der höchsten Wichtigkeit und muss eingehend behandelt werden. Aristoxenus spricht von der Einfachheit der Alten:
„nicht Unkenntniss und Mangel der Kunstmittel, sondern ihr schöner
Sinn für Masshaltigkeit und Einfachheit sei der Grund, dass sie den
Späteren gegenüber eine so grosse Beschränkung im Gebrauche der
Töne, Tongeschlechter, Tonarten u. s. w. zeigen“. Dies wird nachgewiesen am Spondeiazen Tropos. „Hier enthielten sie sich der Trite,
aber nicht etwa, weil sie ihnen noch unbekannt gewesen wäre. Denn
dass dies nicht der Fall war, zeigt die Instrumentalbegleitung. Hier
gebrauchten sie sie nämlich symphonisch zur Parhypate des Gesanges.
Also nicht Unkenntniss, sondern der Character der Schönheit, welcher
im Spondeiakos Tropos durch Auslassung der Trite entsteht, führte
ihr musikalisches Gefühl darauf, im Gesange mit Auslassung der Trite
auf die Paranete überzugehen.

„Ebenso verhält es sich aber auch mit der Nete. Denn auch diese
gebrauchten sie in der Begleitung in einem diaphonischen Accorde zur
Paranete und in einem symphonischen Accorde zur Mese des Gesanges;
für den Gesang aber schien sie bei dem Character des Tropos spondeiakos nicht passend zu sein.

„Auch von der Nete synemmenon haben Alle denselben Gebrauch gemacht. Denn als Ton der Begleitung gebrauchten sie die-

selbe diaphonisch zur Paranete und Parhypate des Gesanges, symphonisch zur Mese und Lichanos des Gesanges, aber wenn sie einer in der Melodie des Gesanges zugelassen hätte, so würde man schamroth geworden sein, wegen des durch sie hervorgebrachten Ethos."

In der That, ein Kapitel von der allergrössten Wichtigkeit. Um Alles genau zu verstehen, muss man zunächst beachten, dass der Berichterstatter ausgeht von der S. 9 dargestellten Scala von 8 Tönen:

					diezeugmenon		
Hyp.	Parh.	Lich.	Mese.	Para- mese.	Trite	Paran.	Nete
e	f	g	a	h	c	d	e

Der Gesang des Tropos spondeios liess von diesen acht Tönen entweder die Nete *e* aus:

$$e \quad f \quad g \quad a \quad h \quad c \quad d,$$

oder die Trite *c*, mit Beibehaltung der Nete:

$$e \quad f \quad g \quad a \quad h \qquad d \quad e$$

er bediente sich also zweier heptachordischen Scalen, die wir bereits als Scalen der Terpandrischen Kitharodik kennen gelernt haben, die erstere (ohne schliessendes *e*) aus der vor-Terpandrischen Zeit stammend, die zweite (ohne *c*) die Erfindung Terpanders. In beiden Fällen aber kamen die dem Gesange fehlenden Töne (*e* und *c*) in der Instrumentalbegleitung des Gesanges vor. Aber wohl zu merken, es begleitet den Gesang nicht die Kithara, sondern A u l o i: also auch die alte Aulodik kennt nicht nur die alte vorterpandrische Scala von *e* bis *d*, sondern hat auch die von Terpander herrührende Veränderung dieser Scala aufgenommen (die Scala ohne *c*).

Dann legt der Berichterstatter eine dritte Scala zu Grunde, nämlich die S. 18 und 19 beschriebene mit dem Tetrachord synemmenon, die ebenfalls der Terpandrischen Kitharodik bekannt war:

				synemmenon		
Hyp.	Parh.	Lich.	Mese	Trite	Para- nete	Nete
h	c	d	e	f	g	a

Der Gesang des Tropos spondeiakos liess von diesen sieben Tönen den siebenten und höchsten aus:

$$h \quad c \quad d \quad e \quad f \quad g,$$

ihm fehlte also der Ton *a*, während die begleitenden Auloi diesen
Ton *a* zu den Gesangtönen:

c   *d*   *e*   *g*

erklingen liessen. — Die Tonart des aulodischen Tropos spondeios ist
die dorische, wie uns ausdrüklich überliefert ist. Also sowohl in der
mit *e* anfangenden, wie in der mit *h* anfangenden Scala ist der Schlusston der Melodie der dorische Ton *e*; auf der ersten Scala ist dies der
tiefste Ton, auf der zweiten Scala liegt er in der Mitte, also auf der
Scala in *e* wird eine authentisch gebaute, auf der Scala in *h* eine plagalisch gebaute dorische Melodie genommen.

Der plagalisch-dorischen Melodie unseres aulodischen Tropos
spondeiazon fehlt der Ton *a* (Nete synemmenon), den authentisch-
dorischen Melodien fehlt entweder der Ton *c* (Trite diezeugmenon) oder
das höhere *e* (Nete diezeugmenon).

plagalisch-dorische Melodie ohne den Ton *a*.

authentisch-dorische Melodie, welcher das höhere *e* fehlt:

authentisch-dorische Melodie, welcher der Ton *c* fehlt:

Der dem Gesange fehlende Ton jeder Scala ist in eine Klammer
eingeschlossen. Die den Gesang begleitenden Auloi gebrauchen
diesen Ton in der bei Plutarch angegebenen Weise als Accordton zu
bestimmten Tönen des Gesanges. Die drei vorliegenden Scalen geben
hierüber eine leichte Uebersicht, indem die Töne der Gesangscala
durch halbe Noten, die bei Plutarch angegebenen Accordtöne der Begleitung durch Viertelnoten ausgedrückt sind.

Die Accorde sind, wie es bei Plutarch heisst, entweder sympho-
nische oder diaphonische. Jede Octave heisst eine Antiphonie, jede
Quinte und Quarte heisst eine Symphonie, alle übrigen Intervalle sind
Diaphonieen. Man pflegt das Wort Symphonie durch Consonanz, das
Wort Diaphonie durch Dissonanz zu übersetzen und hierauf gestützt
den Satz aufzustellen, dass abgesehen von der antiphonischen Octave
dem griechischen Ohre nur die Quinten und Quarten als consonirende
Accorde, dagegen kleine und grosse Terzen, Septimen u. s. w. als

2. Klonas und der Tropos spondeiazon.

dissonirende klangen; — im Falle also die griechische Musik keine unisone
gewesen sei, wären zu Accordverbindungen nur Octaven, Quarten und
Quinten, nicht aber die übrigen Intervalle zugelassen worden. Dies
ist ein bis zum Ueberdruss wiederholtes, völlig grund- und bodenloses
Raisonnement. Zunächst ist die Uebersetzung der Wörter Symphonie
und Diaphonie durch Consonanz und Dissonanz eine gründlich ver-
fehlte. Ein symphonischer Accord ist nach der Definition der griechischen Techniker ein solcher, in welchem die beiden Töne eine einheitliche Verbindung, gleichsam einen einzigen Ton bilden; in dem diaphonischen Accorde treten die beiden Töne bestimmt und scharf aus
einander. In diesem Sinne müssen auch wir Modernen z. B. die Terz,
in welcher die beiden Töne scharf hervortreten, in deutlich zu erken-
nender Selbstständigkeit und ausgeprägter Persönlichkeit, zu der Klasse
der Diaphonien rechnen, die Quinte dagegen mit ihrer unbestimmten und
wenig ausgeprägten Persönlichkeit zu den Symphonien. Ebenso werden
wir jene Bestimmtheit auch in der Sexte und Septime hören und dieselben mit der Terz in eine gemeinsame Kategorie stellen. Nur das Eine
könnte auffallend erscheinen, dass das antike Ohr nicht bloss in der
Quinte, sondern auch in der Quarte eine einheitliche „Mischung" der
beiden Töne findet, denn sie erscheint uns nicht minder individuell und
bestimmt als Terz und Septime. Indess hat sich bereits S. 23 ff. gezeigt, dass die in jeder Octavengattung sich ergebende Quarte von der
thetischen Hypate meson bis zur thetischen Mese nichts Anderes ist
als die Unterquarte der Tonica oder thetischen Mese, und so müssen
wir annehmen, dass die Griechen überhaupt bei ihrer Eintheilung in
symphonische und diaphonische Intervalle in der ersten dieser beiden
Kategorien zunächst von der Oberquinte und Unterquarte der Tonica
ausgehen. Mithin ist es ganz gerechtfertigt, wenn die Alten auch
in der Verbindung der Unterquarte mit der Tonica dieselbe einheitliche
Mischung der Töne finden wie in der Oberquinte.

Soviel über den Begriff der Symphonien und Diaphonien. Der
Schluss, den man aus der bisherigen unrichtigen Auffassung dieser Be-
griffe ziehen zu müssen glaubten, dass die Alten zur Begleitung einer Melodie nur Quarten und Quinten zugelassen hätten, zeigt sich aber nun noch
mehr durch die vorliegenden Daten über die Begleitung des aulodischen
spondeion Melos in seiner vollen Unrichtigkeit. Es ist uns dort nämlich überliefert worden, dass die Alten nicht bloss den symphonischen
Quintenaccord, wie a e oder f c, und den symphonischen Quartenaccord,
wie e a, zugelassen haben, sondern auch den diaphonischen Sexten-

accord wie *c a* und den diaphonischen Secundenaccord, wie *g a* oder
d e. Dies wird nun hoffentlich für alle Zeit als unanfechtbare Thatsache festgestellt sein.   Ausserdem sagt Gaudentius p. 11, es gebe
auch sogenannte paraphonische Intervalle : dies seien solche, welche
zwar eigentlich diaphonisch wären, aber in der Begleitung den Eindruck von symphonischen Accorden machten, z. B. die grosse Terz
g h, die vermehrte Quarte *f h*. Das aus dem Berichte des Plutarch
festgestellte Factum wird keinen Zweifel mehr übrig lassen, dass auch
diese von Gaudentius als paraphonisch bezeichneten Intervalle durch
die Instrumentalbegleitung thatsächlich angewandte Accorde sind.

Es ging den Alten gerade so, wie uns: sie hörten lieber Accorde als Einstimmigkeit in der Musik.   Dies ist ausdrücklich in
den aristotelischen Problemen 19, 39 überliefert.   Unter jenen
Accorden kamen aber, wie dieselben Probleme berichten, auch
solche vor, welche für sich genommen das Ohr peinlich afficiren.
Dies sind Dissonanzen in unserem Sinne.   „Am Ende aber, heisst
es dort weiter, hört dies peinliche Gefühl auf, da fühlen wir uns
befriedigt und die Befriedigung ist nun grösser als vorher das Gefühl der Unbefriedigtheit.“   Hier ist deutlich das beschrieben, was
wir Modernen als die Auflösung der Dissonanz in die Consonanz bezeichnen.   Es ist hierbei gleichgültig, wie das von Aristoteles gebrauchte Wort „am Ende“ zu verstehen ist — es kann sowohl heissen:
am Ende des ganzen Vortrags, als auch: am Ende eines kleinen Ab-
schnitts; an jeder Stelle des Stücks wird eine auf eine Dissonanz
folgende Consonanz auch das Ende dieser Dissonanz sein.   Mehr Bedenken könnten in dieser Stelle die besonders hervorzuhebenden Worte
εἰς ταυτόν veranlassen: καὶ γὰρ οὗτοι τὰ ἄλλα οὐ προςαυλοῦντες ἐὰν εἰς
ταὐτὸν καταστρέψωσιν εὐφραίνουσι μᾶλλον τῷ τέλει ἢ λυποῦσι ταῖς πρὸ τοῦ
τέλους διαφοραῖς. Man könnte dies nämlich auch so verstehen, als ob
die Befriedigung, die wir „am Ende“ empfinden, dadurch hervorgebracht würde, dass Melodie und Begleitung hier in demselben Tone
zusammenträfen (εἰς ταυτόν), also am Ende unison würden und dass
alle die Stellen, wo Melodie und Begleitung nicht unison sind, sondern
symphonische oder diaphonische Accorde bilden, den Eindruck der
Unbefriedigtheit machten.   Aber dass wir das Wort εἰς ταυτόν nicht in
dieser Weise interpretiren dürfen, geht aus der früher besprochenen
Stelle der Probleme hervor, wo es heisst, dass der symphonische Accord angenehmer sei als das Unisono.   Διὰ τί ἥδιόν ἐστι τὸ σύμφωνον τοῦ
ὁμοφώνου; Also haben wir den Ausdruck εἰς ταυτόν καταστρέψωσιν min-

destens auch von den symphonischen Accorden, d. h. der Oberquinte
oder der Unterquarte zu verstehen, Intervalle, deren beide Töne ja,
wie wir oben gesehen, auf die Alten den Eindruck einer einheitlichen
„Tonmischung" machten und also wohl als ein ταὐτό bezeichnet werden
konnten im Gegensatze zu „ταῖς πρὸ τοῦ τέλους διαφοραῖς".

Gehen wir nunmehr nach diesen allgemeinen Erörterungen auf
die uns von Plutarch aus Aristoxenus überlieferten Accorde des Melos
spondeion ein. Wir brauchen nicht darauf hinzuweisen, dass es
durchaus nicht der Zweck jener Stelle ist, dem Leser über die Art
der Begleitung Aufschlüsse zu geben, denn es soll dort nur gezeigt
werden, dass die Töne (a e c), welche in der Melodie des Gesanges
nicht vorkamen, nur deshalb ausgelassen wären, weil der Componist
in selbstbewusster Absicht den Charakter edler und grossartiger Einfachheit erreichen wollte, aber nicht etwa deshalb, weil sie ihm unbekannt gewesen seien. Dies wird dadurch bewiesen, dass der Berichterstatter auf die Thatsache hinweist, dass jene Töne (a e c) nur
dem Gesange, aber nicht der Begleitung gefehlt hätten, und dabei wird
denn im Speciellen angegeben, zu welchen Tönen des Gesanges jene
Töne (a e c) von dem begleitender Aulos angegeben worden seien.
Wir wissen also aus jener Stelle nur dies, dass bestimmte im Einzelnen
namhaft gemachte Töne als Accordtöne gleichzeitig zu bestimmten
Tönen des Gesanges erklangen — es würde im höchsten Grade un-
gereimt sein, wenn man sagen wollte, nur die genannten Accordtöne
seien im Tropos spodeiazon vorgekommen. An eine vollständige Darlegung der Instrumentation darf also im Entferntesten nicht gedacht
werden. Wir indess, die wir nur diese eine Quelle über diesen höchst
wichtigen Gegenstand haben, sind allerdings auf die uns namentlich
genannten Accordtöne angewiesen und dürfen zunächst nicht darüber
hinausgehen.

Es steht fest, dass die Tonart des aulodischen Tropos spondeiazon die dorische war. Mancher wird zwar geneigt sein vorauszusetzen, dass es die phrygische Tonart gewesen sein müsste, die uns von
Aristoteles und Anderen als die vorzugsweise für den Aulos geeignete
Tonart genannt wird; aber für das vorliegende Spondeiazon ist nicht
daran zu denken, denn nach den S. 101 übersetzten Worten fährt
Plutarch fort, es sei auch aus den phrygischen Melodien klar, dass
die Nete synemmenon dem Olympus und seinen Nachfolgern nicht unbekannt gewesen wäre; denn sie hätten diesen Ton nicht blos in der
Begleitung, sondern auch in der Melodie des Gesanges zugelassen.

Hiermit ist gesagt, dass der im Vorausgehenden besprochene spondeiazon Tropos einer andern als der phrygischen Tonart angehört habe.
In dem unserer Stelle zweitvorausgehenden Kapitel der Plutarchischen
Schrift ist es ausserdem geradezu ausgesprochen, dass die Spondaica in
dorischer Harmonie gesetzt waren. Nun könnte man freilich noch
immer fragen, ob nicht auch hier mit dem Worte dorisch wie bei Plato
nicht bloss die dorische Tonart im engern Sinne, sondern auch die
hypodorische oder äolische bezeichnet sein könne. Auch auf diese
Frage müssen wir eine Antwort geben. Es sind im Ganzen drei
Scalen genannt, in welchen sich der Gesang des Tropos spondeiazon
bewegte. Die erste geht von *h* bis *g*; auf ihr fehlt gerade der Ton,
welcher der Grundton der äolischen ist, nämlich der Ton *a*; auf dieser
Scala kann also unmöglich eine äolische, sondern nur eine dorische
Melodie gesungen werden. Auf der zweiten und dritten Scala kommt
allerdings der Ton *a* vor, nämlich als Mese, und auf ihr könnte allerdings recht gut eine plagalisch gebaute äolische Melodie gesungen
werden. Aber die äolische Tonart wird zwar als eine Tonart der
Kitharodia genannt, ja sie ist sogar die κιϑαρῳδικωτάτη, aber unter den
für den Aulos gebrauchten Tonarten kommt sie nicht vor: für dies
Gebiet der Musik wird nämlich blos die dorische, phrygische, lydische
und syntonolydische Tonart zugelassen und daher haben wir auch kein
Recht, für das von Auloi begleitete spondaikon Melos, welches auf
jenen beiden den Ton *a* als Mese einhaltenden Scalen ausgeführt wurde,
an die äolische Tonart zu denken, vielmehr können diese Scalen, wie
bereits oben angegeben ist, nur für die Ausführung eines in der
eigentlich dorischen Harmonie gesetzten Melos spondeiazon gedient
haben.

Der harmonische Grundton der dorischen Tonart ist nach den
im ersten Kapitel dargelegten Ergebnissen die thetische Mese oder
der Ton *a*. Auf ihm bewegt sich, wie Aristoteles sagt, die begleitende
Krusis am häufigsten, und wenn sie ihn verlassen hat, kehrt sie auf denselben wieder zurück, was bei keinem anderen Tone in dieser Weise
der Fall ist — mit einem Worte, der Ton *a* gibt der dorischen Tonart ihr eigentliches Colorit. Werfen wir einen Blick auf die erste der
drei Scalen. Der Ton *a*, den Aristoteles für das Dorische so nothwendig erklärt, kommt in der auf dieser Scala genommenen Melodie ganz und gar nicht vor. Um so häufiger dagegen erscheint
er als ein Ton des begleitenden Aulos. Er wird als Accord angegeben
zu *e*, dem Schlusstone der dorischen Melodie; ferner zum Melodietone *g*;

weiter zum Melodietone *d*, und endlich zum Melodietone *e*. Blos vom
Melodietone *f* und *h* sagt der Berichterstatter nicht, dass der Accord-
ton *a* mit ihm verbunden wurde. Es wird hier also auch durch ein
Beispiel aus der Praxis der ältesten Zeit bestätigt, dass für die dorische Tonart obwohl die Melodie in *e* abschliesst, der Ton *a* oder die
Mese dennoch durch die hinzutretende Begleitung als harmonischer
Grundton erscheint. Vor allem ist es wichtig, hier an einem con-
creten Beispiele zu erfahren, dass der dorische Melodieschluss *e* sich
mit einem *a* der Krusis verbindet. Wir waren also völlig in unserem
Rechte, wenn wir oben die dorische Tonart als eine mit der Melodie
in der Quinte schliessendes *a*-Moll fassten.

Vereinigen wir nun die auf den drei Scalen enthaltenen Accorde
auf ein und derselbe Scala mit einander.

oder die begleitenden Töne unter die Melodietöne gesetzt:

Trotz der Unvollständigkeit der Nachrichten erkennt man, dass
die alte Musik schon in der frühesten Periode der Aulodik, in Beziehung auf Harmonie unserer Musik näher gestanden als man gewöhnlich annimmt. Welche Bedeutung die drei Töne des Tonica-Drei-
klanges bei den Alten hatten, zeigte sich bereits oben, wo sich ergab,
dass die Melodien entweder in der Prime, oder in deren Terz oder Quinte
abschliessen, und je nach diesen dreifachen Schlüssen sowohl für die
Moll- wie die Durtonart 3 Species zu unterscheiden sind. Die uns
vorliegende dorische Tonart ist die Quinten-Species der Molltonart.
Wir sehen wie die 3 Töne des Moll-Tonika-Dreiklanges in der ältesten
Zeit harmonisch behandelt sind:

Sowohl die Mollterz wie die Mollquinte verbindet sich hier mit der
Prime als Accordtone: im ersteren Falle entsteht ein Terzaccord, der
sich hiermit als ein schon in der ältesten griechischen Musik gebräuch-
licher Accord herausstellt. Die Prime verbindet sich mit der Unterquarte
oder was dasselbe ist, mit der Oberquinte.   Für die Mollsecunde *h*
ist uns kein begleitender Ton überliefert.   Mit der Quarte *d* wird einmal deren Unterseptime (oder Obersecunde) *e* verbunden, was auf ein
e h d hindeutet; sodann erfahren wir auch, dass mit ihr auch ihre Unterquarte *a* verbunden, wird, was auf *f a d* hinweist.   Die Septime *g* verbindet sich mit *a* (vgl. *a c g*), der Sexte *f* mit dem Tone *c* (etwa als *a*
c — f mit durchgehendem Tone zu denken).

Dass zu einem Tone der Melodie gleichzeitig zwei verschiedene
Accordtöne erklungen seien, ist in jenen Notizen über den Tropos
spondaikos nicht gesagt.   Erst unten werden wir Gelegenheit haben,
diese Frage zu erörtern, einstweilen wollen wir annehmen, dass zum
Gesange nur eine einzige accompagnirende Instrumentalstimme hinzugekommen sei, wodurch also das gleichzeitige Erklingen von zwei oder
mehreren Tönen des Accompagnements ausgeschlossen ist.   Es ist dies
nachweislich eine auch in den Perioden der entwickeltern Musik vorkommende Art der Begleitung und jedenfalls wird sie die früheste gewesen sein; sie für den alterthümlichen Tropos spondaicus zu statuiren,
werden wir wohl gutes Recht haben.   Der Rhythmus des spondeischen
Tropos ist wie S. 100 gesagt, der sogenannte Spondeios meizon oder
Spondeios diplus d. h. gedehnte vierzeitige Längen, von welchen in
continuirlichem Wechsel die eine als schwere, die andere als leichter
Tacttheil steht, so dass der ganze Tact ein aus nur zwei Längen bestehender gerader Tact war.   Es ist dies zwar nicht ausdrücklich
überliefert, wird aber theils durch dasjenige, was Aristidides S. 98
über die Anwendung dieses gedehnten spondeischen Rhythmus in
den „heiligen Hymnen" berichtet, zur Gewissheit hinstellt.   Die
antike Rhythmik stimmt darin mit der modernen überein, dass sie die
Achtelnote als die rhythmische Messeinheit hinstellt, nach welcher der
Tact gemessen wird.   Aristoxenus nennt sie die „erste Zeitgrösse"
(χρόνος πρῶτος).   Abweichend aber von uns Modernen befolgen die
Alten das feste Gesetz, dass sie das Achtel immer nur durch Einen
Ton oder Eine Silbe, niemals durch zwei oder mehrere Töne und
Silben darstellen, als niemals gleich uns Modernen das Achtel in zwei
Sechzehntel oder vier Zweiunddreissigstel, überhaupt nicht in keinere

Noten zerfallen lassen. Aber auf Gesangtöne, welche länger als das Achtel sind, z. B.

können sie mehrere Töne der Begleitung kommen lassen z. B.

und ebenso umgekehrt auf mehrere kürzere Gesangtöne einen einzigen längeren Begleitungston. Darüber ist ausführlich von Aristoxenus in, seiner Rhythmik S. 280—288 gesprochen. Für den Tropos spondeiakos lässt sich also folgende rhythmische Figur voraussetzen

Melodie
Begleitung u. s. w.

ebenso für den Trochäus Semantus der Terpandrischen Kitharodik folgende Figur:

Melodie
Begleitung u. s. w.

Das Vorkommen dieser Figuren in der Begleitung beider Rhythmen muss schlechterdings vorausgesetzt werden, weil wir sonst die von den Alten über diese Rhythmen aufgestellte Theorie mit ihrer Theorie vom Tempo nicht vereinbaren können. Die „erste Zeit" oder das Achtel hat nämlich nach Aristoxenus an sich keine absolute Zeitdauer, sondern ist an sich unbestimmt; ein bestimmtes oder absolutes Zeitmaas wird sie erst dadurch, dass man irgend eine Composition in einem bestimmten Tempo nimmt: erst das Tempo also bestimmt die Zeitdauer. Gerade so ist es auch in unserer modernen Musik. Es kommt bei uns wie bei den Alten vor, dass in einer Composition z. B. die Viertelnote dieselbe Zeitdauer einnimmt, wie in einer anderen Composition die halbe Note. Eine kurze Silbe wird von den Alten als „erste Zeit" oder Achtel, eine lange Silbe als das Doppelte derselben oder als

Viertelnote angesetzt, ein aus Spondeen bestehender Rhythmus also folgendermassen:

$$\frac{2}{4} \;\; \flat\;\flat\; | \;\flat\;\flat\; | \;\flat\;\flat\; | \;\flat\;\bullet\; | \text{ u. s. w.}$$

Das Tempo dieses Rhythmus ist ganz beliebig, man kann es je nach der Eigenthümlichkeit der Composition das eine mal gerade noch einmal so langsam nehmen als das andere mal. Warum hat nun die Theorie der Alten nicht auch die Längen des Spondeios diplus und Trochäus semantus als gewöhnliche zweizeitige Längen angesetzt und ihre längere Dauer nicht als etwas durch das Tempo oder die ἀγωγή bewirktes statuirt? Hätte sie dies gethan, so würden, weil das Achtel bei den Alten nicht in kleinere Noten theilbar ist, auf jede als Viertel angesetzte Länge der Melodie höchstens nur zwei Töne der Begleitung kommen können. Aber sie setzen den Umfang der Länge nicht auf zwei, sondern auf vier Achtel an, und dies kann nur den Sinn haben, dass auf die Länge vier resp. drei Töne kamen

$$\text{♫♫} \;|\; \text{♪ ♫} \;|\; \text{♩ ♩} \;|$$

wodurch natürlich für die Begleitung das Vorkommen einer Tactform ♩ nicht ausgeschlossen ist.

Man sieht nun leicht, dass die Eine begleitende Stimme des Tropos spondaicos, welche zu Einem Tone des Gesanges mehrere auf einander folgende Töne des Aulos kommen liess, eben durch diese auf einander folgenden Töne dieselben Accorde erreichen konnte, welche durch Mehrstimmigkeit zu erreichen sind, und in diesem Sinne können wir sagen, dass die in unserer Quelle überlieferte Verbindung der Töne *d e* und *a d* u. s. w. auf die Accorde *e h d* und *f a d* hinweist.

Es sind die dreistimmigen Accorde bei einer einzigen begleitenden Stimme aber auch dann zu erreichen, wenn Ein Ton des Gesangs nicht durch drei oder vier Töne der Begleitung getheilt wird, sondern wenn sich mit ihm nur zwei oder nur Ein Ton der Begleitung verbindet. Dies letztere ist der Fall beim antiken $^2/_4$- oder $^3/_8$-Tacte, wenn sich die Melodie in den vulgären Formen

$$\text{♩ ♫} \;|\; \text{♩ ♫} \;|\; \text{♩ ♩} \quad\text{oder}\quad \text{♩ ♪} \;|\; \text{♩ ♪} \;|\; \text{♩ ♪} \;|\; \text{♩ ♪}$$

bewegt, also bei den im Hexameter oder im elegischen Maasse gehaltenen Melodie des Klonas und Terpander oder bei den trochäischen und

jambischen Melodien des unmittelbar auf Klonas folgenden Archilochus.
Wir können nicht umhin, an dieser Stelle, wo wir die von den Alten
direct uns überkommenen Notizen über die Accordtöne der Begleitung
zu besprechen haben, eine der beiden antiken Begleitungen herbeizu-
ziehen, welche uns unter den Notenbeispielen des Anonymus de mus.
erhalten sind. Wir haben zwar keinen Grund anzunehmen, dass diese
Musikreste einer so frühen Musikperiode wie der in Rede stehenden
angehören, nichts desto weniger aber erläutern sie die über den Tropos
spondaikos uns überkommenen Nachrichten auf's vollständigste. Die
eine von ihnen ist im päonischen oder $\frac{5}{8}$ Tacte gehalten und soll
bei der Erörterung der chorischen Musik, welcher dieser Tact eigenthümlich ist, herbeigezogen werden, die andere, im trochäischen
Rhythmus gehaltene, ist folgende (Anonym. §. 98):

Die antiken Noten hierzu sind im Anhange dieses Buches mitgetheilt, man
wird daselbst sich überzeugen, dass die richtige Lesung der antiken
Zeichen, sowohl was die Tonstufen wie die rhythmischen Verhältnisse
betrifft, durchweg gesichert ist. Der glückliche Zufall, der uns diese
wenigen Tacte erhalten hat, ist für unsere Kenntniss der antiken Musik
ungleich höher anzuschlagen, als wenn uns statt ihrer noch eine ganze
Reihe von dorischen Melodien in der Weise des Liedes auf Helios und
die Muse überkommen wäre. Wir haben es hier nicht mit einem
Melos, d. i. einer Melodie, sondern mit einer antiken Krusis, d. i. mit
der eine Melodie begleitenden zweiten Stimme zu thun. Die Noten
sind nicht diejenigen, in welchen die Gesangmelodien der Lieder
auf die Muse, auf Helios und Nemesis geschrieben sind, sondern die
der Krusis eigenthümlichen Noten oder die sogenannten Instrumentalnoten (vgl. Kap. III). In diesen Noten werden nun zwar nicht bloss die
Instrumentalbegleitungen der Gesangmelodien, sondern auch kitha-
ristische und auletische Melodien geschrieben, aber dass wir es hier

nicht mit einer Melodie, sondern mit einer Begleitung zu thun
haben, zeigt sich in allem aufs klarste und entschiedenste, vor
Allem in der Achtelpause, womit in jeder der vier Reihen jeder dritte
Tact beginnt.   Diese Pause steht als schwerer Tacttheil und ist in der
antiken Nebenüberlieferung sogar mit dem rhythmischen Ictuszeichen
versehen. Für eine Melodie würde eine solche Erscheinung etwas
völlig unerhörtes sein, denn immer wird unser Gefühl an Stelle der
Pause einen den Ictus tragenden Ton vermissen, dagegen als eine von
der Begleitung ausgeführte Figur ist ein jeder der vier genannten Tacte
völlig in seinem Rechte: der in der Begleitung durch eine Pause aus-
gedrückte schwere Tacttheil wird durch die Melodie mit einem Tone
ausgefüllt.   Aber auch selbst dann, wenn an den genannten Stellen
kein Pausenzeichen, sondern ein Ton vorhanden wäre, würde die von
den uns erhaltenen griechischen Melodien völlig abweichende Art der
Tonverbindung in den vier Reihen keinen Zweifel lassen, dass uns
nicht wie im Liede auf Helios u. s. w. eine antike Melodie ohne Begleitung, sondern umgekehrt eine Begleitung ohne die dazu gehörige
Melodie vorliegt.   Wie es kommt, dass unsere Quelle, der Anonymus,
die Probe eines Accompagnements mittheilt, lässt sich unschwer sagen.
Die in ihr enthaltenen Musikbeispiele sind nur Reste einer ursprünglich
vollständigen Sammlung, die nicht etwa zu dem Zwecke aufgestellt
war, um gleichsam als Urkundenbuch antiker Composition zu dienen,
sondern vielmehr ein Notenbuch für Anfänger sein sollte, eine praktische Uebungsschule für den ersten Unterricht.   Woher der Verfasser
seine Beispiele entlehnt, ist natürlich nicht zu bestimmen, wahrscheinlich aber wird er es nicht anders gemacht haben als es bei uns in
dergleichen „Clavierschulen" u. s. w. zu geschehen pflegt, dass nach
den Tonleitern kurze und beliebte Volks- und Opernmelodien folgen,
um dann zu längeren Stücken fortzuschreiten.   Uns sind nun eben
bloss die ersten Blätter jenes antiken Notenbuches erhalten, in welchem
die einleitenden Bemerkungen, die Tonleiter und kurze Melodien stehen,
aber selbst dieser Anfang liegt in trümmerhafter Gestalt vor uns.   Den
Melodien war die begleitende Stimme hinzugefügt, und der Zufall hat
es gewollt, dass uns von dem einem Stücke die Melodie, vom einem
anderen die Begleitung erhalten ist, von keinem aber Melodie und Begleitung zugleich.

Trotzdem aber, dass die Melodie nicht auf uns gekommen ist, ist
die Begleitung lehrreich genug.   Worauf gründen sich die vielfach ausgesprochenen Zweifel, ob die Musik der Griechen eine „Harmonie",

ob sie das System des tonischen Dreiklanges gehabt hat? Auf die
Quellen sicherlich nicht. Der Tonicaschluss des uns vorliegenden alten
Musikstücks ist jedesmal — in der ersten wie in der vierten Reihe —
der Molldreiklang *e c a*. Wer möchte dieser quellenmässigen positiven
Thatsache gegenüber noch fortwährend im Dunkel der missverstandenen
Kategorien von symphonischen und diaphonischen Intervallen ver-
harren und den alten längst vermoderten Satz, den das Mittelalter aus-
geklügelt, protegiren, dass nur Quarten und Quinten dem Ohre der
Griechen wohlgethan, die Terz aber den peinlichen Eindruck der
Dissonanz gemacht habe? Mag immerhin der gute Pater Hucbald im blin-
den Festhalten dessen, was die damalige Zeit aus Boethius und Marcianus
Capella herauszulesen vermochte, eine Melodie vom ersten Tone bis
zum letzten fortwährend mit einer begleitenden Quarte oder Quinte
versehen und so sehr sich selber täuschen, dass er behauptet, es klinge
gut: eine gründliche Forschung in den Quellen der alten Musik lehrt
aufs klarste, dass das Alles eitel Unsinn ist und dass die alten Griechen
niemals eine solche Quarten- und Quintenmusik gehabt haben. Es ist
oben gezeigt, dass die Symphonie und Diaphonie der Alten etwas ganz
Anderes ist als unsere Consonanz und Dissonanz. Wäre die Terz den
Griechen eine Dissonanz gewesen, so würde dieselbe nicht in den
Tonicaschlüssen der uns vorliegenden Tacte in der Mitte zwischen den
Tönen *e* und *a* hinzugefügt sein.

Gehören nun die vier Reihen der *A*-Molltonart mit entschieden
festgehaltenem Tonicadreiklange an, so ist damit noch nicht gesagt,
dass die Tonart die äolische oder hypodorische sei. Denn wir haben
nur die Begleitung vor uns. Die Melodie braucht keineswegs in der
Mollprime geschlossen zu haben, sondern kann auch die Quinte *e* zum
Schlusse gehabt, also der dorischen Harmonie angehört haben. Ist
doch nach den Problemen des Aristoteles auch für den Schluss der
dorischen Tonart die Mese d. i. der Ton *a* erforderlich. Wahrscheinlich
haben wir uns eine dorische (in *e* schliessende) Melodie hinzuzudenken,
wie etwa folgende:

Die hinzugefügte Melodie ist mit Rücksicht auf den Umfang des
alten Synemmenon-Heptachordes *h c d e f g a*, der durch sie nicht überschritten wird, gewählt worden. Die begleitende Stimme bewegt sich
in den fünf tiefsten Tönen des antiken Systems, vom Proslambanomenos
bis zur Hypate meson. Trotz dieses beschränkten Tonumfanges ist sie
im höchsten Grade geeignet, uns von der Kunst der Alten zu accom-
pagniren eine möglichst vortheilhafte Vorstellung zu geben. Auch bei
dem unbefangensten Urtheile wird man gestehen müssen, dass sich
in diesen wenigen begleitenden Tacten ein entschieden polyphoner
Character der griechichen Musik ausspricht, und zwar polyphon in dem
Sinne, wie die Modernen dies Wort zu gebrauchen pflegen.

3. Archilochus.

Von Klonas, dem Haupte der altpeloponnesischen Aulodik führt
der geschichtliche Fortschritt zu Archilochus. „Terpander gehört der
ganz alten Zeit an. Dass er älter als Archilochus ist, zeigt Glaukus aus
Italien in seiner Schrift über die alten Componisten und Musiker.
Klonas, der Componist der aulodischen Nomoi, lebt nur um weniges
später als Terpander. Nach Terpander aber und Klonas, so wird (von
Glaukus) überliefert, lebt Archilochus." Plut. mus. 4. 5. Es ist oben
gezeigt, dass die von dieser Chronologie des Glaukus abweichende
Zeitangabe, die den Terpander später als Archilochus setzt, aus dem
Streben der Terpandriden, den Stifter ihrer Schule mit dem Spartanischen Feste der Karneen in Zusammenhang zu bringen, hervorgegangen
ist und in keinerlei Weise eine Autorität sein kann. Die Stellung,
welche Terpander und Archilochus in der Geschichte der musischen
Kunst einnehmen, spricht ganz evident für die durch Glaukus überlieferte Chronologie, denn Antilochus repräsentirt dem Terpander gegenüber durchweg einen vorwärts geschrittenen Standpunkt. Die Zeit des
Archilochus wird von den alten Berichterstattern ohne Discrepanz um
die zwanzigste Olympiade d. i. 720 v. Chr. angesetzt. Dies Datum ist
augenscheinlich seinen Gedichten entnommen, denn er redete hier von
der Colonie, die sich von seiner Heimathsinsel Paros nach der Insel
Thasos wandte und deren Theilnehmer er selber war. Die Zeitangaben

über Coloniegründungen aber gehören zu den sichersten historischen Anhaltepunkten in der älteren griechischen Geschichte und wir werden die zwanzigste Olympiade ohne Bedenken als das Datum jener Colonisirung der Insel Thasos festhalten können. Das Zeitalter des Archilochus fällt also etwas über 200 Jahre vor die Periode der Perserkriege, während Terpander, der nach Glaukus etwa zwei Generationen älter als Archilochus ist, nicht ganz 300 Jahre vor den Perserkriegen gelebt hat.

Von Terpanders und Klonas' Stellung in der musischen Kunst wird es uns nicht schwer eine Vorstellung zu machen. Sie sind hervorragende Meister von Innungen oder Schulen, deren Thätigkeit speciell auf religiöse Feste gerichtet war und die ohne Zweifel von dieser Thätigkeit ein Gewerbe machten. Es sind nicht Sänger, die wie Demodokos und Phemios zum Hofhalt eines Fürsten gehören und hier beim festlichen Mahle ihre Compositionen vortragen, sondern freizügige Künstler, die von ihrem Heimathsorte bald zu diesem, bald zu jenem religiösen Feste der näher oder ferner liegenden Städte wallfahrten, um sowohl als Virtuosen wie als Componisten meist selbstgedichteter Texte aufzutreten. Die Stellung, welche späterhin Pindar einnimmt, ist ganz die nämliche; der früheste Typus solcher musischer Künstler ist der blinde Sänger im Hymnus auf Apollo. Hält man hierbei fest, dass der Character der Terpandrischen Kitharodik und der Klonas'schen Aulodik durchweg ein sacraler ist und dass sich zahlreiche Schüler um den Meister schaaren, denen er seine Kunst und seine Compositionen überliefert, so fehlt kaum ein Zug, der das Bild dieser Klasse von alten Musikern vervollständigen könnte.

Eine ganz andere Stellung nimmt Archilochus ein. Der späteren Zeit war nur das Andenken an die Archilocheische Compositionsmanier im Allgemeinen geblieben; im Einzelnen waren die Compositionen in Vergessenheit gerathen, dagegen haben sich die poetischen Texte derselben bis in die römische Kaiserzeit erhalten, von denen uns freilich nur kärgliche Fragmente überkommen sind. Wir finden unter ihnen zwar einige Verse, welche Reste von Cultusliedern sind (auf Demeter, Herakles), aber bei weitem das Meiste von dem uns Erhaltenen bewegt sich auf dem Boden des geselligen Lebens, — es ist erotische, symposische und vor Allem skoptische Poesie, — eine recht eigentliche subjective Lyrik, in der überall der Dichter selber mit seinen Gefühlen und Stimmungen, seiner Liebe, seinem Hasse und Zorne unter Darlegung seiner Erlebnisse und Lebensverhältnisse uns entgegen tritt.

8*

Dem Inhalte und Tone der frühern Poesie der Griechen gegenüber ist
dies eine ganz entschieden neue Richtung. Wir haben nun aber nicht
zu vergessen, dass Archilochus nicht blos den poetischen Text gedichtet,
sondern dass er auch die Melodien dazu componirt hatte, und dass die
Art des Vortrags ein musikalischer war. Ort und Veranlassung, die
Poesien und Compositionen vorzutragen, boten dem Dichtercomponisten
wohl grösstentheils gesellige Kreise von Freunden dar, in denen er
selber was er geschaffen zum ersten Male mittheilte; geraume Zeit
mögen auch seine Melodien sich erhalten haben, bis dann dem späteren
Griechenthum nur die Texte derselben übrig blieben.

Sollen wir nun die Compositionen des Archilochus im Gegensatze zu denen seiner Vorgänger Terpander und Klonas bezeichnen, so
werden wir wohl sagen dürfen, dass sie dem Genre des Liedes angehören, und zwar des Liedes im eigentlich volksmässigen Sinne. Zur
Zeit, als Terpander und Klonas und ihre sagenhaften Vorgänger ihre
Nomoi im streng-ernsten sacralen Stile an den Festen der Götter vortrugen, hatte das Volk längst seine eignen heiteren Weisen, durch die
es die Lust seiner Ernte- und Weinlesefreuden erhöhte, aber die musikalische und rhythmische Form dieser Volkslieder hatte bei jenen Vertretern des Nomos-Stiles keine Berücksichtigung gefunden, sie galt
dort gleichsam als etwas Profanes, was in den Kanon der bewussten
künstlerischen Normen nicht aufgenommen werden durfte. Das Volkslied bewegte sich in Strophen, die Volksmelodien waren auf das Princip
der Repetition basirt: die Nomoi Terpanders verschmähten die strophische
Form, es waren, um in unserer Weise zu reden, durchcomponirte Texte,
und ähnlich mag es auch mit den meisten Nomoi des Klonas gewesen
sein. Das Volkslied kannte zwar auch die gemessenere gerade Tactart,
die im Epos und Nomos der sanctionirte Rhythmus war, aber ebenso
alt wie der gerade, war dort der ungerade trochäische und iambische
dreitheilige Tact, der vor allen für Tanzlieder üblich war (daher der
Name Choreus oder Trochäus). Terpander hatte zwar diesem dreitheiligen Tacte des Volksgesanges in gewisser Weise Rechnung ge-
tragen, indem er daraus seinen Trochäus semantus und Orthios ent-
wickelte, aber der feurige volksthümliche $^3/_8$-Tact hatte sich hier die
Umformung zum langgezogenen $^3/_2$-Tact gefallen lassen müssen, in der
er die ihm eigenthümliche Raschheit und Lebendigkeit gänzlich ein-
büsste. Erst Archilochus ist der Meister, der diese Elemente des Volks-
liedes zur vollen Anerkennung und Berechtigung in der Kunst brachte
und hierdurch den früheren Pflegern der Kunst gegenüber ein durchaus

neues Princip zur Geltung brachte. Es ist Sache der Literatur-
geschichte, diesen Standpunkt des Archilochus in Beziehung auf seine
poetischen Texte weiter zu vermitteln. Wir haben es hier nur mit dem
eigentlich Musikalischen des Archilochus zu thun. So viel die spätere
Zeit davon wusste, ist im achtundzwanzigsten Kapitel der Plutarchischen
Schrift über die Musik zusammengestellt. Wir werden uns mit dieser
Stelle eingehend zu beschäftigen haben und geben zunächst zum Zwecke
der leichteren Einsicht in die dort überlieferten Data die ganze von
Archilochus handelnde Partie in einer tabellarischen Uebersicht.

A 4

Ἀλλὰ μὴν καὶ Ἀρχίλοχος τὴν τῶν τρι-
μέτρων ῥυθμοποιίαν προσεξεῦρε·

B 1

Πρώτῳ δὲ αὐτῷ τά τ' ἐπῳδὰ
καὶ τὰ τετράμετρα
καὶ τὸ κρητικὸν
καὶ τὸ προσοδιακὸν ἀποδέδοται
καὶ ἡ τοῦ ἡρῴου αὔξησις,
ὑπ' ἐνίων δὲ καὶ τὸ ἐλεγεῖον.

A 2

Καὶ τὴν εἰς τοὺς οὐχ ὁμογενεῖς ῥυθμοὺς
ἔντασιν·

B 2

Πρὸς δὲ τούτοις ἥ τε τοῦ ἰαμβείου πρὸς
τὸν ἐπιβατὸν παίωνα ἔντασις,
καὶ ἡ τοῦ ηὐξημένου ἡρῴου εἴς τε τὸ προσοδιακὸν καὶ τὸ κρητικὸν.

A 3

Καὶ τὴν παρακαταλογήν·

B 3

Ἔτι δὲ τῶν ἰαμβείων τὸ τὰ μὲν λέγεσθαι
παρὰ τὴν κροῦσιν, τὰ δ' ᾄδεσθαι Ἀρ-
χίλοχόν φασι καταδεῖξαι, εἶθ' οὕτω
χρήσασθαι τοὺς τραγικοὺς ποιητάς,
Κρέξον δὲ λαβόντα εἰς διθυράμβων
χρῆσιν ἀγαγεῖν.

A 4

Καὶ τὴν περὶ ταῦτα κροῦσιν.

B 4

Οἴονται δὲ καὶ τὴν κροῦσιν τὴν ὑπὸ τὴν
ᾠδὴν τοῦτον πρῶτον εὑρεῖν, τοὺς δ' ἀρ-
χαίους πάντας πρόσχορδα κρούειν.

Man nimmt an, dass Plutarch hier drei verschiedene Berichte aus drei
verschiedenen Quellen vereint hätte, aus der ersten Quelle die von mir
mit A 1 bis A 4 bezeichneten Sätze, aus der zweiten Quelle die Angaben
unter B 1 mit Ausschluss der letzten Zeile ὑπ' ἐνίων u. s. w.; aus der
dritten Quelle Alles was weiter auf ὑπ' ἐνίων folgt. Mit dieser Annahme
kann ich nicht einverstanden sein. Schwerlich würde das Referat
aus einer anderen Quelle begonnen haben: ὑπ' ἐνίων δὲ καὶ τὸ ἐλε-

γεῖον, πρὸς δὲ τούτοις κτλ.; es wäre statt dessen sicherlich πρὸς δὲ τούτῳ gesagt. Die Sachlage ist einfacher. Zuerst (in der von mir mit A bezeichneten Partie) werden vier Erfindungen des Archilochus genannt: 1) neue, bis dahin nicht übliche Verse (Trimeter); 2) eine neue Verbindungsart der Verse; 3) die Parakataloge; 4) die zu den vorher (1, 2, 3) genannten Erfindungen gehörende Instrumentalbegleitung. Dann folgt ein umfassenderer Bericht, der sich wieder nach vier Gesichtspunkten gliedert: 1) neue Verse; 2) Verbindung der Verse; 3) der bald melodramatische, bald melische Vertrag der Jamben; 4) die Begleitung. Berücksichtigt man die Wiederkehr des gleichen Ausdrucks ἔντασις in A 2 und B 2, so wird wohl klar werden, dass dies Alles ein einheitlicher, aus ein und derselben Quelle geschöpfter Bericht ist, der im Anfange (A) die vier Erfindungen des Archilochus übersichtlich angibt und dann weiterhin (B) im Einzelnen unter Einhaltung der im Anfange gegeben Ordnung weiter ausführt. Was unter B 4 gesagt ist, ist die Ausführung von A 4, — B 3 die Ausführung von A 3, — B 2 die Ausführung von A 2. Bloss B 1 steht zu A 1 in einem etwas anderen Verhältnisse, denn in A 1 sind von den neuen Versen des Archilochus bloss die Trimeter, in B 1 die übrigen neuen Verse desselben aufgezählt. Die Quelle, aus der Plutarch schöpft, wird hier wohl unter A 1 gelautet haben: „Archilochus erfand die Rhythmopöie der Trimeter, und vieler anderer neuen Metra“ und diese anderen Metren werden dann in B 1 genannt: die Epoden, die Tetrameter, das Kretikon u. s. w., eine Aufzählung, die mit den Worten schliesst: „von Einigen auch das Elegeion“, wobei ὑπ᾽ ἐνίων nur zu τὸ ἐλεγεῖον, nicht aber zu den weiterhin aufgezählten, mit πρὸς δὲ τούτοις beginnenden Erfindungen gehört. Die Wendungen πρὸς δὲ τούτοις..., ἔτι δὲ..., οἴονται δὲ καὶ bezeichnen die Anfänge der zweiten, dritten und vierten Kategorie von Erfindungen; die erste Kategorie von Erfindungen wird im Originale wohl nicht mit πρώτῳ δὲ, sondern mit πρῶτον μὲν γὰρ begonnen haben.

Welches ist die Quelle, der Plutarch dies entlehnt hat? Hierauf lässt sich nur so viel antworten: der Bericht des alten Glaukus von Rhegium ist es nicht, denn was Plutarch aus Glaukus über Archilochus mittheilt, dass er jünger als Terpander sei (K. 4), und dass Archilochus den päonischen und kretischen Rhythmus noch nicht gebraucht habe, sondern zuerst Olympus und Thaletas (K. 10), davon steht diese zweite Angabe mit dem eben besprochenen Berichte über die Erfindungen des Archilochus in einem ganz directen Widerspruche, sofern ihm hier sowohl der Kretikus als der Päon (epibatus) beigelegt

wird; wir werden aber auch sehen, dass jene erste Angabe des Glaukus
über die Zeit des Archilochus mit dem in Rede stehenden Berichte einen
Widerspruch bildet. Was Glaukus überliefert, hat jedenfalls höhere
Autorität, als dieser nachweislich erst von einem Späteren herrührende, aber immerhin reichhaltige und gut angeordnete Katalog der
Archilocheischen Erfindungen. Wir wollen den in ihm zu Grunde gelegten vier Kategorien auch für unsere Erörterung folgen.

I. Die neuen Rhythmen. Terpanders und Klonas' Rhythmen
sind der gradtheilige $^2/_4$-Tact (dactylisches Hexametron und Elegeion)
und die gedehnten Spondeen von vierzeiligen Sylben, die entweder zu
einem $^2/_2$-Tacte (Spondeus meizon) oder einem $^3/_2$-Tacte (Trochäus
semantus und Orthios) verbunden waren. Archilochus hat die grosse
Bedeutung, dass er den Tacten der antiken Kunst den $^3/_8$-Tact hinzufügt, der in der Häufigkeit des Gebrauches den alten $^2/_4$-Tact alsbald
zu übertreffen beginnt. Er stellt sich im Gesange als ein zweisylbiger
entweder trochäischer oder jambischer Tact dar:

mit anlautendem schweren Tacttheile

mit anlautendem Auftacte

viel seltener ist die zweisylbige Tactform (Tribrachys)

oder

die in der früheren Zeit geradezu als Ausnahme betrachtet werden
muss und erst späterhin in einigen besonderen Zweigen der musischen
Kunst zu einiger Geltung gelangt. Dies gilt wenigstens vom Gesange
oder dem poetischen Texte; es ist aber anzunehmen, dass die Begleitung die tribrachische Form viel häufiger anwandte und dass sie in der
Form des *ligato* auch für den Gesang nicht selten war, dergestalt, dass
auf die lange Sylbe des Tactes zwei gebundene Töne kamen. Wir
finden diese Form, von der Aristoxenus S. 284 redet, in den uns erhaltenen Melodieresten mit Vorliebe angewandt. — Wir Modernen
sagen vom $^3/_8$-Tacte, er habe drei Tacttheile, einen schweren, einen
mittleren und einen leichten Tacttheil. Die Alten gehen von der zwei-
sylbigen Tactform der Vocalmusik aus und stellen ihr folgend die
Theorie auf, dass der $^3/_8$-Tact nur 2 Tacttheile habe, einen schweren

(die lange zweizeitige Sylbe) und einen nur halb so langen leichten Tacttheil habe: „Thesis (schwerer Tacttheil) und Arsis (leichter Tacttheil)
stehen im Verhältnisse des Doppelten“.   Die Alten tactirten gleich
den Neueren durch Auf- und Niederschlag mit der Hand oder durch
Tacttreten mit dem Fusse. Es müsste also auf den ³/₈-Tact ein Niederschlag und ein Aufschlag kommen, von denen der erstere doppelt so
lange dauerte wie der zweite.   Aber nur selten tactirte man die Einzeltacte; gewöhnlich fasste man mehrere Einzeltacte als einen einzigen
zusammengesetzten Tact zusammen und der zusammengesetzte Tact
wurde ganz genau in unserer modernen Weise in Tactabschnitte zer-
legt, wie sich sogleich zeigen wird.

Wir haben oben gesehen, dass sich im ²/₄-Rhythmus zunächst
je drei aufeinander folgende Tacte zu einer rhythmischen Reihe oder
einem periodischen Vorder- oder Nachsatze (Tripodie) vereinigten.
Im ³/₈-Rhythmus bilden entweder je 4 oder je 6 Einzeltacte eine
rhythmische Reihe (Tetrapodie und Hexapodie), zwei Tetrapodien
machten ebenso wie zwei Tripodien eine einheitliche Periode aus:

Beide hier vorstehenden Perioden des ³/₈-Tactes, sowohl die trochäische wie die jambische, waren schon bei Archilochus im Gebrauche.
Man berücksichtige hier wohl, dass in dieser jambischen Periode dasselbe stattfindet wie in der Mitte des dactylischen Elegeions, nämlich
eine den leichten Tacttheil vertretende Pause.   Hexapodien des ³/₈-
Rhythmus lassen sich bei Archilochus folgende nachweisen:

Die erste von ihnen ist die häufigste – der vulgäre griechische Trimeter, den Archilochus theils in continuirlicher Folge, theils in abwechselnder Folge mit der iambischen Tetrapodie gebrauchte:

Alles was uns von griechischen Musikresten überkommen ist, zeigt die schärfste rhythmische Periodisirung. Welch feines Gefühl die Griechen für diese Vereinigung der Tacte zu periodischen Reihen hatten, verräth sich in einer bemerkenswerthen Eigenthümlichkeit der rhythmischen Nomenclatur. Auch wir Modernen unterscheiden einfache und zusammengesetzte Tacte und es kann wohl vorkommen, dass der periodische Vorder- und Nachsatz einer Composition mit dem Umfange eines zusammengesetzten Tactes zusammenfällt. Die griechische Rhythmik bezeichnet jeden periodischen Vorder- und Nachsatz — man sagte dafür auch „Kolon" — geradezu als einen einheitlichen zusammengesetzten Tact, und die unzusammengesetzten Tacte werden als Tacttheile dieses zusammengesetzten Tactes oder auch als Abschnitte solcher Tacttheile aufgefasst. Jede in zwei gleichgrosse Hälften zerfallende Reihe wird als ein gerader (oder dactylischer) Tact angesehen, dessen eine Hälfte den schweren und die andere den leichten Tacttheil bildet; jede in drei gleichgrosse Abschnitte zerfallende Reihe wird als ein dreitheilig-ungerader (oder iambischer) Tact angesehen, in welchem der eine Abschnitt den schwersten Tacttheil, der zweite den leichten, der dritte den leichtesten Tacttheil bildet. Der Name für Tacttheil ist nach Aristoxenischer Terminologie „Semeion" (d. h. Merkzeichen mit Rücksicht auf den Tactschlag); Andere sagten statt dessen „Basis" (d. h. Tritt, Tacttritt). So zerfällt nun jede Tetrapodie in ein schweres und leichtes Semeion von je zwei Einzeltacten, und heisst, wenn sie dem $^3/_8$-Rhythmus angehört, ein zusammengesetzter $^{12}/_8$-Tact, z. B.

schweres	leichtes	schweres	leichtes
Semeion	Semeion	Semeion	Semeion

Auf die ganze aus zwei $^{12}/_8$-Tacten bestehende Periode kommen also vier Tactschläge und hiervon heisst sie Tetrametron. Die dactylische Tripodie, welche dem Hexameter und elegischen Verse zu Grunde liegt, ist ein zusammengesetzter $^3/_2$-Tact von je drei Semeia (jeder Einzeltact bildet ein Semeion).

Semeion | Sem. | Sem. | Sem. | Sem. | Sem.

Auf die ganze dactylische Periode kommen also sechs Semeia oder Tactschläge, und hiervon wird sie Hexametron genannt. Die aus sechs Einzeltacten bestehende jambische oder trochäische Reihe (Hexapodie) zerfällt niemals in zwei, sondern in drei rhythmische Abschnitte, von denen jeder als Semeion aufgefasst wird, sie ist nach alter Auffassung ein zusammengesetzter dreitheiliger $^{18}/_8$-Tact (πούς σύνθετος ὀκτωκαιδεκάσημος):

Semeion. | Semeion | Semeion

Von den drei Semeien des $^3/_2$- und $^{18}/_8$-Tactes ist, wie schon bemerkt, immer das eine das schwerste, das andere das leichtere, das dritte das leichteste Semeion. Es braucht aber nicht immer das schwere Semeion voranzustehen, sondern es sind auch für die zusammengesetzten Tacte verschiedene Arten des Auftactes möglich, z. B. für das dactylische Hexametron

leichtes Semeion | leichtestes Semeion | schweres Semeion | leichtes Semeion | leichtestes Semeion | schweres Semeion

Ein Beispiel hierfür ist S. 81 angegeben.

Kein moderner Musiker wird dieser Theorie der Alten seine Anerkennung versagen; sie beruht auf einem scharfen Sinne für die Auffassung der rhythmischen Verhältnisse. Sie besteht noch in der römischen Kaiserzeit (die jambischen Tetrameter des Liedes an die Muse tragen die Tactüberschrift δωδεκάσημος, d. i. $^{12}/_8$-Tact). Durch Aristoxenus mag sie völlig fixirt sein, aber die Grundlage derselben ist alt, sehr alt. Denn die innige, oben dargelegte Beziehung, in welcher die Namen Trimeter, Tetrameter, Hexameter mit jener Auffassung stehen, wird Niemand in Abrede stellen können, diese Namen aber gehören sicherlich schon der Zeit des Archilochus an.

Wir können nun sagen: die durch Archilochus in Aufnahme gebrachten

Rhythmen sind der zusammengesetzte $^{12}/_8$- und $^{18}/_8$-Tact; sie erhielten durch ihn eine dem alten $^3/_2$-Tacte coordinirte Stellung in der musischen Kunst. Der $^{12}/_8$-Tact oder die aus vier $^3/_8$-Tacten bestehende Reihe ist uns Modernen ein sehr geläufiger Rhythmus, nicht aber der $^{18}/_8$-Tact oder die aus sechs $^3/_8$-Tacten oder drei $^6/_8$-Tacten bestehende hexapodische Reihe oder das Trimetron. Zufällig ist uns in den Musikresten der Alten kein Beispiel dieses Rhythmus erhalten, während dieselben fast für alle andern Rhythmen Belege liefern. Wir sprechen das Wort „Jambischer Trimeter" häufig genug aus und sind im guten Glauben, dass dies ein sehr vulgärer, trivialer Rhythmus sei. Aber es ist dies ein Rhythmus, den unsere heutige Musik so gut wie gar nicht kennt. Es fällt keinem modernen Componisten ein, eine Composition in fortlaufenden Reihen von je sechs einfachen oder drei dipodischen Tacten zu bilden; es würde das unserm rhythmischen Gefühle wenig zusagen. Aber bei den Alten gehören solche Compositionen zu den allergeläufigsten Rhythmen; sie sind dem antiken rhythmischen Gefühle gerade so zusagend, wie uns Modernen die Compositionen aus fortlaufenden viertactigen Reihen. Und nicht blos fortlaufend bedienen sie sich der trimetrischen Reihen, sondern auch im Wechsel mit dimetrischen (viertactigen) Reihen. Archilochus bildete, wie oben bemerkt, distichische Strophen, in welchen die erste Reihe ein jambisches Trimetron, die zweite ein jambisches Dimetron war. Dies Dimetron hiess Epodon d. h. das der längeren Reihe „hinzugesungene" Metrum. Schon der vom Singen hergenommene Name Epodon weist uns darauf hin, dass wir es bei Archilochus mit gesungenen Rhythmen zu thun haben. Der Anfang von Beethovens Adelaide kann dazu dienen, uns diesen musikalischen Rhythmus zu veranschaulichen, denn wir haben hier einen der seltenen Fälle, dass ein moderner Musiker trimetrische Reihen im Sinne der antiken Trimeter angewandt hat, freilich nicht Trimeter aus $^3/_8$-Tacten, sondern Trimeter aus $^2/_4$-Tacten, von denen je zwei zu einem zusammengesetzten $^4/_4$-Tacte vereint sind.

Trimeter.

Dimeter.

Trimeter.

Dimeter.

Dimeter.

In derselben Weise wie den Rhythmus der ersten und dritten vorliegenden Reihe haben wir uns den Rhythmus des antiken Trimeters zu denken, nur müssen wir im Gedanken $^3/_8$-Tacte statt der hier zu Grunde liegenden $^2/_4$-Tacte substituiren. Es sei aber noch bemerkt, dass die beiden ersten Reihen Beethovens, obwohl sie ein Trimeter und ein Dimeter sind, dennoch nicht der aus Trimeter u. Dimeter bestehenden Epodenstrophe des Archilochus entsprechen, denn in den letzteren findet mit dem Ende des Dimeters der periodische Schluss statt, was dort nicht der Fall ist. Beethoven hat vielmehr im Anfange eine Periode aus drei Reihen gebildet, zwei Trimeter einen Dimeter umschliessend, so dass dieser letztere nicht die Stelle eines Epodon, sondern vielmehr, wie wir im Sinne der Alten sagen müssen, eines Mesodikons hat. Sie wird als willkommene moderne Analogie für eine in der chorischen Musik der Alten häufig gebrauchte Art der rhythmischen Periodisirung, von der wir im dritten Abschnitte zu sprechen haben, dienen können.

Diese Beobachtung des antiken Trimeters wird zu der Ueberzeugung führen, dass die Differenzen zwischen antiker und moderner Rhythmik nicht minder gross sind wie die Differenzen zwischen dem tonischen Theile der antiken und modernen Musik. Die Grundlagen der Rhythmik sind den Alten und Modernen durchaus gemeinsam, aber die Kunst der beiden so sehr verschiedenen Zeiten ist von der gemeinsamen Grundlage aus einem im Einzelnen sehr verschiedenen Weg gegangen, so dass uns Neueren das Antike wenigstens als etwas sehr Ungewöhnliches erscheinen muss.

Eine andere Thatsache der antiken Rhythmik, die ebenfalls durch Archilochus die Sanction der Kunst erhält, ist noch viel befremdlicher. Sowohl in der trochäischen als in der iambischen Reihe bildet, wie wir gesehen, die Dipodie d. i. der $^6/_8$-Tact ein rhythmisches Semeion (einen schweren oder leichten Tacttheil). Die Griechen gebrauchen im poetischen Texte am Ende einer solchen trochäischen Dipodie willkürlich eine kurze oder lange Silbe:

$$-\cup-\breve{\cup},\ -\cup-\breve{\cup},$$

analog auch in einer iambischen Reihe (bei anlautendem Auftacte)

$$\breve{\cup},\ -\cup-\breve{\cup},\ -\cup-.$$

Aus dem Berichte der alten Rhythmiker ergibt sich nun ganz unzweifelhaft, dass eine solche statt der Kürze stehende Länge in ihrer Zeitdauer

die Mitte zwischen der gewöhnlichen einzeitigen Kürze und der gewöhnlichen zweizeitigen Länge hält, d. h. eine anderthalbzeitige Silbe ist; —
„irrationale Länge" nennen sie die Alten. Bezeichnen wir die Kürze
durch unser Achtel, die Länge durch unser Viertel, so müssen wir die
irrationale Länge der Forderung des Aristoxenus nachkommend durch
ein punctirtes Achtel bezeichnen; wir haben also die obigen Reihen
mit unsern Noten folgendermaassen auszudrücken:

Uns Modernen will diese Zulässigkeit eines ritardando für den
schliessenden leichten Tacttheil des $^6/_8$-Tactes durchaus nicht einleuchten, aber die Angaben der alten Rhythmiker sind derartig, dass
wir mit dem besten Willen diese retardirende Messung der antiken
Trochäen und Jamben nicht in Abrede stellen können. In Liedern des
pathetischen und erhabenen Stils (z. B. in den trochäischen und jambischen Strophen des Aeschylus) ist sie ausgeschlossen, die Verse des
dramatischen Dialogs und die Lieder der Komödie haben grosses Gefallen daran, auch bei Archilochus ist die Verlängerung durchaus legitim,
wenn gleich nicht so häufig wie später bei den Dramatikern. Auf die
Alten müssen die irrationalen retardirenden leichten Tacttheile an der
angegebenen Stelle der Trochäen und Jamben den Eindruck des Gemäch-
lichen und Leichten gemacht haben; nicht erst Archilochus wird sie
erfunden haben, sondern ohne Zweifel kamen sie längst in dieser Weise
in den Volksgesängen vor, aus denen Archilochus die jambischen und
trochäischen Rhythmen entlehnt hat. Es wird uns wohl schwerlich
gelingen, diese Eigenthümlichkeit der alten Musik mit unserem Gefühle
und unserer Anschauung zu ermitteln.

Um so leichter befreunden wir uns mit einer den Schluss der
Archilocheischen Perioden oder Reihen betreffenden Bildung, in der
die antike Musik mit der modernen durchaus übereinkommt. Man liebte
im Alterthum ebenso wie bei uns für den Schluss kräftige rhythmische
Formen. Namentlich wird kein Ausgang auf einem leichten Tacttheil
geliebt. Im dactylischen Hexameter ist er zwar vorhanden, aber das
elegische Metrum hat den schliessenden leichten Tacttheil abgeworfen,
und so sehen wir auch in den $^3/_8$-Rhythmen des Archilochus überall
einen Ausgang der Periode auf den starken Tacttheil. Bei den jambi-

schen Formen versteht sich derselbe von selbst, aber auch bei den Trochäen findet er statt:

$$\cup - \cup -, \cup - \cup -, \cup - \cup -$$
$$- \cup -, - \cup - \cup | - \cup - \cup , - \cup -$$

Es geht das Streben nach kräftigem Schlusse aber noch weiter, denn sowohl in den Jamben wie auch in den Trochäen wird auch häufig der der schliessenden Ictussilbe vorausgehende leichte Tacttheil nicht durch eine besondere Silbe, sondern durch Verlängerung der vorletzten Ictussilbe ausgedrückt. Neben dem gewöhnlichen Trimeter

$$\cup - \cup -, \cup - \cup -, \cup - \cup -$$

kommt auch bei Archilochus der sogenannte katalektische Trimeter vor

d. h. ein jambischer Trimeter, welcher an vorletzter Stelle eine dreizeitige Länge (punctirtes Viertel) hat. Ebenso gebraucht Archilochus auch analog gebildete trochäische Reihen, für welche die antike Metrik den Ausdruck brachykatalektisch besitzt:

Von dieser letzteren Reihe werden wir noch weiter zu reden haben.

Alle bisher besprochenen Metra des Terpander, Klonas und Archilochus gehen mit Ausnahme der aus dreizeitigen Längen bestehenden auf die beiden Tactformen $- \cup \cup$ und $- \cup$ zurück, von denen jene die Grundform des $^2/_4$-, diese des $^3/_8$-Rhythmus ist. Archilochus combinirt nun Reihen aus diesen beiden Metren in ein und derselben Periode:

In der ersten dieser beiden Perioden ist eine dactylische Tetrapodie mit der zuletztgenannten brachykatalektischen trochäischen Reihe verbunden, in der zweiten Periode geht derselben trochäischen Reihe eine dactylische Reihe mit Auftact oder, nach gewöhnlicher Nomenclatur, eine anapästische Reihe voraus. In dem bei Plutarch überlieferten Kataloge der Archilocheischen Erfindungen wird die erstere Periode als ἡ τοῦ ἡρώου αὔξησις oder ηὐξημένον ἡρῶον, die zweite als προσοδιακόν

bezeichnet, zwei Namen, von denen mindestens der erstere erst einer
sehr späten Zeit angehört. Was sollen wir vom Rhythmus dieser Periode
urtheilen? Bezeichnet die Tactform — ◡ ◡ auch hier einen $^3/_4$-Tact?
Dann lieferte Archilochus in diesen Bildungen die frühesten Beispiele
eines Tactwechsels, indem die erste Reihe der Periode dem $^2/_4$-, die
zweite Reihe dem $^3/_4$-Tacte angehören würde. Der Tactwechsel ist
in unserer heutigen Musik etwas sehr Seltenes, in der Theorie der
griechichen Rhythmik aber spielt er eine grosse Rolle und wir werden
späterhin mehrere rhythmische Bildungen antreffen, in denen ein ähnlicher Tactwechsel mit Sicherheit vorausgesetzt werden muss. Ebendaselbst aber werden wir die Grenzen kennen lernen, in denen sich
der Tactwechsel hielt, und die dort zu gebende Erörterung wird wohl
kaum einen Zweifel lassen, dass in der vorliegenden Periode des
Archilochus kein Tactwechsel stattfindet. Nehmen wir für sie eine
Tactgleichheit an, so müssen die beiden Tactformen — ◡ ◡ und — ◡,
die hier vereint sind, denselben Tactumfang und dieselbe rhythmische
Gliederung haben: beide müssen entweder $^3/_8$- oder $^2/_4$-Tact sein.
Die alten Rhythmiker überliefern nun auch, dass es einen Dactylus gibt,
der dem Trochäus im Rhythmus gleich steht und dessen erste Länge
keine zweizeitige, sondern eine irrationale von einem zwischen der
zweizeitigen Länge und der einzeitigen Kürze in der Mitte stehenden
Zeitumfange ist. Man ist übereingekommen, solche verkürzte, dem
Trochäus ähnliche Dactylen als kyklische Dactylen zu bezeichnen. Die
genauere Messung der Silben des kyklischen Dactylus ist von den Alten
nicht angegeben. Man wird aber kaum ein Bedenken tragen, anzunehmen, dass sie dabei einen $^3/_8$-Tact im Auge hatten, dessen letztes
Achtel mit der Schlusskürze des Dactylus zusammentrifft, während die
erste Kürze desselben nicht die ganze Dauer des zweiten Achtels hat,
sondern kürzer als dieselbe ist. Tactiren wir nämlich die drei Achtel:
„ein —, zwei —, drei —“, so wird die erste Kürze des Dactylus zwischen
„zwei“ und „drei“ fallen. Die moderne Tactform, welche diesem dreizeitigen Dactylus entsprechen würde, würde folgende sein:

so dass sich also die Archilochische Periode

durch unsere Noten folgendermaassen ausdrücken liesse:

Aber völlig genau würden wir durch Statuirung einer solchen Messung der Forderung der alten Theoretiker nicht nachkommen. Diese verlangen nämlich, dass innerhalb ein und desselben Tactes jedesmal die Länge in ihrem Zeitumfange doppelt so gross sein muss wie die ihr unmittelbar folgende Kürze, und dies ist bei der Messung

(a)

nicht der Fall, denn hier ist die erste Länge dreimal so lang wie die ihr folgende Kürze. Um die theoretische Bestimmung der Alten genau durch unsere Notirung einzuhalten, müssen wir die Triolenform in Anwendung bringen

(b)

eine Notirung, welche besagt, dass die beiden ersten Noten zusammen den Zeitumfang eines Viertels haben und dass zugleich die erste dieser Noten doppelt so lang als die zweite ist. Man sieht aber sogleich, dass der Unterschied zwischen den mit (a) und (b) bezeichneten Tactformen nur ein theoretischer ist, denn das Ohr hört ihn nicht.

So viel über die dreizeitigen Dactylen des Archilochus. Archilochus ist nicht bloss der erste, welcher den trochäischen und jambischen ³/₈-Tact aus dem Volksliede in die Kunst eingeführt hat, sondern er hat diesen Tact auch durch die Form des Dactylus ausgedrückt, und diese Sylbengruppe, die bis dahin lediglich ein gerader ²/₄-Tact gewesen war, auch zum Träger des ³/₈-Tactes gemacht. Die spätere Zeit hat diese Neuerung des Archilochus in der umfassendsten Weise ausgebeutet; wir müssen es schon hier als etwas für die Stellung des Archilochus und der späteren Kunst ungemein Charakteristisches im Voraus erwähnen, dass die letztere in ein und derselben rhythmischen Reihe die trochäischen und kyklisch-dactylischen Formen mit einander vereint, z. B.

während Archilochus sich noch die Schranke auferlegt, dass er zwar eine kyklisch-dactylische und eine trochäische Reihe zu ein und derselben Periode vereint, aber jede der hier vereinten Reihen ist an sich eine ungemischte, lediglich aus Dactylen oder lediglich aus Trochäen bestehende Reihe.

Der von Plutarch aufgenommene Bericht legt dem Archilochus
ausser den bisher besprochenen Rhythmen auch noch den kretischen
Rhythmus d. h. den $^5/_8$-Tact sowie den Päon epibatus d. i. den $^5/_4$-Tact
bei. Dies ist sicherlich ein Irrthum. Denn wir finden nicht bloss in
den Archilocheischen Fragmenten ganz und gar nichts, was hierauf
hindeutet, sondern wir besitzen auch das ausdrückliche Zeugniss des
Glaukus von Rhegium, dass sich Archilochus dieser Rhythmen nicht
bedient habe. Wir werden bei Olympus und Thaletas von diesen fünftheiligen Tacten zu reden haben. Endlich fügt jener Bericht hinzu:
„Von Einigen wird dem Archilochus auch die Erfindung des elegischen
Maasses zugeschrieben." Dies Maass ist allerdings häufig von ihm
gebraucht worden, und er ist mit Kallinus der älteste Dichter, von dem
die spätere Zeit elegische Disticha besass, aber der Erfinder ist er
ebenso wenig wie Kallinus, dem Andere den frühesten Gebrauch dieses
Metrums zuschreiben. Wir müssen uns auch hier an Glaukus anschliessen, nach welchem der Aulode Klonas, der Componist elegi-
scher Nomoi, älter als Archilochus ist.

Es wäre hier nun auch noch der Ort, von der strophischen
Gliederung bei Archilochus zu reden, leider aber sind wir gerade über
diesen Punkt bei der Lückenhaftigkeit der Fragmente nicht genau
unterrichtet. Insonderheit geben uns seine in jambischen Trimetern
und trochäischen Tetrametern gehaltenen Gedichte keinen Anhalte-
punkt, um hier irgend eine strophische Anordnung erkennen zu lassen.
Und doch kann kaum daran gezweifelt werden, dass diese Gedichte
nicht durchcomponirt waren, wie es bei den Nomen des Terpander
der Fall war, sondern dass jedesmal nach einer bestimmten Anzahl
von Versen dieselbe Melodie wiederholt wurde. Die Gedichte aus
wechselnden Versen, z. B. aus jambischen Trimetern und Dimetern, sind
entschieden strophisch, und zwar waren hier entweder je zwei oder
je drei Reihen zu einer einheitlichen Strophe vereint; die eingehendere
Erörterung dieser Archilocheischen Compositionsmanier gehört indess
der speciellen Metrik an.

II. Die Entasis nicht homogener Rhythmen. Die zweite
Kategorie der Archilocheischen Neuerungen bezeichnet der Plutarchische
Bericht zunächst als τὴν εἰς τοὺς οὐχ ὁμογενεῖς ῥυθμοὺς ἔντασιν und führt sie
weiterhin folgendermaassen im Einzelnen aus: ἥ τε τοῦ ἰαμβείου πρὸς τὸν
ἐπιβατὸν παίωνα ἔντασις καὶ ἡ τοῦ ἡὐξημένου ἡρῷον εἴς τε τὸ προσοδιακὸν καὶ
τὸ κρητικόν. Dies sind drei Verbindungen: 1) die Anfügung eines
jambischen Rhythmus zum Päon epibatus. Was der Päon epibatus ist,

steht durch die Ueberlieferung völlig fest, nämlich ein $^5/_4$-Tact mit
einem Auftacte von zwei Vierteln, dargestellt durch fünf Längen
_ _ ⌐ _ _. Diesem $^5/_4$ Tact soll Archilochus einen jambischen Rhythmus hinzugefügt haben. Es ist nicht gesagt, wie diese Verbindung
verstanden werden soll, ob die Verbindung eines Päon epibatus und
Jambeions zu einer einheitlichen Periode gemeint ist, oder ob von
einer Composition die Rede ist, deren erster Theil den Päon epibatus
und deren zweiter Theil den Jambus zum Rhythmus hat. Für das
letztere spricht die Analogie einer Composition des Olympus, welche
nach Plut. 33 in der Introduction aus epibatischen Päonen besteht,
während der Haupttheil in Trochäen gehalten ist. Dies ist die einzige
genauere Notiz, die wir über die Anwendung des Päon epibatus besitzen. 2) Die Anfügung eines erweiterten heroischen Metrums d. i.
der Periode

$$\textemdash \cup \cup \textemdash \cup \cup \textemdash \cup \cup \textemdash \cup \cup \mid \textemdash \cup \textemdash \cup \textemdash \breve{}$$

an das Prosodiakon. Bei dem letzteren werden wir zunächst an das
zusammengesetzte Prosodiakon

$$\breve{} \textemdash \cup \cup \textemdash \cup \cup \textemdash \ \breve{} \mid \textemdash \cup \textemdash \cup \textemdash \breve{} \ \cdot$$

zu denken haben, dessen Anwendung bei Archilochus gesichert ist;
möglicher Weise kann aber auch das einfache Prosodiakon

$$\breve{} \textemdash \cup \cup \textemdash \cup \cup \textemdash$$

gemeint sein. Es scheint, als ob in der in Rede stehenden Archilocheischen Composition das Prosodiakon vorausging und das erweiterte
heroische Metrum nachfolgte, also etwa

$$\breve{\acute{}} \cup \cup \textemdash \cup \textemdash \cup \cup \textemdash$$
$$\textemdash \cup \cup \textemdash \cup \cup \textemdash \cup \cup \textemdash \cup \cup \mid \textemdash \cup \textemdash \cup \textemdash \breve{}$$

3) Die Anfügung des erweiterten heroischen Metrums an das kretische,
also etwa

$$\textemdash \cup \textemdash \textemdash \cup \textemdash$$
$$\textemdash \cup \cup \textemdash \cup \cup \textemdash \cup \cup \textemdash \cup \cup \mid \textemdash \cup \textemdash \cup \textemdash \breve{}$$

Alle diese angeblichen Archilocheischen Verbindungen sind uns durchaus räthselhaft, denn wir finden keine Spur in den Fragmenten des
Archilochus, dass sich derselbe solcher Metra bedient haben sollte. Am
wenigsten nehmen wir an der unter 2 bezeichneten „Entasis" als
einem Archilocheischen Metrum Anstoss, aber die an erster und dritter
Stelle angegebene „Entasis", in welcher das eine Glied der Verbin-

dung ein Päon epibatus oder ein Kretikon ist, also ein $5/4$- oder $5/8$-
Tact, will uns ganz und gar nicht Archilochisch scheinen. Glaukus von
Rhegium, an dem wir festzuhalten haben, erklärt Plut. mus. 10 ausdrücklich von den Päonen und den Kretikern, dass Archilochus diese
fünftheiligen Tactformen nicht angewandt habe, sondern dass sie
zuerst in der Aulesis des Olympus und der chorischen Musik des Thaletas vorgekommen seien.

III. Melodramatischer Vortrag, Parakataloge. Plutarch nennt
in der allgemeinen Aufzählung der Archilocheischen Erfindungen an
dritter Stelle die Parakataloge. In der Specialisirung derselben sagt er
an dritter Stelle: „Ferner heisst es von Archilochus, dass er es sei,
welcher zuerst gezeigt habe, bei jambischen Compositionen die eine Partie
zur Begleitung sprechend vorzutragen, die anderen zu singen; späterhin
haben auch die tragischen Dichter diesen Gebrauch aufgenommen und
Krexos hat denselben auf die Dithyramben-Composition übertragen."
Ein Blick auf die S. 117 gegebene tabellarische Zusammenstellung wird
keinen Zweifel lassen, dass dieser Satz die Ausführung und Erläu-
terung der Parakataloge sein soll, über deren Bedeutung frühere
Ausleger so vielfach geschwankt haben.   Was wir sonst von der Parakataloge wissen, steht in den Aristotelischen Problemen 19,6: „Wes-
halb ist die Parakataloge in den Gesängen etwas Tragisches? Etwa
wegen der Ungleichförmigkeit? Denn im Ungleichförmigen liegt der
Charakter des Schmerzes auch beim Uebermaasse des Glückes oder
Unglückes; das Gleichmässige ist weniger schmerzensvoll".   Wenn
Aristoteles sagt: die Parakataloge im Gesange sei etwas Tragisches, so
ist ohne Zweifel damit ausgesprochen, dass die Parakataloge in der
Tragödie angewandt wird — ebenso ist auch die in Rede stehende
Erfindung des Archilochus, von der Plutarch erzählt, später in die
Tragödie aufgenommen.   Aristoteles bezeichnet ferner die Parakataloge im Gesange als etwas Ungleichmässiges; dies ist auch die in Rede
stehende Erfindung des Archilochus, denn sie besteht eben darin, dass
die Jamben nicht fortwährend gesungen werden, sondern dass ein
Wechsel zwischen Gesang und Recitation eintritt, während die Stimme
des begleitenden Instrumentes auch in den recitirten Partien weiter
fortgeführt wird.   Was also aus dem innerhalb des Plutarchischen Kapitels eingehaltenen Parallelismus hervorgeht, dass ein solcher Wechsel
zwischen Gesang und Declamation den Namen Parakataloge führt, dies
wird durch die Stelle des Aristoteles in jeder Weise bestätigt.   Auch
der Name Parakataloge erklärt sich bei dieser Bedeutung in völlig ge-

nügender Weise; er bedeutet „Dazu-Sprechen“, nämlich ein Sprechen
zur Begleitung („*λέγεσθαι παρὰ τὴν κροῦσιν*“ Plut.); es ist durch
dies Wort diejenige Seite des bald singenden, bald sprechenden Vortrags bezeichnet, welche eben das Anomale ist, nämlich eben die
Sprechpartie; ohne dieselbe würde der Vortrag ein gleichmässiger Gesang sein.

Wir erfahren also, dass diejenige Art des Vortrags, welche wir
Neueren den melo-dramatischen Vortrag nennen, den Alten nicht unbekannt war. Er kam in der Tragödie vor, aber sein Ursprung ist
älter, denn schon Archilochus hat ihn angewandt, indem er ihn mit
dem Gesange abwechseln liess. Er kam dem Berichte des Plutarch
zufolge in den Jamben des Archilochus vor, unter denen wir nichts
anderes, als die jambischen Trimeter zu verstehen haben. Die jambischen Gedichte des Archilochus wurden also so vorgetragen, dass einzelne Partien gesungen, andere melodramatisch recitirt wurden. Auf
uns Moderne würde die Einschiebung von Sprechpartien in den Gesang zunächst den Eindruck des Komischen machen, und in diesem
Sinne wird auch Archilochus die Parakataloge verwandt haben, denn
gerade seine in Jamben gehaltenen Gedichte sind vorwiegend Spott-
gedichte. Von dieser Voraussetzung, dass die Parakataloge zunächst
etwas Komisches sei, scheint auch Aristoteles auszugehen, wenn er
mit Rücksicht auf die Verwendung derselben in der Tragödie die Frage
aufwirft: „wie es komme, dass dieselbe einen tragischen Eindruck
hervorrufen könne?“ Dass dies recht gut möglich ist, lehren unsere
Melodramen, in welchen die Parakataloge ja häufig genug für tragische
Süjets verwandt ist.

Da uns nicht ein einziges jambisches Gedicht des Archilochus erhalten ist, kann auch kein Versuch gewagt werden, über die beiden
Seiten der Archilocheischen Parakataloge mit Hülfe des poetischen
Textes ins Klare zu kommen und etwa die Frage nach einer strophischen Gliederung den Trimeter damit in Zusammenhang zu bringen, die
sonst nahe genug liegen würde. Der volksmässigen Weise, der die
ganze Kunst des Archilochus angehört, würde die Annahme angemessen
sein, dass der Anfang der Strophen oder wie man die einzelnen Abschnitte des jambischen Gedichtes zu nennen haben würde, unter Instrumentalbegleitung parlando vorgetragen sei, und dass am Strophen-
schlusse, namentlich bei den hier sicherlich oft angewandten Refrains
der Vortrag in einen eigentlichen Gesang übergegangen sei. Dies ist
nachweislich alte griechische Volksweise. Es wird uns vom Scholiasten

zu Pind. Ol. 9, 1 erzählt, dass das bei den Olympischen Spielen ver-
sammelte Volk einen dreimaligen Refrain

τήνελλα καλλίνικε

gesungen habe zu den Worten, womit der Name eines Siegers ver-
kündet wurde. Mochte auch Name und Vaterland des Siegers jedesmal verschieden sein, so muss doch die Formel der Verkündigung im
Uebrigen eine stereotype gewesen sein und dreimal ertönte in diese
Formel jener jauchzende Refrain (Pindar nennt ihn Ol. 9, 2 „*καλλίνικος
ὁ τριπλόος κεχλαδώς*"), so dass die Scholiasten von drei Strophen reden.
Diese Situation benutzt Aristophanes in den Acharnern, um den siegenden
Trinker Dikaiopolis durch das in Olympia erschallende *τήνελλα καλλίνικος* zu verherrlichen und das Stück mit einer vom Publikum gewiss
sehr beifällig aufgenommenen Effectscene abzuschliessen. Nun bezeichnet Pindar an der oben angegebenen Stelle den jubelnden Olympischen Zuruf als ein *Ἀρχιλόχου μέλος* und auch die alten Grammatiker
sind der Meinung, dass das Volk zu Olympia dem Sieger einen Vers
aus einem Archilocheischen Gedichte zugerufen habe. Es gab in der
That ein Archilocheisches Gedicht, welches den Herakles als den ältesten Olympischen Sieger feierte; die Scholiasten zu der Stelle des
Pindar und der Aristophaneischen Acharner theilen daraus die Verse
mit:

Τήνελλα καλλίνικος, ὦ χαῖρ᾽ ἄναξ Ἡράκλεες,
αὐτός τε καὶ Ἰόλαος, αἰχμητὰ δύο,

denn so wird man wohl der von Pindar und Aristophanes gebrauchten
Form *καλλίνικος* und ὦ *τήνελλα καλλίνικος* gemäss statt der von den Scholiasten gebrauchten Form *καλλίνικε* zu lesen haben*). Aber sicherlich
haben die Alten Unrecht, wenn sie den Olympischen Chor jene Worte
aus dem Gedichte des Archilochus entlehnen lassen; der Zusammenhang ist vielmehr der umgekehrte: Archilochus hat den zur Feier des
Herakles von ihm entlehnten Refrain ebenso wie später Aristophanes
aus dem volksmässigen Zurufe zu Olympia entlehnt, der dort seit alter
Zeit in ungeänderter Weise dreimal in die Formel der Siegesver-
kündigung eingeschaltet wurde   Liegt demnach nicht die Annahme
nahe genug, dass Archilochus auch auf die ihm zugeschriebene Erfindung, auf Sprechpartien eine melische Partie folgen zu lassen, durch
jene ihm wohlbekannte volksthümliche Weise des dreimaligen *τήνελλα*

---

*) Das Metrum ist dasselbe wie *Δήμητρος ἁγνῆς καὶ κόρης τὴν πανήγυριν
σίβων*; bei anderer Lesung werden sich die Worte keinem Metrum fügen.

καλλίνικος, die sicherlich nicht ohne weitere Parallelen dagestanden haben wird, geführt worden sei?

IV. **Die Instrumentalbegleitung.** Der Plutarchische Bericht führt, nachdem er die neue Rhythmopöie, die Entasis nicht homogener Rhythmen und die Parakataloge als Erfindungen des Archilochus aufgezählt, als vierte Archilocheische Erfindung folgende hinzu: „Die hierzu gehörende Krusis d. i. Instrumentalbegleitung". Das Wort „hierzu gehörende" (*περὶ ταῦτα*) ist nicht bloss auf die Parakataloge zu beziehen, sondern auch die an erster und zweiter Stelle genannten rhythmischen Compositionsarten. In der weiter unten folgende Ausführung dieser vierten Archilocheischen Erfindung heisst es bei Plutarch: „Man glaubt endlich auch, dass zuerst Archilochus die von den Tönen des Gesanges verschiedene Instrumentalbegleitung erfunden habe, während die Alten die Töne des Gesanges überall mit unisonen Instrumentaltönen begleitet hätten." Das ist jedenfalls der Sinn der Plutarchischen Worte. Wir haben hiermit die entschiedene Ueberlieferung, dass zwar bei den „Alten" die Töne des Gesanges und die gleichzeitigen Töne des begleitenden Instrumentes unison waren, dass dagegen bereits Archilochus auf der höheren Entwickelungsstufe der Kunst gestanden, in welcher die Musik zwar nicht innerhalb des Gesanges, aber doch durch den Verein von Gesang und Begleitung zu einer mehrstimmigen geworden ist. Wir haben zwar gesehen, dass der Plutarchische Bericht dem Archilochus einerseits bereits Manches beilegt, was ihm nicht angehört (kretischen Rhythmus und epibatischen Päon), und andererseits ihn als ersten Erfinder von Kunstformen gelten lässt, welche bereits vor ihm vorhanden waren (elegisches Metrum), und so müssen wir denn wohl auch diese Notiz über Archilochus' Art der Begleitung als einen nicht ohne weiteres völlig authentischen Bericht ansehen. Wir haben hier zwei Fragen aufzuwerfen. Einmal: verhält es sich mit dieser Krusis des Archilochus wie mit seinem angeblichen Kretischen und Epibatischen Rhythmus? d. h. gehört die mehrstimmige Musik gleich diesen fünftheiligen Rhythmen erst einer späteren Zeit an? Diese Frage zu bejahen, liegt durchaus kein Grund vor. Der fünftheilige Rhythmus wird durch ein sehr gewichtiges Zeugniss, nämlich durch Glaukus' alte Schrift dem Archilochus abgesprochen, aber der Mehrstimmigkeit Archilocheischer Musik steht in keiner Weise ein Zeugniss entgegen. Vielmehr deutet die uns auf das entschiedenste bezeugte Mehrstimmigkeit der Musik in dem alterthümlichen Tropos spondaikus darauf hin, dass die Ueberwindung der einstimmigen Musik schon in früher Zeit stattgefunden haben muss.

Die zweite Frage ist die, ob Archilochus in Wahrheit der erste Erfinder der Mehrstimmigkeit ist? Und hierauf werden wir wohl die Antwort geben müssen, dass es sich mit der Plutarchischen Angabe über Mehrstimmigkeit des Archilochus ebenso verhält, wie mit dem elegischen Rhythmus, den Plutarch ebenfalls als Erfindung des Archilochus aufführt, obwohl er sicherlich älter ist. Schon die Aulodik des Klonas, die sich des elegischen Rhythmus bediente, muss auch mehrstimmige Musik gekannt haben, und auch dem Terpander werden wir sie schwerlich absprechen können. Freilich waren nicht Alle der Ansicht des Glaukus Rheginus, dass Terpander und Klonas älter als Archilochus seien —, auch der Berichterstatter, dem Plutarch in unserer Stelle folgt, befindet sich in Bezug auf die Rhythmen des Archilochus, wie wir gesehen, in Meinungsverschiedenheit mit Glaukus. Wer also von Glaukus abweichend den Terpander und Klonas für jünger als Archilochus hielt, der konnte immerhin sagen, dass Archilochus der Meister sei, bei welchem zuerst eine mehrstimmige Musik vorgekommen sei, während die Alten nur einstimmige Musik gekannt hätten. Wer aber, wie es durchaus nothwendig ist, in der Chronologie den Glaukus zum Führer nimmt, der wird unter den „Alten, welche die Melodie mit unisoner Krusis begleiteten", nicht den Terpander und Klonas, sondern die dem Terpander vorausgehende Stufe der Musik, die durch mythische Namen wie Orpheus u. s. w. repräsentirt ist, zu verstehen haben.

Etwas weiteres über die von Archilochus angewandte Instrumentalbegleitung ist uns, abgesehen von der oben erörterten Parakataloge, nicht überliefert, wenn nicht, wie es scheint, eine Notiz aus der Schrift περὶ μουσικῆς hierher zu ziehen ist, welche Phyllis aus Delus wahrscheinlich noch vor Aristoxenus etwa gleichzeitig mit Glaukus verfasst hat (vgl. Jahn Censorin IX. p. 87). Aus dieser Schrift theilt Athenäus 14, p. 636 b folgende Stelle mit: ἐν οἷς τοὺς ἰάμβους ᾖδον, ἰαμβύκας ἐκάλουν· ἐν οἷς δὲ παρελογίζοντο τὰ ἐν τοῖς μέτροις, κλεψιάμβους, d. i. die Instrumente, zu welchen man die Jamben sang, nannte man Jambyken; diejenigen, zu welchen man die metrischen Partien sprach, Klepsiamben. Dies scheinen zwei Seiteninstrumente zu sein, welche nicht beim Vortrage der dramatischen Jamben, sondern von den jonischen Jambographen, zu denen Archilochus gehört, angewandt wurden. Dem widerspricht nicht, dass das eine dieser Instrumente, der Klepsiambus, von Aristoxenus (Athen. 4, 183 f.) zugleich mit der Pektis, Magadis, Sambyke und anderen Seiteninstrumenten zu den aus der Fremde gekommenen, nicht ächt hellenischen Instrumenten gerechnet wird, denn auch bei den übrigen griechischen Lyrikern des jonischen und äolischen Ostens sind unhellenische Saiteninstrumente im Gebrauch. Nach einer anderen Stelle (Hesych. s. v. κλεψίαμβοι) soll Aristoxenus mit dem Worte Klepsiamben eine bestimmte poetische Gattung des Alkman bezeichnet haben, woraus wenigstens dies hervorgeht, dass dies Instrument schon der älteren Zeit angehört und der Periode des Archilochus mindestens nicht fern steht. Um nun auf die Notiz des Phyllis zurückzugehen, so gebrauchte man die Jambyke, wenn man Jamben sang, den Klepsiambos, wenn man metrische Partien sprach (τὰ ἐν τοῖς μέτροις παρελογίζοντο). Dass unter diesen metrischen Partien Jamben zu verstehen sind, geht wohl aus dem Namen Klepsjambos, aus dem Ausdrucke παρελογίζοντο und aus dem unmittelbar vorhergehenden τοὺς ἰάμβους ἦδον auf das unzweideutigste hervor. Die Klepsiamben sind demnach die Instrumente, welche bei der Archilocheischen Parakataloge d. h. bei dem Parlandovortrage der Jamben angewandt wurden; der Ausdruck παραλογίζειν hängt hierbei auf das innigste mit παρακαταλογή zusammen und in dem Worte κλεψίαμβος („Täuschiambe") liegt eben der Eindruck des Unerwarteten, den man empfängt, wenn man glaubt, zum Saiteninstrumente wie gewöhnlich einen Gesang zu hören und statt dessen gesprochene Worte vernimmt. Den Klepsiamben gegenüber sind dann die Jambyken diejenigen Saiteninstrumente, deren man sich zur Begleitung eigentlicher Lieder des jambischen Metrums, in denen keine Parakataloge angewandt wurde, bediente.

4. Olympus.

Es waren die Normen der Kitharodik und Aulodik durch Terpander und Klonas bereits festgestellt, als die Griechen durch fremde Musiker, welche aus dem Inneren Kleinasiens herübergekommen waren, mit einem neuen Zweige der musischen Kunst bekannt wurden: nämlich der Auletik. Die Instrumente dieser Fremdlinge, die Auloi, waren freilich längst schon bei den Griechen in Gebrauch, aber die Griechen wandten die Auloi nur als Begleiter des Gesanges an, jetzt hörten sie ein Aulosspiel ohne Gesang, eine reine Instrumentalmusik, eine ψιλὴ αὔλησις. Zugleich hörten sie Melodien in neuen Tonarten, in Dur-Tonarten, von denen sie ganz anderes, als von ihrem nationalen Moll afficirt wurden.

Die fremden Auleten stammten aus Phrygien. Dort sei, sagte man, die Heimath der Auletik. Hyagnis habe sie erfunden, habe sie seinem Sohne und Schüler Marsyas oder Masses und dieser wieder dem

Olympus gelehrt. Das sind die Namen für die alten mythischen
Stammväter der Instrumentalmusik auf dem Aulos, die angeblich noch
vor der Zeit des troischen Krieges gelebt haben sollen. Sie stehen in
derselben Kategorie mit Chrysothemis und Philammon, mit dem Aeolier
Orpheus, mit dem Trözenier Ardalus, aber es sind keine Hellenen,
sondern Barbaren: ihre Auletik, die des Gesanges entbehrt, ist an
sich dem griechischen Geiste etwas Fremdes, und Apollo, der Gott der
musischen Kunst der Hellenen, kann jenen barbarischen Musikern
nicht anders als feindselig gesinnt sein. Erst spät fand dieser Zweig
der Musik in den apollinischen Agonen zu Delphi Zutritt, als ein echt
hellenischer Künstler Sakkadas ihn im hellenischen Geiste umgeformt
hatte. Erst da, so berichtet Pausanias, befreundete sich Apollo mit
der Auletik, die er bis dahin von seinem Heiligthum abgewiesen hatte.
Die Sage vom Kampfe des Gottes mit Marsyas und die Rache, die er
an ihm für seinen Uebermuth genommen, gehört sicherlich nicht
dem traditionellen Sagenkreise jener phrygischen Auleten an, sondern
ist erst auf hellenischem Boden in der Reaction altgriechischer Musik
gegen diese Weisen der Barbaren entstanden.

   Man redete aber auch von einem zweiten Olympus, einem Nachkommen jenes alten mythischen Schülers des Marsyas. Er gilt als
eine historische Person, er ist das Haupt der in Griechenland einwandernden Auleten. Krates und Hierax werden seine Schüler genannt. Schon Pratinas, der ältere Zeitgenosse des Pindar und
Aeschylos, unterscheidet einen älteren und einen jüngeren Olympus.
Plut. mus. 7. Der jüngere Olympus gilt als der Componist der
meisten auletischen Nomen, die noch späterhin in Griechenland in
grossem Ansehn standen. Manche werden auch auf seinen Schüler
Krates oder gar auf den alten Olympus zurückgeführt. Lässt sich
auch das historische Factum von einwandernden Auleten in der Zeit
nach Terpander und Klonas nicht im Mindesten abstreiten, so muss
doch immer fraglich bleiben, ob der Name Olympus nicht ein allgemeiner
Gattungsbegriff und ob der sogenannte zweite Olympus überhaupt eine
feste historische Persönlichkeit ist. Von den Städten, wo Terpander
und Klonas gewirkt, haben wir genaue Kunde, aber keiner der alten
Berichterstatter sagt, in welcher Landschaft Griechenlands sich Olympus
mit seinen Schülern aufgehalten hat. Wahrscheinlich ist es der dorische
Peloponnes, wie aus der Beziehung zwischen Olympus' angeblichem
Schüler Hierax und dem Argiverlande hervorgeht.

   Wir haben schon oben angedeutet, dass zuerst ein feindlicher

Gegensatz der national-hellenischen Musik gegen diese fremde stattgefunden haben muss. Aber auch sonst sind die Griechen nicht grade
spröde in der Aufnahme fremder Culturelemente, und so dürfen wir
uns auch nicht wundern, wenn die Auletik des Olympus in der Geschichte
der griechischen Musik bald eine grosse und hervorragende Rolle spielt.
Man musste die grössere Virtuosität der fremden Musiker in der Behandlung der Auloi anerkennen und so treten phrygische Auleten als
Begleiter der Gesänge griechischer Componisten auf. So lässt Alkman
seine Chorgesänge durch die Auleten Sambas, Adon und Telos begleiten, Hipponax seine monodischen Lieder durch Kion, Kodalos und
Babys, alles Phrygier, wie Athen. 14,624 b. berichtet. Aber nicht
blos die Virtuosität, sondern auch die Compositionskunst der phrygischen
Sänger wird ein bedeutendes Element in der Musik der Hellenen. Als
besondere Eigenthümlichkeit muss hierbei hervorgehoben werden, dass
Olympus — es sei erlaubt, diesen Namen als Bezeichnung der ganzen Schule zu gebrauchen — es wohl verstand, dem Geiste griechischer
Musik Rechnung zu tragen, ganz ähnlich wie vor ihm sich der äolische
Musiker Terpander in die Eigenthümlichkeit dorischer Musik eingelebt
hat. Olympus bringt seine fremden Durtonarten neben dem altgriechischen Moll zur allmäligen Anerkennung, aber er versucht sich auch
selber in der altgriechischen Tonart der Dorier, und wie es scheint mit
grossem Glück, denn grade die dorischen Compositionen des Olympus,
wie sein Nomos auf Athene, standen in grossem Ansehn.

Die Kitharodik des Terpander und die Aulodik des Klonas
zeichnete sich durch eine grosse Maasshaltigkeit in dem für die Melodie
verwandten Tonumfange aus. Wir haben gesehen, dass sie in ihren
dorischen Melodien bald das c, bald das höhere e, bald das a unbenutzt
liessen und durch diese Vereinfachung der Scala einen besonders ehrwürdigen Character der Musik erreichten. Aehnlich auch Olympus,
jedoch in einer etwas anderen Weise. Von ihm erzählt nämlich
Aristoxenus bei Plut. de musica K. 11.: „in seinen dorischen Compositionen habe er die Melodie häufig mit Uebergehung der Lichanos g
bald von der Mese a, bald von der Paramese h unmittelbar auf die
Parypate f hinübergeführt, er habe sich gewundert über die durch Auslassung des Tones g hervorgebrachte grossartige Wirkung der dorischen
Melodie und eine in dieser Weise vereinfachte dorische Scala aufgestellt,
die von jetzt an den Namen der „Harmonie" oder des harmonischen
Tongeschlechtes geführt habe". Das war also die Scala

e f — a h c d e

Noch mehr vereinfacht wurde sie durch die Auslassung eines zweiten Tones, nämlich des Tones *d*

$$e \; f \; - \; a \; h \; c \; - \; e$$

so dass also der auf jedes Halbtonintervall folgende Ganzton ausgelassen wurde. Analog auch in der mit *h* beginnenden Scala, auf welcher, wie wir oben gesehen, plagalisch gebaute Melodien der dorischen Tonart ausgeführt wurden:

$$h \; c \; - \; e \; f \; - \; a$$

Da sich die dorische Tonart als ein die Melodie in der Quinte abschliessendes *a*-Moll herausgestellt hat mit der harmonischen Tonica *a*, so fehlt also in der vereinbarten Scala des Olympus die Quarte und die Septime der Tonica. Indess brauchen wir nicht anzunehmen, dass jedesmal zugleich die Quarte und Septime gefehlt hätten, gewöhnlich wurde wohl bloss nur die Quarte ausgelassen. Die Notentabellen des Alypius lassen zwar für die Transpositionsscalen des enharmonischen Geschlechtes jeden auf ein Halbtonintervall folgenden höhern Ganzton aus

$$A \; H \; c \; (d) \; e \; f \; (g) \; a \; h \; c \; (d) \; e \text{ u. s. w.}$$
$$d \; e \; f \; (g) \; a \; b \; (c) \; d \; e \; f \; (g) \; a$$
$$G \; A \; B \; (c) \; d \; es \; (f) \; g \; a \; b \; (c) \; d$$

und ebenso für das Systema synemmenon

$$e \; fis \; g \; (a) \; h \; c \; (d) \; e \; f \; (g) \; a$$
$$A \; H \; c \; (d) \; e \; f \; (g) \; a \; b \; (c) \; d$$
$$d \; e \; f \; (g) \; a \; b \; (c) \; d \; es \; (f) \; g$$

aber Alypius lebte zu einer Zeit, wo das enharmonische Tongeschlecht längst aus dem practischen Gebrauche verschwunden war, und dass auf den letzteren ganz und gar keine Rücksicht genommen ist, davon werden wir uns weiter unten bei der enharmonischen Behandlung der phrygischen Tonart völlig überzeugen. Ein viel älteres Verzeichniss von Notenscalen des enharmonischen Tongeschlechtes ist uns durch Aristides p. 21 mitgetheilt: es seien dies die Scalen, welche die „ganz Alten“ (πάνυ παλαιότατοι) für die enharmonischen Tonarten gebrauchten. Unter diesen „ganz Alten“ haben wir Musiker aus der Vor-Aristoxenischen Zeit zu verstehen, von denen weiterhin die Rede sein wird. Hier ist für die enharmonische Doristi folgende Scala aufgestellt

$$d \; e \; \overbrace{f \; (g) \; a \; h \; c \; (d)} \; e$$

Unterhalb des tiefsten Tones der dorischen Scala ist hier noch der Ton *d* hinzugefügt, innerhalb der dorischen Octav von *e* bis *e* ist der Ton *g*

und *d* ausgelassen. Die Hinzufügung des tiefen Tones *d* muss ihren
Grund haben. Die dorischen Melodien waren gewöhnlich plagalisch
gebaut und wurden auf dem heptachordischen Synemmenensysteme
ausgeführt

$$h \quad c \quad d \quad \underset{\text{Mese}}{e} \quad f \quad \underset{\text{syn.}}{(g)} \quad \underset{}{a}$$

Gibt die dorische Scala der „ganz Alten" unterhalb *e* ausdrücklich den
Ton *d* an, so kann dies keinen andern Sinn haben als diesen, dass, wenn
man in der Melodie unterhalb des dorischen Schlusstones *e* hinabstieg,
in diesem Falle der Ton *d* nicht ausgelassen wurde. Es wurde alsdann
in der enharmonischen Behandlung der Doristi bloss der Ton *g* ausgelassen. Nahm man also die enharmonische Doristi auf dem heptachordischen Synemmenonsysteme, in welchem der dorische Schlusston *e* die Mese war, so fehlte bloss der Ton *g*. Es ist nun aber leicht
nachzuweisen, dass dies das System war, auf welchem Olympus die
Doristi ausführte. Aristoxenus sagt nämlich bei Plut. 11, dass man in
der auf Olympus folgenden Zeit innerhalb des Halbtonintervalls nach
Wegnahme des darauf folgenden Ganztonintervalles den enharmonischen Viertelton eingefügt und hierdurch das Halbtonintervall zu einem
Pyknon gemacht, d. h. mit dicht nebeneinanderstehenden Tönen an-
gefüllt habe, aber in der Musik des Olympus sei dieser Viertelton noch
nicht angewandt; „denn es ist klar, dass das Pyknon in der Mese,
welches man jetzt anwendet, nicht von jenen alten Componisten
Olympus herrührt." Indem hier Aristoxenus das „Pyknon der Mese"
nennt, hat er deutlich das Synemmenonsystem im Auge, auf welchem
die Töne *e* (die Mese) und *f* (die Trite synemmenon) späterhin durch
einen dazwischentretenden Viertelton zum Pyknon wurden; bei Olympus
war jenes Halbtonintervall der Mese (*e*) und der Trite synemmenon (*f*)
noch ein ungetheiltes. Hat man also noch späterhin die enharmonische
Doristi auf den Synemmenonsysteme ausgeführt, so muss dies Olympus
um so mehr gethan haben, als auch seine Vorgänger Terpander und
Klonas sich zur Ausführung dieser Tonart des Synemmenonsystemes
bedienten. Wir haben S. 9 gesehen, dass das alte heptachordische und
octachordische System späterhin durch tiefere Töne, das sog. Tetrachord
hypaton erweitert wird. Im 19. Capitel des Plutarch, in welchem
gesagt wird, dass sich Olympus für die Phrygische Tonart des Synem-
menonsystems bedient habe, heisst es unmittelbar weiter, dass man sich
in der alten Zeit bei dorischen Melodien aus Rücksicht auf das Ethos

des Tetrachordes hypaton enthalten habe. Hieraus folgt auch für den
unmittelbar vorhergenannten Olympus, dass er bei seiner enharmonischen Doristi die tieferen Töne des Tetrachordes hypaton nicht angewandt, sondern sich für diese Tonart lediglich auf die alten Terpandrischen Scalen beschränkt habe.

Ausführung der Doristi auf dem Synemmenon-Heptachorde.

				Mese	Para- nete Nete	
bei Terpander	*h*	*c*	*d*	•	*f*	*g*	*a*
im Tropos spondaikos .	*h*	*c*	*d*	•	*f*	*g*	(*a*)
bei Olympus	*h*	*c*	*d*	•	*f*	(*g*)	*a*

Im Tropos spondaikos enthielt man sich für den Gesang der Nete *a*,
ohne sie jedoch aus der Begleitung auszuschliessen. In ähnlicher
Weise ist Olympus enthaltsam in den ihm zu Gebote stehenden Tönen
der Scala, aber statt des Tones *a* (der Nete synemmenon) lässt er den
Ton *g* (die Paranete synemmenon) aus. Das Dorische hat sich als ein
a-Moll herausgestellt, dessen Melodie in der Quinte *c* schliesst. Wir
können hiernach sagen , die Melodie des Tropos spondaikos verschmäht
die Tonica *a*, die Melodien des Olympus verschmähen die Moll-Septime
y. Diese letztere Art der Melodiebehandlung nannte man die „Har-
monia" oder das „enharmonische Tongeschlecht". Die Einfügung eines
uns Modernen fremden Vierteltones, den die späteren Musiker mit der
Auslassung des Tones *g* verbinden, war dem Olympus noch unbekannt.
   Am wichtigsten wird die Schule des Olympus durch die Einführung
der Durtonart. Bis dahin kannte die griechische Musik nur eine
Molltonart, in der die Melodie bald in der Prime, bald in der Quinte
(bald in der Terze) abschliesst und die hiernach als Dorisch, Aeolisch
(Böotisch) bezeichnet oder auch wohl mit gemeinsamen Namen Dorisch,
der dann die äolische und böotische Species der Molltonart inbegriff,
genannt wurde. Schon durch diese Bezeichnung nach griechischen
Stämmen gibt sich die Molltonart als eine national-griechische zu erkennen.
Die Durtonarten führen den Namen Phrygisch und Lydisch. Ihr Dur-
Character darf nach dem im ersten Kapitel dargelegten als sichere
Thatsache angesehen werden. Die bisherige Ansicht war freilich eine
andere. Man erblickte nur in der Lydischen eine Durtonart, und zwar
sollte dieselbe, weil die alten Techniker die Octavengattung *c* — *c* die
Lydische nennen, genau unserem *c*-Dur entsprechen; die Phrygische
Tonart, deren Octavengattung von *d* — *d* geht. sollte unser *d*-Moll mit
erhöhter Sexte (*h* statt *b*) sein und mit unserem dorischen Kirchentone
zusammenfallen. Dem gegenüber müssen wir den Satz aufstellen, dass

sowohl das antike Lydisch wie das antike Phrygisch eine die Melodie
in der Quinte abschliessende Durtonart ist; beide Durtonarten unterscheiden sich von einander und von unserem modernen Dur durch die
Eigenheit, dass das Lydische Dur eine übermässige Quarte und das
Phrygische Dur eine verminderte Septime hat: jenes ist ein *f*-Dur mit *h*
statt *b*, dieses ein *g*-Dur mit *f* statt *fis*. Sehen wir davon ab, dass
die Melodie nicht in der Prime, sondern in der Quinte schliesst, so ist
das antike Lydisch genau dieselbe Tonart, welche als Kirchenton den
Namen Lydisch trägt; das antike Phrygisch muss in gleicher Weise mit
dem Mixolydischen Kirchentone identificirt werden. Wir wollen die
Gründe für diese unsere Auffassung nicht wiederholen. Die Früheren
erblickten ohne weiteres in dem jedesmaligen Schlusstone der Octavengattungen die Tonica der gleichnamigen Tonart. Es hat sich aber aus
den über die Begleitung des dorischen Tropos spondaikos erhaltenen
Nachrichten aufs entschiedenste herausgestellt, dass nicht der tiefste
Ton oder die Hypate meson der dorischen Octavengattung (*e*), sondern
vielmehr der vierte Ton oder die Mese (*a*) der tonische Grundton ist.
Dies stimmt völlig mit der in den Problemen des Aristoteles enthaltenen
Angabe, dass die Mese derjenige Ton ist, welcher für die harmonische
Bedeutung die grösste Wichtigkeit hat, dass nach ihm gestimmt wird,
dass er am häufigsten in der Krusis vorkommt und dass, wenn man ihn
verlassen hat, man doch schliesslich immer wieder zu ihm zurückkehrt,
d. h. also, dass er im Schlussaccorde gebraucht wird. Die Probleme
reden aber nicht etwa bloss von der Mese der dorischen Tonart, sondern von der Mese überhaupt, — ihnen zufolge müssen wir auch für
die phrygische und für die lydische Tonart der Mese diese Bedeutung
des tonischen Grundtones geben.

　　Hierbei ist der S. 12 dargelegte Unterschied der dynamischen und
thetischen Benennung der Töne festzuhalten. Die thetische Benennung besteht darin, dass der tiefste Ton der dorischen, lydischen
und phrygischen Octavengattung die dorische, lydische oder phrygische
Hypate, der zweite die dorische, lydische oder phrygische Parahypate,
der dritte Ton die dorische, lydische und phrygische Lichanos, der
vierte Ton die dorische, lydische und phrygische Mese u. s. w. genannt wird.

	Hypate	Para-Hypate	Lich.	Mese	Para-mese	Trite	Para-nete	Nete
Dorisch . .	e	f	g	a	h	c	d	e
Phrygisch . .	d	e	f	g	a	h	c	d
Lydisch . .	c	d	e	f	g	a	h	c

Was die Probleme von der Mese sagen, dass sie am häufigsten von allen
Tönen (in der Begleitung) gebraucht würde, dass˗ sie stets im Schlusse
vorkäme, dass wenn sie falsch gestimmt wäre, auch alle übrigen Töne
der jedesmaligen Composition falsch erklängen, dass sie der Melodie
ihr eigentliches Colorit gebe; mit Einem Worte, dass sie Tonica sei:
Alles dies hat nur unter der Voraussetzung Sinn, dass die thetische
Mese gemeint sei.   Denn im Falle man annimmt, es sei hier die dynamische Mese gemeint, so führt dies in Widersprüche, welche absolut
nicht aufzulösen sind.

Hieraus folgt, dass der Ton *g* die Phrygische Tonica, der Ton *f*
die Lydische Tonica sei muss, dass also die Phrygische Tonart ein *g* Dur
mit verminderter Septime, die Lydische Tonart ein *f*-Dur mit übermässiger Quarte ist.   In der Doristi, Phrygisti und Lydisti ist die
thetische Mese der harmonische Grundton oder die tonische Prime, die
thetische Hypate (oder deren Octav, die Nete) d. i. Unterquarte (oder
Oberquinte) ist der Schlusston der Melodie.

Es haben die Worte Dorisch, Phrygisch, Lydisch dann aber noch
eine generelle Bedeutung.   Es schliesst nämlich nicht immer die
Melodie in der Quinte, sondern sie kann auch in der Terz oder wie bei
uns in der Prime schliessen.   Im letzteren Falle ist der Schlusston der
Melodie mit dem harmonischen Grundtone identisch.   Schliesst die
Molltonart nicht in der Quinte *e*, sondern in der Prime *a*, so heisst sie
mit speciellem Namen nicht Dorisch, sondern Aeolisch oder Hypodorisch, aber sehr häufig wird auch diese Aeolische oder Hypodorische
Art der Melodieführung unter dem Namen Dorisch inbegriffen.   Dasselbe ist nun auch, wie sich gleich zeigen wird, mit dem Namen Lydisch und Phrygisch für die beiden Durtonarten der Fall.   Die gewöhnliche Nomenclatur für die Durtonarten haben wir bereits oben
auseinandergesetzt; es wird für eine eingehendere Untersuchung über
die antiken Durtonarten, der wir uns jetzt unterziehen müssen, förderlich sein, wenn wir dem Leser hier jene Nomenclatur nochmals vorführen:

Unsere Untersuchung schliesst sich am besten an dasjenige an, was die Alten vom Ursprunge der Durtonarten berichten. Von dem Dithyrambiker Telestes überliefert Athen. 14, 625 die Verse: „Bei den Bechern der Griechen zum Aulos-Schall sangen zuerst des Pelops Gefährten der Göttermutter ein Phrygisches Lied, und andere von ihnen einen lydischen Hymnus zu der Harfen hochstimmigem Ton". Hier wird die erste Einführung der phrygischen und lydischen Tonart auf die mythische Einwanderung des Lydiers Pelops zurückgeführt. Auch hier sind es Barbaren aus Asien, welche den Hellenen die Durtonarten zuführten. In dieser Weise durfte die Poesie das Aufkommen der ausländischen Tonarten mit einem alten für die Sagengeschichte Griechenlands berühmten Namen verknüpfen. Aber in Wirklichkeit gehört es erst der historischen Zeit an. Wird von den späteren Musikern Olympus als derjenige bezeichnet, dem sie diese Tonarten verdanken, so beruht dies unzweifelhaft in der Tradition der nach Olympus' Namen sich nennenden Auletenschule. Von besonderer Wichtigkeit ist unter den Berichten der späteren Musiker eine Stelle des Plutarch: das 14. 15. und 16. Kapitel in der Schrift de Musica nämlich gibt einen Commentar zu den von Plato rep. 3, 399 genannten Tonarten in folgender Reihenfolge:

	Plato	Plut.
klagend . . .	Mixolydisti . .	Lydische Harmonie
	Syntonolydisti	Mixolydische
ausgelassen .	chalara Iasti	epaneimene Lydisti
	chalara Lydisti	Iasti
	Doristi	Doristi
	Phrygisti	

Man sieht, dass hier die von Plato gemachten Kategorien innegehalten sind, nur dass innerhalb der ersten und zweiten Kategorie die Ordnung der zu einer jeden gehörenden Tonarten umgekehrt ist. Der Commentar sagt:

„Die Lydische Harmonie verschmäht Plato, weil sie hoch und für das Klagelied geeignet ist. So sagt man auch, dass ihr erstes Auf-

kommen den Klageliedern angehört habe. Denn wie Aristoxenus im
ersten Buche über die Musik berichtet, hat zuerst Olympus die Klagen
beim Tode des Pytho durch lydische Harmonie in einer auletischen
Composition dargestellt. Einige sagen, dass diese Composition (μέλος)
von Anthippus herrühre. Pindar sagt in den Päanen, dass bei der
Hochzeit der Niobe die Lydische Harmonie zuerst von Anthippus dem
Chore gelehrt sei. Andere lassen zuerst den Torebos dieser Tonart
sich bedienen, wie Dionysius mit dem Beinamen Jambus referirt".

Was hier aus Aristoxenus' Geschichte der Musik mitgetheilt wird,
bezieht sich auf eine feste historische Thatsache. Von allen auletischen
Compositionen der späteren Zeit war der sogenannte Nomos Pythios
der angesehenste; mit ihm trat Sakadas in den Agonen zu Delphi auf
und brachte hierdurch die Auletik im delphischen Agon zu bleibender
Anerkennung, während hier früher von allen Zweigen der Musik nur
die Kitharodik sanctionirt war. Wie wir später zu berichten haben,
malte dieser auletische Nomos die einzelnen Scenen des Kampfes
zwischen Apollo und dem Pythischen Drachen, darunter auch die
Scene vom Tode des Ungeheuers. Es ist dies ein Thema, dem sich
die griechischen Musiker, um hier einen Vergleich mit unserer Zeit
zu ziehen, etwa mit derselben Vorliebe zuwandten, wie die christlichen
Musiker dem Stabat mater, und welches gewiss auf die mannigfachste
Weise componirt war. In dem Nomos Pythios des Sakadas kam die
hier dem Olympus zugeschriebene Klagescene über den Tod des er-
legten Pythischen Ungeheuers nicht vor. Aber ehe der Pythische
Nomos in der Agonenfeier der delphischen Spiele zugelassen wurde,
mochten schon lange vorher dergleichen auletische Compositionen bei
anderen Apollinischen Festen aufgeführt sein. Als eine solche haben
wir die Pythische Composition des Olympus anzusehen, in welcher
dieser bei Gelegenheit der Todesscene die Lydische Tonart anwandte;
bei Sakadas folgte unmittelbar auf den Tod die Siegesfreude, bei dem
älteren Olympus die Klagen der dem besiegten Menschen- und Götter-
Feinde verwandten und befreundeten Dämonen der Umgegend, denn
anders werden wir uns die Situation des Klageliedes wohl schwerlich
zu denken haben. Von den Compositionen des Olympus hatten sich,
wie wir weiterhin sehen werden, auch in der späteren Zeit noch viele
erhalten — auch eine Phrygische Composition desselben wird von
Aristoxenus eingehend besprochen Plut. 33 — zu ihnen gehörte eben
der Pythische Epikedeios auf Pytho, von welchem Aristoxenus redet.
Wir müssen es diesem Gewährsmanne wohl glauben, dass dies das

älteste Beispiel lydischer Tonart war, und werden, wie wir auch immer
über die Persönlichkeit des Olympus denken mögen, auch dies festzuhalten haben, dass es nicht von Sakadas oder einem der späteren Auleten herrührte, sondern auf die Schule der einer früheren Generation
angehörenden ausländischen Musiker, deren Eigenthümlichkeit man
mit dem Namen des Olympus bezeichnete, zurückging. Es muss ein
durch seine Alterthümlichkeit characteristisches Melos gewesen sein.
Denn andere nannten als den ersten Urheber desselben den Anthippus
— so ist ohne Zweifel statt des Wortes Melanippides zu lesen, welches
sich hier in den Handschriften des Plutarch findet —: dies ist ein
mythischer Musiker in der Tradition der Olympischen Sängerschule,
der etwa dieselbe Bedeutung wie der „alte" Olympus, wie Hyagnis
und Marsyas hat. Auch Pindar hatte seiner in den Päanen erwähnt,
und ihn als denjenigen genannt, welcher zur Hochzeitsfeier der Niobe
ein Chorlied in lydischer Tonart habe singen lassen. Neben ihm
wurde auch Torebus als der alte Erfinder der Lydisti genannt. Der
Name klingt ganz ausländisch; welche Stelle er in der mythischen
Tradition der fremden Auleten hatte, ist uns durch Nikolaus Dama-
scenus bei Steph. Byz. s. v. Τόρρηβο, überliefert worden, welcher erzählt,
dass am lydischen See Torrebia die Nymphen gesungen, und dass
Torrebus, der sich hierher verirrte, dem Gesange gelauscht und die
Melodien, die er gehört, den Lydern gelehrt habe. „Deshalb wurden
— wie Nikolaus hinzusetzt — die Lieder Torrebia genannt". Toreb
muss also ein lydisches Wort sein, welches Gesang oder auch wohl
Sänger bedeutet; der Name des mythischen Musikers ist vom „Gesange", aber nicht umgekehrt der Gesang nach dem Musiker benannt
worden. Es ist nicht ohne Wichtigkeit, dass Plutarch nicht unter-
lassen, seine Quelle für die Sage von Toreb als Erfinder der lydischen
Tonart namhaft zu machen, nämlich den Dionysios Jambus, den Lehrer
des Aristophanes von Byzanz. Es geht daraus hervor, dass dieselbe
bereits der klassischen Zeit des Griechenthums angehört, also alt ist
und entschieden auf das Festhalten alter einheimischer Mythen in der
aus der Fremde gekommenen Sängerschule des Olympus hinweist.

Gehen wir nun näher auf die durch jenen Olympischen Epikedeios
zuerst in Aufnahme gebrachten Lydisti ein. Es ist dies klagende Lydisch nicht das durch die Octavengattung c — c bestimmte, also nicht
ein /-Dur mit übermässiger Quarte, in welchem die Melodie mit der Quinte
c schliesst, sondern vielmehr diejenige Species der Lydisti, welche den
besonderen Namen Syntono-Lydisti oder Syntonos Lydisti führt und

dadurch charakterisirt ist, dass die Melodie der lydischen Durtonart in
der Terze schliesst.   Dies geht aus zweierlei Gründen hervor.   Erst-
lich: Man blicke auf die S. 145 hingestellte Parallele zwischen den
Tonarten des Plato und den in unsern Capiteln der Plutarchischen
Schrift besprochenen Tonarten.   Sie wird keinen Zweifel lassen, dass
diese Kapitel einen Commentar dazu liefern sollen.   Dies ist auch in
ihnen selber aufs klarste ausgesprochen.   Bei dem hohen Ansehen.
in welchem Plato bei den Musikern stand, kann die Abfassung solcher
Commentare nicht befremden.   Wir besitzen einen noch älteren Commentar bei Aristides S. 21, der von einem vor-aristoxenischen Musiker
herrühren muss; auch unser Commentar, der an werthvollen Notizen
fast überreich ist, ist sichtlich ein Auszug aus einer älteren Arbeit.
Jene Parallele zwischen Plato's Stelle und dem Plutarchischen Commentar dazu zeigt nun ohne weiteres, dass dasjenige, was Plutarch
Lydische Tonart nennt, nicht die Lydische Octavengattung c — c ist
(diese wird überhaupt von Plato nicht aufgeführt), sondern die Syntonolydische Octavengattung a — a.   Plutarch hat hier die Terzen-
Species des lydischen Dur schlechthin mit dem Namen Lydisch benannt, der als specieller Name die parallele Quinten-Species, von der
man als der Normalform ausging, bezeichnet.   In gleicher Weise begreift Plato selber die Primenspecies der Molltonart unter dem Namen
Dorisch, der zunächst nur der parallelen Quintenspecies gebührt.
Zweitens: Plutarch berichtet, dass von Anderen Anthippus als Erfinder des lydischen Melos genannt werde, welches Aristoxenus als
Composition des Olympus kennt.   Pollux unterscheidet in der Aufzählung der für den Aulos gebräuchlichen Tonarten (4, 78) das Lydische
und Syntonolydische, aber nicht beim Lydischen (in c), sondern beim
Syntonolydischen (in a) macht er den Zusatz, dass dies die Erfindung
des Anthippos sei.

Hieraus folgt mit Nothwendigkeit: Das klagereiche Lydisch im
Epikedeios des Olympus, der Sage nach die Erfindung des Anthippus,
ist diejenige Species des lydischen Dur, welche den Namen Syntonos
Lydisti führt.   Man hat es früher sehr auffallend gefunden, dass die
Alten der Lydischen Tonart den Charakter des Klagenden zuschreiben,
und wir haben sogar den Versuch erleben müssen, dass man eben
deswegen sich nicht gescheut hat, die gesammte Tradition über die
Octavengattungen umzukehren und die lydische Octav der Alten als
Octavengattung e — e, die Dorische Octav als die Octavengattung c — c
den feststehenden Angaben der Techniker zum Trotz herauszudeuten.

Wir müssen sagen: das klagende Lydisch des Olympus ist ein syntonisches Lydisch d. i. ein lydisches Dur, dessen Melodien in der Durterz abschliessen. Nun ist aus später Zeit eine kleine Melodie dieser Art auf uns gekommen, die wir in der Beilage mittheilen. Sie ist wie die lydischen Melodien des Olympus nicht für den Gesang bestimmt, sondern gehört der Instrumentalmusik an, ist unstreitig eine auletische Melodie, da uns Pollux das Syntonolydische nur als eine Tonart der Auloi, aber nicht der Saiteninstrumente nennt. Von den Olympischen Melodien unterscheidet sie sich zunächst durch ihren grösseren Tonumfang, aber auch sonst mag die alte Olympische Behandlungsweise der Tonart in jener Periode der Kaiserzeit, der unsere Melodie angehört, längst verschwunden sein. Nicht zu übersehen hierbei ist dies, dass in ihr der Terzenschluss nur zweimal angewandt ist, aber gerade der Terzenschluss ist es, was dem lydischen Dur vorwiegend den Charakter des Klagenden verleiht. Wir müssen hier wiederum auf unsere in der Durterz schliessenden Volkslieder verweisen, von denen wir eines in der authentischen Singweise des Volkes mitgetheilt haben (S. 74). Man schliesse die einzelnen periodischen Sätze dieses Liedes in der Prime _g_, statt in der Terz _h_, so wird es zu einer vulgären Durmelodie und hat ganz und gar keinen wehmüthigen klagenden Charakter. Die Prime gemahnt wie eine bestimmte Aussage, eine feste Willenserklärung, die Terz, wenn sie nicht zur Prime zurückführt, gleicht einer Frage, auf die wir vergebens eine Antwort erwarten. Unsere heutige kunstmässige Musik wendet mit wenigen Ausnahmen, die wir kaum als solche bezeichnen dürfen, nur Primenschlüsse an, auf die ihr ganzer Charakter basirt ist. Die griechische Musik geht für die Durtonarten von den Terzen- und Quintenschlüssen aus, Primenschlüsse werden hier erst später angewandt und für das Lydische Dur kommen dieselben, wie sich zeigen wird, sogar erst in der Zeit nach den Perserkriegen auf. Abgesehen davon, dass die Griechen unsere heutige Durtonart mit natürlicher Quarte und grosser Septime überhaupt nicht kennen, treten ihnen die ihnen eigenthümlichen Gestaltungen der Durtonart (mit übermässiger Quarte und mit verminderter Septime) zunächst in Melodien entgegen, welche in der Terze oder in der Quinte abschliessen; Jahrhunderte gingen hin, ehe sie Durmelodien mit Primenschlüssen bildeten. Bei jener ursprünglichen Melodiegestaltung mussten natürlich die Alten durch ihre Durtonart ganz anders afficirt werden, als wir Modernen durch unser heutiges Dur, sie mussten bei den in der Durterze schliessenden Melodien den Eindruck des Wehmüthigen und Klagenden empfinden, und als sie später mit Durmelodien, die nach unserer Weise in der Prime schliessen, bekannt werden, mussten sie diese mit einem ganz anderen Ohre als wir Modernen hören, die lediglich nur an diese Primenschlüsse gewöhnt sind, und es darf nicht auffallen, dass sie in diesen späteren Durmelodien mit schliessender Prime etwas Uebermüthiges und derb Sinnliches finden, oder wie Plato will, ein Ethos, welches für ausgelassene Gelage geeignet sei.

Während die eine der beiden Durtonarten (die lydische), die den Griechen durch die fremdländischen Auleten zugeführt wurden, zunächst durch Melodieschlüsse in der Terze charakterisirt war, schlossen die Melodien der zweiten Durtonart, die sich von jener durch natürliche Quarte und verminderte Septime unterschied, zunächst in der Quinte. Dies ist das Phrygische Dur (Octavengattung $d-d$ mit der thetischen Mese g als harmonischem Grundton oder der Tonica). Der Quintenschluss bedingt einen von dem Terzenschlusse wesentlich verschiedenen Charakter. Beide Arten von Melodieschlüssen weichen darin gemeinsam von dem Primenschlusse ab, dass ihnen die durch diesen bedingte Festigkeit und Bestimmtheit fehlt, aber der Grad des ihnen eigenthümlichen Unbestimmten ist ein verschiedener, für den man einen annähernden Ausdruck findet, wenn man sagt: bei einer schliessenden Terz fragen wir um eine Antwort zu erhalten; die schliessende Quinte ist eine Frage, die überhaupt keine Antwort erwarten lässt, ein Ausruf der Rathlosigkeit, eine Negation individueller Bestimmtheit. Dieser Charakter des Quintenschlusses tritt in der Durtonart viel entschiedener als in der Molltonart hervor, und auch die Alten haben ihn in der Durtonart viel lebhafter als in der Molltonart empfunden. Schliessen die durch kleine Septime charakterisirten Durmelodien in der Quinte, so afficirt dies den Griechen, als ob er sich seines individuellen Willens begibt, er hört gleichsam auf eine sich selber bestimmende Persönlichkeit zu sein, er gibt sein Wollen und sein Wesen einer über ihm stehenden Macht anheim. Die phrygischen Melodien gehören zunächst ekstatischen Culten an, die sich an die grosse Göttermutter, an Dionysus und Demeter anschliessen, sie helfen den Enthusiasmus verstärken, der hier das gläubige Gemüth beherrscht*). Dieser Eindruck des Phrygischen beruht nachweislich

---

*) Es sind dies Culte, in denen sich der Mensch der Gottheit gleichsam assimilirt, in denen er mit ihnen eins zu werden sucht und seine Persönlichkeit auf-

bloss auf dem Quintenschlusse, denn sowie die Melodie auf der Terze oder Prime schliesst (wir werden von diesen Melodieformen weiter unten sprechen), wird das Gemüth durch die Tonart ganz anders afficirt, wird in Trauer oder übermüthige Ausgelassenheit versetzt. Das in der Quinte schliessende Dur ist daher die vorzugsweise religiöse Tonart, und da Plato die durch sie hervorgebrachte Wirkung für förderlich hält, so ist dies die einzige Gestaltung der Durtonart, die er in der Praxis angewandt wissen will, alle übrigen Durformen sollen verbannt werden. Dem aufregenden Charakter des Phrygischen sind die ruhigen Töne der Saiteninstrumente nicht angemessen, von Anfang an übernahmen die Auloi die Darstellung phrygischer Compositionen, sei es, dass sich mit ihnen der Gesang verband, sei es, dass sie zu blosser Instrumentalmusik verwandt wurden. Es dringt das Phrygische späterhin zwar auch in die Kithara-Musik ein, aber sie hat hier den übrigen Tonarten gegenüber eine untergeordnete Stellung. Auch die S. 145 angeführten Verse des Telestes, welche die Phrygische Tonart schon in der mythischen Zeit in Griechenland durch Pelops und seine Begleiter aus Asien eingeführt werden lassen, halten ihre Beziehung auf den orgiastischen Cult der grossen Göttermutter und auf die Musik der Auloi fest. Aber es ist, wie schon oben bemerkt, nur poetische Fiction des Dichters, wenn er die Hellenen schon zur Zeit des alten Pelops mit ihr bekannt werden lässt. Erst die Auletenschule des Olympus hat sie den Griechen zugeführt und erst als sich in der folgenden Periode die griechischen Musiker Polymnastus und Sakadas ihrer bemächtigen, gelangte sie neben der alten Molltonart zur kanonischen Anerkennung in der musischen Kunst der Griechen. Von Olympus und seinen Nachfolgern werden Plut. 19 auletische Metroa erwähnt, d. h. Cultuslieder für den Dienst der Cybele. Aus dieser Stelle des Plutarch ersehen wir nun ferner, dass Olympus sein Phrygisch auf dem alten aus vorterpandrischer Zeit herrührenden heptachordischen Systeme-synemmenon ausführte.

Hyp.   Mese   Nete

h   *c*   *d*   *e*   *f*   *g*   *a*,

und zwar, wie mit Rücksicht auf die vorhergehende Beschreibung des

---

gibt. Dass die Tonart dann weiterhin auch zu anderen Cultusmelodien verwandt und auf andere Götterdienste übertragen wird, dass sie auch profanen Zwecken dient, steht hiermit nicht im Widerspruch.

auf demselben Systeme ausgeführten Tropos spondaikos hinzugefügt
wird, mit Anwendung des Tones *a* nicht bloss für die Begleitung, sondern auch für die Melodie (μέλος). Hierdurch steht fest, dass die Musik
des Olympus keine homophone war, dass vielmehr ebenso wie im
Tropos spondaikos die Melodie- und die begleitenden Töne differirten.
Denn wäre dies nicht der Fall, so hätte es jener Notiz, dass der Ton *a*
auch im Melos angewandt würde, gar nicht bedurft. Olympus ist nach
Allem, was wir von ihm wissen, bloss Aulet, kein Aulode, wir dürfen
daher das von Plutarch für die Metroa des Olympus gebrauchte Wort
μέλος nicht so verstehen, als ob dies eine durch die Singstimme zur
Aulosbegleitung ausgeführte Melodie sei. Auch in der blossen Instrumentalmusik wird die Melodie durch Melos bezeichnet, vgl. Aristot.
Probl. 19. Wir haben hier also schon in dieser ersten Periode der auletischen Musik Griechenlands mindestens zwei Instrumente anzunehmen,
ein stimmführendes und ein begleitendes. Doch müssen wir hier den
Wortlaut der ganzen Stelle ins Auge fassen: „Klar sei es auch aus den
„Phrygischen Compositionen, dass die Nete synemmenon (der Ton *a*)
„dem Olympus und denen, welche sich ihm anschlossen, wohl bekannt
„war. Denn sie gebrauchten diesen Ton nicht bloss für die Begleitung,
„sondern auch für die Melodie in den Metroa und in einigen der Phrygi-
„schen Compositionen (ἐν τοῖς μητρῴοις καὶ ἔν τισι τῶν Φρυγίων).“ Hier
kann der ursprüngliche Text nicht vollständig überliefert sein: es
muss geheissen haben: „in der Metroa und einigen andern Phrygischen
Compositionen (καὶ ἐν ἄλλοις τισὶ τῶν Φρυγίων). Die Nothwendigkeit
dieser Veränderung liegt auf der Hand: steht doch fest, dass auch die
Metroa der phrygischen Tonart angehörten, und ist doch gleich zu Anfang unserer Stelle gesagt, „dass es klar sei aus den Phrygischen
Compositionen des Olympus,“ für welche die Metroa ein einzelnes
Beispiel sein sollen.

Nicht zu übersehen ist, dass es heisst, der Ton *a* sei in den Metroa
und einigen anderen phrygischen Compositionen nicht bloss für die
Begleitung, sondern auch für die Melodie gebraucht. Dies setzt voraus,
dass es auch phrysische Compositionen des Olympus gab, in welchen
der Ton *a* für die Melodie fehlte und wie im Tropos spondaikos nur in
der Begleitung vorkam.

| Metroa u. s. w. | *h* | *c* | *d* | *e* | *f* | *g* | *a* |
| andere Phrygia | *h* | *c* | *d* | *e* | *f* | *g* | (*a*) |

Der Schlusston der Phrygischen Melodie ist der Ton *d*, die Quinte von der

phrygischen Durtonica *g*. Man ging in der Melodie über diesen Schlusston entweder bis zur None *a*, oder bis zur Octave *g*. Unterhalb des
Melodieschlusstones ging man bis zur Durterz *h* hinab. Ob man unter
die Terz abwärts noch weiter in die Tiefe ging, wird sich unten zeigen.

Olympus beschränkte die Anwendung der phrysischen Tonart
nicht bloss auf die orgiastischen Culte. Im 33. Kapitel der Plutarchischen Schrift redet Aristoxenus — denn dies ist auch hier die Quelle —
von einem Phrygischen Nomos des Olympus auf Athene. Eingehend
beschreibt er die in dieser Composition angewandten Rhythmen, auf
die wir später zurückkommen werden. Hier muss zunächst ein anderes
Moment hervorgehoben werden, nämlich dass dieser phrygische Nomos
auf Athene im enharmonischen Geschlechte gehalten war, und zwar,
wie unsere Quelle ausdrücklich bemerkt, sowohl im Eingange, wie im
eigentlichen Nomos. Oben haben wir gesehen, dass Olympus die
dorische Tonart enharmonisch behandelte, jetzt lernen wir, dass er
dasselbe auch für das Phrygische versucht hat — aber auch hier ohne
Anwendung des Vierteltons, denn dieser rührt, wie Aristoxenus bei
Plut. 11 sagt, „nicht von Olympus her, erst späterhin ist der Halbton
in den Phrygischen und Lydischen Compositionen getheilt worden.“
Es hat sich gezeigt, dass Olympus sein Phrygisch auf dem Heptachorde
Synemmenon ausführte. Die enharmonische Behandlung besteht in der
Weglassung des auf das Halbtonintervall folgenden höheren Ganztones.
Nach den enharmonischen Notentabellen des Alypius hat das hepta-
chordische Synemmenonsystem für das enharmonische Tongeschlecht
folgende Gestalt

h c (d) e f (g) a

d. h. es fehlt jeder auf das Halbtonintervall folgende höhere Ganzton,
sowohl *d* wie *g*. Es wäre absurd anzunehmen, dass das enharmonische
Phrygisch auf einer solchen Scala jemals wäre ausgeführt worden.
Denn es fehlt hier ja gerade derjenige Ton, welcher für das Phrygische
als Schlusston der Melodie durchaus unerlässlich ist, nämlich der Ton *g*.
Unmöglich kann in der schablonenmässigen Zusammenstellung der
enharmonischen Scalen des Alypius auf die Praxis Rücksicht genommen sein. Die von den Neueren so viel geschmähten enharmonischen Scalen der „ganz Alten“, welche Aristides S. 21 aufbewahrt hat,
kommen auch hier zu Ehren. Denn hier ist als enharmonische Octaven-
Scala der Phrygisti folgende angegeben (wir übergehen, wie oben bei

der enharmonischen dorischen Scala, die Viertelstöne, die für die Periode des Olympus noch keine Geltung haben):

$$d \quad e \quad f \quad (g) \quad a \quad h \quad c \quad d$$

Hier ist das für das Phrygische durchaus nothwendige *d* vorhanden, ein deutlicher Beweis, dass wir es in diesen Scalen der „ganz Alten" nicht wie bei Alypius mit bloss theoretischen Tonreihen zu thun haben, sondern dass das von ihnen Aufgestellte der Praxis entspricht. Für das heptachordische Synemmenonsystem ergibt sich hiernach folgende Scala, in der Olympus seine enharmonisch behandelten Phrygia genommen hat:

enharmonische Phrygia	*h*	*c*	*d*	*e*	*f*	*(g)*	*a*
andere Phrygia . . .	*h*	*c*	*d*	*e*	*f*	*g*	*(a)*
Metroa u. a.	*h*	*c*	*d*	*e*	*f*	*g*	*a*

Der enharmonischen Scala haben wir die beiden anderen Phrygischen Scalen des Olympus, die wir oben kennen gelernt, zum Zwecke leichterer Vergleichung hinzugefügt. Es wurden also von Olympus für die plagalisch gehaltenen phrygischen Melodien entweder alle sieben Töne von der Dur-Terz *h* bis zur Dur-None *a* gebraucht, oder es wurde der Ton *a* ausgelassen, oder es wurde der Ton *g* ausgelassen. Das letztere nannte man die Enharmonik oder die Harmonie. Der Ton *g* ist die Dur-Prime. Wurde sie weggelassen, so findet also für die Phrygische Melodie dasselbe statt, was sich oben für den dorischen Tropos spondaikos gezeigt hat, dass sich nämlich der Gesang des harmonischen Grundtons oder der tonischen Prime enthält. Es ist dies möglich, weil in beiden Tonarten nicht die Prime, sondern die Quinte den Melodieschluss bildet. In jenen dorischen Melodien mit fehlender Tonica war dieser Ton, wie wir gesehen, ein in der Begleitung vielfach gebrauchter Ton, er verband sich namentlich mit der die Melodie schliessenden Quinte als nothwendiger Accordton. Nothwendig ist ein Gleiches auch für die enharmonischen d. h. die des harmonischen Grundtones *g* in der Melodie entbehrenden Phrygischen Compositionen anzunehmen: auch der phrygischen Begleitung kann die Tonica ebensowenig wie der dorischen Begleitung gefehlt haben. Ich denke, wir dürfen es hiernach als feste Thatsache hinstellen: dass die in der Enharmonik der Griechen ausgelassenen Töne der Scala nur in der Melodie, aber nicht in der zur Melodie hinzukommenden Begleitung ausgelassen wurden.

Wir müssen nun auch für die in der Durterz schliessenden Melodien des Olympus (d i. die Syntonolydischen) den Tonumfang zu bestimmen suchen. Für seine Phrygischen haben wir die positive Ueberlieferung, dass sie auf dem Synemmenonsysteme genommen wurden.
Eine solche Notiz fehlt uns für die Olympische Syntonolydisti. Hätte
er auch hier das Synemmenonsystem angewendet, so würde der höchste
Ton desselben den Schlusston der Syntonolydischen Melodie bilden:

$$h \quad c \quad d \quad e \quad f \quad g \quad a$$

Dies lässt sich der Natur der Sache nach schwerlich annehmen. Daher
muss die Syntonolydisti gleich der mit ihr in demselben Melodietone *a*
schliessenden Aiolisti auf dem diazeuktischen Systeme — und zwar in
der heptachordischen Form desselben (S. 83), nicht in der erst später
ausgebildeten oktachordischen Form — ausgeführt sein:

$$e \quad f \quad g \quad \overset{\text{Meso}}{a} \quad h \quad c \quad d;$$

Dann ist die syntonolydische Melodie nach gewöhnlicher Weise der
Griechen plagalisch gebaut. Auch die uns aus späterer Zeit überkommene syntonolydische Melodie ist plagalisch. Dass nicht bloss das
Phrygische, sondern auch das Lydische Dur enharmonisch behandelt
wurde, sagt Aristoxenus bei Plut. 11: „Olympus hätte den Halbton
der Enharmonik nicht durch den Viertelton zertheilt, dies sei erst später
in den Phrygischen und Lydischen Compositionen geschehen.“ In der
von den „ganz Alten“ herrührenden enharmonischen Scala der Syntonolydisti bei Aristid. p. 21 sind die Töne *d* und *f* ausgelassen:

Diese Scala auf das heptachordische Diazeugmenonsystem übertragen
ergibt die Töne

$$e \quad (f) \quad g \quad \overset{\text{Schlusston}}{a} \quad h \quad c \quad (d)$$

Man liess also im enharmonischen Syntonolydischen den Tabellen der
alten Musiker zufolge nicht wie im Phrygischen den auf das Halbtonintervall *e f* folgenden Ganzton *g*, sondern den auf das Halbtonintervall *h c* folgenden Ganzton *d* aus. Ausserdem wurde noch ein

zweiter Ton ausgelassen, und zwar ist dies die tonische Prime *f*. Auch
in einigen Phrygia des Olympus wurde die tonische Prime der Phrygisti (*g*) ausgelassen; ebenso fehlte in dem dorischen Tropos spondaikos
die dorische Tonica *a*. Wir können nicht umhin, diese drei Erscheinungen zu identificiren. Der jedesmaligen Begleitung konnte die
Prime nicht fehlen.

Die enharmonischen Lydischen Durmelodien des Olympus schlossen also in der Durterz *a*, bewegten sich über diesen Ton aufwärts
noch um zwei Töne, die Durquarte und Durquinte, in die Höhe, und
ebenso berührten sie auch unterhalb der Durterz *a* nur zwei Töne,
nämlich die Dursecunde *g* und mit Vermeidung der Durprime *f* die
Untersecunde oder Septime *e*. Zwei Vergleiche drängen sich hier von
selber auf. Der eine mit der uns erhaltenen syntonolydischen Melodie
der späteren Griechenzeit. Sie hat den Tonumfang

Schlusston
c   *d*   *e*   *f*   *g*   **a**   *h*   *c*.

stimmt also mit der Olympischen Weise darin überein, dass auch sie
nur zwei Töne über den Schlusston hinaufgeht, *h* und *c*. Dies muss
für den Bau der syntonolydischen Melodien etwas Characteristisches
gewesen sein. Die Differenz findet in den unterhalb des Schlusstons
vorkommenden Tönen statt. Hier ist die Olympische Weise viel einfacher und enthaltsamer, als die spätere Zeit, sie hat weder das tiefe *c*
noch *d*, sondern beginnt erst mit *e*, der folgende Ton *f* aber ist wiederum
im Gesange ausgelassen, obwohl ihn die Begleitung nothwendiger Weise
als tonische Durprime benutzen muss. Der zweite Vergleich ist der
mit den in der Durterz abschliessenden Volksliedern unserer Tage.
Unter ihnen hat z. B. „Morgen geh ich fort von hier" einen über die
Durquinte in die Höhe hinausgehenden Tonumfang, dagegen berührt
die S. 74 mitgetheilte Melodie, welche wir in jeder Weise als die
Mustercomposition dieser Art gelten lassen müssen (wir transponiren
sie des leichteren Vergleiches wegen in die *F*-Durscala), folgende Töne:

Schlusston
c   *f*   *g*   **a**   *b*   *c*   *d*

Das tiefere *c* kommt indess nur ein einziges Mal als Auftact der ganzen
Melodie vor und ist jedenfalls ganz unwesentlich; es ist zu vermuthen,
dass dieser Auftact in ursprünglichster Fassung kein *c*, sondern gleich
dem folgenden Tone ein *f* war. Doch wie dem auch sei, die der Melodie

wesentlichen Töne sind die sechs: *f g a b c d*. Hier werden die fünf Töne der Olympischen Syntonolydisti nur um einen einzigen höheren Ton *d* überschritten; auch hier liegt wie dort der Melodieschlusston in der Mitte. Dieser Weise des Volkssanges, welche sich unabhängig von unserer Kunstmusik herausgebildet hat, ist also die Lydische Weise des Olympus so ähnlich wie möglich.

Wir haben oben gesehen, dass der (auf dem Synemmenonsysteme genommenen) enharmonischen Phrygisti des Olympus in der Melodie der Ton *g* fehlte, und dass hiernach für die Melodie ein Tonumfang *h c d e f a* vorauszusetzen ist. Vom Tone *a* heisst es, dass sich Olympus desselben in den Metroa und einigen anderen phrygischen Compositionen nicht bloss in der Begleitung, sondern auch in dem Melos bedient habe, und dies weist, wie schon gesagt, nothwendig darauf hin, dass er in einigen phrygischen Melodien ausgelassen wurde. Die Analogie des enharmonischen Lydisch, in welcher zwei Töne ausgelassen werden, macht es höchst wahrscheinlich, dass im Phrygischen die Auslassung der tonischen Prime *a* sich mit der enharmonischen Form, der Phrygisti, in welcher der Ton *g* fehlte, verband, also

enharmon. Phrygisch . *h c d e f*, Tonica *g*
enharmon. Syntonolyd. . *e g a h c*, Tonica *f*.

Die Phrygischen Metroa hatten einen grösseren Tonumfang, denn hier kam auch *a* als Melodieton vor, aber für die enharmonische Phrygisti — also im Nomos auf Athene — muss die Melodie, so weit sich aus positiven Daten und aus der Analogie schliessen lässt, wie in der enharmonischen Syntonolydisti nur auf fünf Töne beschränkt gewesen sein: sie ging von der Durterz bis zur verminderten Septime als dem der phygischen Durscala charakteristischen Tone, der mittlere Ton oder die Quinte war der Schlusston der Melodie, über der man nur zwei Tonstufen aufwärts und ebenfalls nur zwei Tonstufen abwärts ging.

So ist uns durch sorgfältige Combination des überlieferten Materials ein Blick in die Beschaffenheit der lydischen und phrygischen Compositionen des Olympus verstattet worden. Der charakteristische Unterschied derselben von den Durcompositionen der Späteren ist Beschränkung der Melodie auf nur fünf Töne, deren mittlerer der Schlusston der Melodie ist, die Begleitung nahm an den hier absichtlich vermiedenen Tönen keinen Anstoss, sie fehlten nur der Melodie. Dies ist die „Oligochordia und Stenochoria“, welche bei Plutarch Kap. 18 als das der älteren Musikperiode Charakteristische hingestellt wird.

„Aber nicht aus Unkenntniss ist es geschehen, dass Olympus und
Terpander und ihre Schule der Vieltönigkeit und Mannigfaltigkeit sich
enthielten; das bezeugen Olympus und Terpanders Compositionen und
aller derer, die in ihrem Stile componirten. In ihrer Beschränkung
auf wenig Töne und in ihrer Einfachheit treten sie vor den mannigfaltigen und vieltönigen Compositionen so bedeutend hervor, dass
Niemand den Stil des Olympus nachahmen kann, wohl aber diejenigen
hinter ihm zurückstehen, welche sich in der Vieltönigkeit und Viel-
förmigkeit bewegen.“ Das sind nicht die Worte Plutarchs oder wer sonst diese interessante
Schrift aus Fragmenten zusammengestellt hat. Es ist das Urtheil eines
älteren Kunstkritikers, dem noch Olympische Compositionen vorliegen,
und schwerlich lässt sich an einen anderen als Aristoxenus denken. Er
setzt die maasshaltige Tonbeschränkung der Vieltönigkeit entgegen, und
meint damit nicht die Musik der zunächst folgenden, eigentlich klassischen Zeit, sondern den gegen das Ende des vierten Jahrhunderts aufgekommenen Musikstil, die Compositionsmanier des Timotheus und
Philoxenus, deren Polychordie auch die gleichzeitige Komödie feind-
lich entgegen tritt. „Diese Manier der neueren Zeit — meint Aristoxenus — steht trotz des Aufwandes eines grösseren Fonds von Kunst-
mitteln hinter den die Melodie oft auf nur fünf Töne beschränkenden
Compositionen zurück; die Art und Weise, wie bei einem so beschränkten Tonumfange die Melodie ausgeführt ist, kann in unseren
Tagen geradezu Niemand erreichen, auch wenn er absichtlich archai-
siren wollte; es sind jene einfachen Compositionen von hoher Schönheit und jeder Versuch sie nachzunehmen, ist vergeblich“. Dass sie
einen höheren Kunstwerth haben, als die Compositionen der klassischen Zeit, des Sakadas, Pratinas, Pindar, Aeschylus, ist nicht gesagt und wird auch wohl schwerlich die Ansicht des Aristoxenus sein,
aber einen hohen Kunstwerth schreibt er ihnen ganz entschieden zu.
Warum sollen wir diesem Urtheile nicht Glauben schenken? Oder
wollen wir darin bloss die Misslaune eines mit seiner Zeit unzufriede-
nen und auf Kosten derselben stets nur das Alte hervorhebenden
Mannes sehen? Dann würden wir Unrecht thun. Denn es ist Thatsache, nicht nur dass eine Anzahl alter auletischer Compositionen, die
den Namen des Olympus tragen und also jener von der späteren Weise
wesentlich verschiedenen archaistischen Compositionsweise angehören,
sich im Laufe der Jahrhunderte bis ans Ende des klassischen Griechenthums erhalten haben, sondern auch noch spät, wenn auch nicht bei

den eigentlichen Fachmusikern, doch wenigstens beim Volke im grossen Ansehen standen. „Die enharmonischen Nomoi, welche jetzt die Hellenen bei den Festen der Götter gebrauchen, sind von Olympus nach Hellas gebracht" Plut. 7, ein Satz, der wie das „jetzt" zeigt, ebenfalls von einem Autor der früheren Zeit herrühren muss und der wenigstens dies besagt, dass ein Theil der sacralen Compositionen dem enharmonischen Stile des Olympus angehörte. Ganz besonders bezeichnend für das Ansehen, in welchem die Olympische Weise bei den Athenern des vierten Jahrhunderts stand, ist die Stelle der Aristophanischen Ritter v. 8, in welcher die vom Kleon geknechteten athenischen Feldherren in einem auletischen Klagenomos des Olympus ihren Schmerzen Raum geben.

Δημ. δεῦρο δὴ πρόςελθ' ἵνα
ξυναυλίαν κλαύσωμεν Οὐλύμπου νόμον
Δημ. Νικ. μῦ μῦ, μῦ μῦ, μῦ μῦ, μῦ μῦ, μῦ μῦ, μῦ μῦ.

Es sei hierbei bemerkt, dass Aristophanes die Silben μῦ μῦ nicht etwa als Klageinterjectionen gewählt hat, sondern dass dies die Darstellung der Instrumental-Töne durch die menschliche Stimme sein soll. Ohne Zweifel wurde hier dem Publicum ein ihm bekannter Instrumentalsatz eines Olympischen Nomos durch die Singstimme der beiden Schauspieler vorgeführt, von denen der eine die stimmführende Melodie, der zweite die begleitende Krusis darstellte, so dass sie zusammen eine ξυναυλία bildeten. Nicht minder wie die lydischen Klageweisen des Olympus waren auch Olympus' ekstatische Compositionen Phrygischer Tonart den Späteren bekannt und wurden häufig aufgeführt. Aristoteles polit. 8, 5 redet von einem Zustande, wo das Gemüth überreizt ist. Dann sagt er, müsse man die phrygische Musik des Olympus hören, durch welche dieser Zustand auf den Höhepunkt getrieben würde, um hierdurch zu seinem Ende zu gelangen. Wenn Plato ausser der dorischen Tonart auch noch die phrygische als wesentlich religiöse Tonart beibehalten wissen will, so denkt er dabei augenscheinlich eben an die sacralen Compositionen, von denen es in der zuletzt angeführten Stelle des Plutarch heisst „οἷς νῦν χρῶνται οἱ Ἕλληνες ἐν ταῖς ἑορταῖς τῶν θεῶν", d. i an die enharmonischen Nomoi des Olympischen Stils.

Dass nun die archaischen Compositionen der Olympischen Weise sich durch die folgenden Musikperiode des Polymnastus, Sakadas, der Perserkriege bis ins vierte und dritte Jahrhundert gehalten haben, obwohl sie (wenigstens ursprünglich) nicht durch Noten fixirt waren, kann uns bei einem Volke wie die Griechen sind, nicht auffallen. Es

ist diese treue Bewahrung alter musikalischer Compositionen um nichts
wunderbarer, als die treue Tradition der noch aus viel früherer Zeit
stammenden Homerischen Dichtungen. Es gab freilich eine Home-
riden-Schule, deren Mitglieder sich eigens der Erhaltung und Fortpflanzung der Homerischen Epen widmeten; aber steht nicht auch
die Existenz einer Olympischen Auletenschule, die von der Auletenschule des Polymnestus und Sakadas verschieden war, ebenso fest?
„*Οἱ περὶ Ὄλυμπον... καὶ οἱ ἀκολουθήσαντες*" Plut. 18.   Die zu dieser
Schule gehörenden Mitglieder der auf einander folgenden Generationen
sind zunächst ebenso wenig productive Componisten, wie die Homeriden und 'Rhapsoden Dichter sind; sie sind ausübende Virtuosen, die
den ihnen von den Meistern überkommenen Schatz alter Olympischer
Compositionen „an den Festen der Hellenen" und wo sonst Gelegenheit
ist, dem hörenden Publicum vorführen.   Dass durch sie an diesen Compositionen hin und wieder manches geneuert werden, dass durch productive Theilnehmer dieser Olympischen Auleten-Innung sogar manche
neue Composition, die in derselben Stilart gehalten war, hinzukommen
musste, ist freilich selbstverständlich.   Und so finden wir in dem
Verzeichniss Olympischer Nomoi, welches das später zu behandelnde
7. Kapitel der Plutarchischen Schrift aufstellt, Bedenken über die
Authenticität Olympischer Nomoi ausgesprochen, ob sie von ihm selber
oder von einem Schüler herstammen, ganz ähnlich den Bedenken,
welche sich an die alten Epen anknüpfen, ob sie von Homer selber,
oder von Arktinus oder Stasinus seien.   Die Autorschaft ist hierbei
gleichgültig, denn sie lässt sich doch nicht ermitteln und würde sich
auch nicht ermitteln lassen, wenn uns alle jene Compositionen noch
vorlägen.   Olympus ist wie Homer ein Gattungsname.   So viel steht
fest, dass diejenigen auletischen Compositionen, welche für Olympisch
galten, d. h. welche die oben besprochene sogenannte Olympische
Stileigenthümlichkeit tragen, entweder aus der Zeit vor Polymnestus
und Sakadas stammen, oder in der Periode des Polymnastus und
Sakadas oder auch wohl noch etwas später von Mitgliedern der Olympischen Schule im Geiste jener archaischen Nomoi componirt sind.
In der späteren Zeit waren sie unnachahmbar wie Aristoxenus sagt —
ein Aulet des vierten Jahrhunderts vermochte ebenso wenig den Stil
des Olympus nachzuahmen, wie Antimachus sich in den Geist des
homerischen Epos zurückversetzen konnte.   Das Kunststück, aus nur
fünf Tönen eine wohlklingende. ja hinreissende Melodie zu gestalten,
konnte die an die Verwendung eines grösseren Reichthumes von musi-

kalischen Mitteln gewöhnte Zeit nicht fertig bringen. Das Urtheil des Aristoxenus mögen wir uns dadurch veranschaulichen, dass wir an die alliterirende Poesie unserer germanischen Altvordern denken. Was uns davon bei den einzelnen Zweigen unseres Stammes erhalten ist, werden wir gewiss nicht höher stellen wollen als die Dichtungen Shakespare's und Göthe's, aber die hohe Schönheit, die in der einfachen, oft monotonen Grösse der alten Balladen von Sigurd und Hamarsheimt liegt, ist keinem germanischen Dichter der späteren Jahrhunderte erreichbar.

Noch zwei Puncte der Olympischen Musik bleiben zu erledigen übrig, einmal die rhythmischen Neuerungen, die ihm zugeschrieben werden, und sodann was uns über seine auletischen Nomoi im Einzelnen mitgetheilt wird. Indess stehen die rhythmischen Neuerungen des Olympus in einem so nahen historischen Zusammenhange mit den Rhythmen der in der folgenden Musikperiode sich kunstmässig entwickelnden chorischen Musik, insonderheit mit den Rhythmen des Thaletas und Stesichorus, dass man in der Darstellung nicht gut umhin kann, sie zusammen mit diesen letzteren zu behandeln. In ähnlicher Weise ist die Frage nach den einzelnen auletischen Nomoi des Olympus so sehr mit den einzelnen auletischen Nomoi der folgenden Periode verflochten, dass sie ohne störende Anticipationen nicht ohne die Besprechung der letzteren endgültig zu beantworten ist. Wir werden daher auf die beiden genannten Puncte erst weiterhin eingehen können.

Drittes Kapitel.

Die Monodik und Instrumentalmusik von Polymnastus bis Phrynis.

Die zweite musische Katastasis.

Ein nachweislich aus der Schrift des alten Glaukus aus Rhegium herstammender Bericht bei Plut. mus. 9 sagt Folgendes: „Die erste Feststellung (κατάστασις) der musischen Kunstnormen ist in Sparta geschehen und zwar durch Terpander. Die zweite ist vorzugsweise auf folgende Meister zurückzuführen: Thaletas von Gortyn, Xenodamus von Kythera, Xenokritus den Lokrer, Polymnastus den Kolophonier und Sakadas den Argiver ..... Thaletas, Xenodamus und Xenokritus waren Componisten von Päanen, Polymnastus und seine Nachfolger waren Componisten der sogenannten Orthioi, Sakadas und seine Nachfolger waren Componisten von Elegien."

Wie wenig würden wir von der Geschichte der griechischen Musik wissen, wenn uns nicht das kleine Büchlein des Plutarch mit seinen werthvollen Excerpten aus älteren Schriftstellern überkommen wäre. Sorgsame Forschung und umsichtige Combination der dort enthaltenen Notizen aber hat, wie man sich aus dem vorausgehenden Kapitel überzeugt haben wird, zu einer fast detaillirten Kenntniss der archaischen Musikperiode der Griechen geführt, so viel davon den Musikern am Ende des klassischen Zeitalters theils aus bis dahin erhaltenen alterthümlichen Compositionen, theils aus der Tradition der musikalischen Schulen und Innungen bekannt war. Es waren vier auf die Meister Terpander, Klonas, Archilochus und Olympus zurückgeführte Zweige der Musik, deren Anfänge jener archaischen Periode der griechischen Musik angehören: der alte kitharodische Nomos, der

aulodische Nomos, das weltliche Lied und die auletische Instrumentalmusik. Die am frühesten auf bestimmte Normen zurückgeführte Kunstform ist der kitharodische Nomos Terpanders, Terpander gilt mithin
den griechischen Musikern als der Begründer jener ersten archaischen
Musikepoche, und das nannte man die πρώτη κατάστασις τῶν περὶ τὴν μουσικήν, die erste Feststellung der sich auf die Musik beziehenden Kunstnormen, die auch für die Musik der späteren Zeit, soviel Neues auch
hinzukommen mochte, fortwährend die Grundlage bildeten, etwa in
gleicher Weise wie die Architectur auch in der eigentlichen Blüthezeit der Kunst die in der archaischen Periode gefundenen Normen der
Stilarten mit hingebender Treue bewahrt hat.

Auf die archaische Periode der Musik folgt die klassische Zeit.
Den Anfang derselben bezeichnen die Musiker als δευτέρα κατάστασις τῶν
περὶ τὴν μουσικήν, als die zweite musische Katastasis. Wir müssen zunächst kürzlich die in dem obigen Berichte genannten Meister derselben
ins Auge fassen. Sie sondern sich in zwei Gruppen: einmal Thaletas,
Xenodamus und Xenokritus als Componisten chorischer Musik, sodann
Polymnastus und Sakadas als die Meister einer neuen Stilart der Monodik und Instrumentalmusik. Schon hierin zeigt sich ein bemerkens-
werther Unterschied zwischen der archaischen und der mit der zweiten
Katastasis beginnenden neueren Zeit. Denn in der archaischen Periode
ist blos die monodische und instrumentale Musik repräsentirt, jene im
kitharodischen und aulodischen Nomos und im Liede der Jambographen, diese in der Auletik der aus dem Orient einwandernden
Schule des Olympus.

In der zweiten Katastasis aber tritt zu dem monodischen und instrumentalen Zweige der Musik, der zunächst durch die Meister Polymnastus und Sakadas repräsentirt ist, noch ein zweiter Kunstzweig,
nämlich die orchestische oder chorische Musik hinzu, die bis dahin
nur der Sphäre des Volkslebens und Volksgesanges angehört hatte,
ohne durch eigentliche Künstler gepflegt und auf bestimmte Normen
fixirt zu sein, von jetzt an aber auch in den eigentlichen Kanon
der Kunst aufgenommen wurde und eine der Monodik und Instrumentalmusik coordinirte Stellung erhielt. Es ist dies spätere Hervortreten der chorischen Musik gerade so anzusehen, wie die attische
Tragödie, die, ehe sie durch Phrynichus und seine Zeitgenossen zu
einer den übrigen Zweigen der musischen Kunst gleichberechtigten Gattung hervorgehoben wurde, lediglich nur als eine von den eigentlichen
Künstlern unbeachtete Art des Volksgesanges bestanden hatte. Die

einzelnen Entwickelungsphasen der monodisch-instrumentalen und der
chorischen Musik seit der zweiten Katastasis sind in vielfacher Hinsicht
die nämlichen, und jede von beiden Richtungen hat auf die andere ein-
gewirkt, jedoch so, dass die chorische Musik mehr durch die mono-
disch-instrumentale Musik beeinflusst worden ist als umgekehrt.   Für
die Darstellung der Geschichte der Musik aber ist es angemessen beide
Zweige von einander zu trennen und zunächst die monodisch-instru-
mentale Musik des klassischen Zeitraumes in unmittelbarem Anschlusse
an die archaische Zeit zu behandeln.   Für die archaische Zeit unterschieden wir die Kitharodik, die Aulodik, das weltliche Lied und die
Auletik.   Alle diese vier Zweige sehen wir in der vorliegenden Periode
in unmittelbarem Anschluss an das, was in der archaischen Zeit errungen war, sich weiter entwickeln, insbesondere hält der kitharodische Nomos die alten terpandrischen Normen und die Auletik die
alte Weise des Olympus fest.   Aber zu den bereits vorhandenen Zweigen
kommt ein neuer hinzu, die Kitharistik, die auf dem Gebiete der
Saiteninstrumente dasselbe ist wie die Auletik im Gebiete der Aulosmusik:
ja schliesslich vereinigt sich Auletik und Kitharistik zu einer dritten
Art der Instrumentalmusik.   Doch ist die Kitharistik nicht von gleicher
Wichtigkeit wie die alten Kunstzweige, die aus der archaischen Kunst-
periode herübergekommen sind.   Wichtiger sind die neuen Kunstmittel, welche die zweite Periode der monodischen und Instrumentalmusik hinzufügt.   Es beziehen sich dieselben zunächst auf das System
der Tonarten.   Die archaische Kitharodik kannte nur die drei Species
der altnationalen Molltonart, das Dorische, Aeolische und Böotische;
die alte Aulodik des Klonas beschränkte sich vielleicht nur auf die
Doristi, wenigstens war ihr die Aeolisti fremd; die Auletik des Olympus fügte der Doristi noch das phrygische und syntonolydische Dur
hinzu.   In der gegenwärtigen Periode gewinnt die Auletik zu ihren
früheren Tonarten noch die sog. eigentliche Lydisti d. h. die Quinten-
species des lydischen Dur, und die Iasti d. i. die Primenspecies des
phrygischen Dur hinzu; die Aulodik tritt in Beziehung auf die Tonarten mit der Auletik auf denselben Standpunkt; die Kitharodik entlehnt aus der Auletik die Phrygisti und bemächtigt sich ausser derselben auch noch der durch Xenokritus für die chorische Musik auf-
gebrachten Lokristi, d. i. der parallelen Molltonart des phrygischen
Dur; das weltliche Lied endlich wird durch Sappho ebenfalls um eine
neue Tonart, die Mixolydisti, bereichert, die sich der sonst für dies
Genre üblichen Doristi, Lydisti und Phrygisti hinzugesellt.

Eine andere Bereicherung der Kunstmittel bezieht sich auf die Transpositionsscalen. Die archaische Zeit kannte deren nur zwei, die wir die Scala ohne Vorzeichen und die Scala mit einem *b* nennen können, jene durch das diazeuktische System, diese durch das Synemmenonsystem dargestellt. Seit der zweiten Katastasis erhält die Kitharamusik noch eine Scala mit zwei *b*, die Aulosmusik ausserdem noch Scalen mit drei und vier *b*. Weiter geht der Bereich der Transpositionsscalen für die monodische und instrumentale Musik der klassischen Zeit nicht. Mit den Transpositionsscalen steht die Erweiterung des Tonumfanges im nächsten Zusammenhange. Einerseits nämlich wird das Diezeugmenon-System aus einem Heptachorde zu einem Octachorde, andererseits wird sowohl dem Diezeugmenon, wie dem Synemmenonsystem in der Tiefe noch das Tetrachord hypaton hinzugefügt; den Proslambanomenos und das Tetrachord hyperbolaion aber hat die klassische Zeit noch nicht zur Anwendung gebracht.

Sehr eigenthümlich ist nun eine dritte Neuerung. Wir haben schon bemerkt, dass sowohl die Kitharodik an den Normen des Terpander wie die Auletik an den Normen des Olympus festhält. Der conservative Sinn, den die Musik hier zeigt, bezieht sich hauptsächlich auf die bei jenen alten Meistern beliebte Auslassung gewisser Töne. Doch an den Stellen, wo ein Ton ausgelassen wird, fügt die von der zweiten Katastasis an datirende Monodik und Instrumentalmusik einen dem natürlichen Systeme fremden Schaltton ein. So tritt zu dem diatonischen Geschlechte das Chroma und die neuere Enharmonik so wie eine Anzahl sogenannter Chroai hinzu, Stimmungsweisen, welche unserer heutigen Musik durchaus fremd sind und auch im Alterthume nur dem Kreise der monodischen und instrumentalen Musik angehören, ohne in die chorische Musik Eingang zu finden.

Endlich ist es bezeichnend für unsere jetzige Periode der Musik, dass die Meister ihre Compositionen durch Noten fixiren, während die archaische Zeit zu einer Notirung der Melodie und der Begleitung ebensowenig ein Bedürfniss hatte, wie die Homeriden zu einer schriftlichen Fixirung des alten Epos. Es möge hier gleich bemerkt sein, dass das Bedürfniss der Notirung sich zuerst innerhalb der Instrumentalmusik und der Begleitung des Gesanges aufdrängte; eine Notirung des Gesanges werden wir erst am Ende dieser Periode entstehen sehen.

Die Componisten nun, die wir fast für alle die in dieser Uebersicht genannten Neuerungen verantwortlich zu machen haben, sind

die beiden Meister, welche in der von der zweiten Katastasis handeln-
den Stelle des Glaukus als die Vertreter der neuen Art der monodischen
und Instrumentalmusik genannt werden, nämlich Polymnastus und
Sakadas.   Bei der durch sie herbeigeführten Katastasis ist es für den
in Rede stehenden Zweig der Musik bis zu Ende der klassischen Zeit
verblieben.   Sollen wir nun die Schlussepoche dieser klassischen Zeit
bezeichnen, so haben wir, wie sich ergeben wird, den Namen des
Kitharoden Phrynis zu nennen, der ein Zeitgenosse des Sophokles und
Euripides war.   Doch ist Phrynis nicht etwa der letzte unter den
Meistern der klassischen Periode, sondern bereits der erste Anfänger
einer dritten auf die archaische und klassische Musikperiode folgenden
Zeit, die wir, wenn wir anders den Aussagen des Aristoxenus Glauben
schenken wollen, schon als die nachklassische Musik der Alten zu
bezeichnen haben.   Die hier in Rede stehende Periode monodischer
und instrumentaler Musik wird also die Zeit von Polymnastus, dem
älteren Zeitgenossen des Alkman, bis zum Ende der Aeschyleischen und
Pindarischen Epoche umfassen.   Gerade so lange hat, wie wir sehen
werden, auch die klassische Zeit der chorischen Musik gedauert.   Kurz
vor dem peloponnesischen Kriege erlischt die mit der zweiten Katastasis
beginnende Periode.   Noch Eines möge bei dieser allgemeinen Uebersicht bemerkt werden.   Man redet gewöhnlich von einer ersten und
zweiten Spartanischen Katastasis, als ob der Ausdruck Katastasis speciell auf Sparta zu beziehen sei.   Plutarchs Bericht sagt allerdings:
Ἡ μὲν οὖν πρώτη κατάστασις τῶν περὶ τὴν μουσικὴν ἐν τῇ Σπάρτῃ Τερπάνδρου
καταστήσαντος γεγένηται, τῆς δευτέρας δὲ Θαλήτας... Aber dies heisst nur:
die erste Feststellung der musischen Kunstnormen ist in Sparta geschehen, und zwar durch Terpander, die zweite durch Thaletas u. s. w.
Wie der Bericht uns vorliegt, so ist das Wort „erste und zweite Katastasis“ ganz allgemein gefasst als eine Neuerung, die zwar von Sparta
ausgeht, aber keineswegs auf Sparta beschränkt blieb, sondern für ganz
Hellas Geltung hatte.   Wie viel Sparta für die Entwickelung der Musik
Bedeutung hat, wird sich weiterhin bei der Betrachtung der einzelnen
Componisten zeigen.

In der archaischen Periode der Monodik und Instrumentalmusik
haben wir vier einzelne Zweige der musischen Kunst getrennt von
einander nach der chronologischen Folge der dieselben begründenden
Meister besprochen.   Alle vier Zweige bleiben wie schon angedeutet,
in der gegenwärtigen Periode neben einander bestehen, ja es tritt noch
ein fünfter, die Kitharistik hinzu, und es unterscheiden sich z. B. kitharo-

discher Nomos, auletischer Nomos, weltliches Lied in dieser Zeit ebenso
sehr wie in der archaischen. Aber bei der Art und Weise, wie uns die
Daten, aus denen wir zu schöpfen haben, überliefert sind, würde es un-
zweckmässig sein, wenn auch hier die Darstellung jene Zweige als oberste
Kategorien festhalten wollte. Wir haben vielmehr zuerst die Tonarten,
dann den Tonumfang, dann die Stimmungsunterschiede u. s. w. zu besprechen und für jeden dieser Puncte die oft sehr characteristischen Differenzen der einzelnen Kunstzweige darzulegen. Was von den einzelnen Meistern zu sagen ist, muss dem Schlusse dieses Kapitels vorbehalten bleiben.

Tonarten der Auloi und Saiteninstrumente.

Eine ganz vorzügliche Quelle für die Geschichte der alten Musik
ist der musikalische Abschnitt im vierten Buche des Reallexikons,
welches der Grammatiker Polydeukes zur Zeit des Kaisers Commodus
geschrieben oder vielmehr aus älteren grösseren Werken compilirt hat.
Es werden hier kürzlich diejenigen Theile der Musik behandelt, welche
bei Aristides die Odik, Organik und Hypokritik heissen, zuerst gemeinsam die Odik und Organik, d. h. die Vocal- und Instrumentalmusik,
dann die Hypokritik, d. h. die orchestische und mimetische Darstellung
der chorischen und scenischen Musik. Aristides' Encyclopädie unterlässt gegen das Versprechen des Verfassers die Ausführung dieser
Theile. Für die Odik und Organik, die Pollux, wie schon bemerkt,
im Zusammenhange mit einander behandelt, sind zwei grosse Kategorien
gemacht, je nachdem die Blas- oder die Saiteninstrumente angewandt
werden; die hier mitgetheilten werthvollen Notizen sind zum grössten
Theil aus einem ähnlichen Werke des Alexandrinischen Grammatikers
Tryphon geflossen, in welchem dieser aus älteren musikalischen Schriften
dasjenige, was sich auf die Instrumente der Alten bezieht, sorgsam zu-
sammengetragen hatte. Was wir bei Pollux finden, repräsentirt also
zunächst nicht den Musikstandpunkt der römischen Kaiserzeit, sondern
einer älteren Periode.

Als Tonarten der Auloi gibt Pollux folgende an: die dorische,
phrygische, lyrische, die ionische und die syntonolydische, die Erfindung
des Anthippus. Das bezieht sich ebensowohl auf die Auletik wie auf
die Aulodie. Die alte nationale Aulodie des Klonas bediente sich von
diesen Tonarten bloss der dorischen, die archaische Auletik des Olympus
ausser der dorischen auch noch der phrygischen und syntonolydischen
Tonart, bei Pollux sind noch die im engern Sinne sogenannte lydische
und die ionische hinzugekommen.

Aulos - Tonarten.

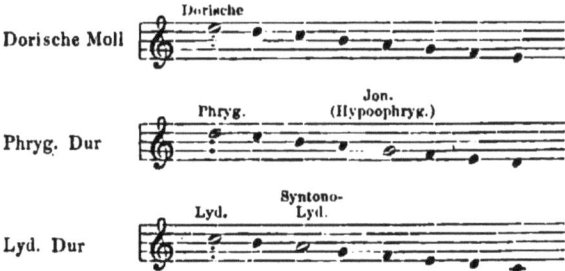

Das dorische Moll wird von den Auloi nur in der Quintenspecies, dem
eigentlichen Dorischen, nicht in der Primenspecies oder dem Aeolischen
(Hypodorischen) gebraucht; das phrygische Dur sowohl in der Primen-
wie in der Quintenspecies, das lyrische Dur sowohl in der Terzenspecies
(syntonolydisch) wie in der Quintenspecies (dem eigentlichen Lydisch).
Wenn es bei Plut. heisst, dass zur Zeit des Polymnastus und Sakadas die
dorische, phrygische und lydische Tonart gebräuchlich war, so ist hier
phrygisch und lydisch als Tonart mit Inbegriff der zu einer jeden gehörigen Species zu fassen.

Als Tonarten der Kithara nennt Pollux folgende: die Doristi,
Iasti und Aiolisti als die ersten, sodann die Phrygisti und die Lokristi,
die Erfindung des Xenokritus (so ist statt des Philoxenus der Handschriften zu lesen). Dass hier die Lokristi aufgeführt ist, macht uns den
Standpunkt, von welchem aus wir diese Angaben des Pollux zu fassen
haben, völlig klar. Sie kommt erst durch einen Musiker der zweiten musischen Katastasis auf, ist bei Pindar und Simonides beliebt, wird aber
schon von Heraklides Ponticus, dem Schüler Platos, als eine solche bezeichnet, die keine Geltung mehr habe, eine Notiz, mit welcher sich von
selber die Thatsache zusammenstellt, dass auch in der von Plato in der
Republik gegebene Aufzählung der Tonarten die lokrische völlig unberücksichtigt bleibt; gegen Anfang des dritten vorchristlichen Jahrhunderts ist sie also aus der praktischen Musik so gut wie verschwunden;
ihr Name wird bei den Technikern nur gebraucht, wenn sie sagen, dass
die hypodorische oder äolische Octavengattung auch die lokrische
heisse. Das von Pollux für den praktischen Gebrauch der Auloi und
Saiteninstrumente überlieferte System der Tonarten bezieht sich hiernach auf die Zeit von der zweiten musischen Katastasis Spartas bis zum
vierten Jahrhunderte, also auf die eigentlich klassische Zeit der hel-

Ienischen Musik. Von grossem Interesse ist nun, dass auch der mit Pollux gleichalterige Ptolemäus die für die Kithara gebräuchlichen Tonarten aufzählt. Es geschieht dies in den Partieen seines Werkes, wo er von den für die Kithara und Lyra üblichen Stimmungsarten (den sogenannten Chroai) redet. Wir werden weiter unten näher auf diese Auseinandersetzungen des Ptolemäus einzugehen haben, vorläufig wollen wir dies anticipiren, dass die vier Tonarten der Kithara, auf welche Ptolemäus wiederholt zurückkommt, folgende sind: die hypodorische, dorische, hypophrygische, phrygische. Es verhalten sich also die bei Pollux und Ptolemäus enthaltenen Angaben für die Tonarten der Kithara folgendermaassen zu einander:

Pollux:	Ptolemäus:
Doristi	Dorisch
Iasti	Hypophrygisch
Aiolisti	Hypodorisch
Phrygisti	Phrygisch
Lokristi	(obsolet geworden)

Diejenige Kithara-Tonart, von welcher wir wissen, dass sie schon zur Zeit des Plato und Heraklides Ponticus obsolet geworden, wird von Ptolemäus nicht genannt, denn Ptolemäus nimmt nur auf die zu seiner Zeit gebräuchlichen Tonarten Rücksicht, wie er bei fast jeder der von ihm gegebenen Bestimmungen ausdrücklich zu erkennen gibt (er appellirt an das Gehör des musikkundigen Lesers). Mit Pollux gemeinsam nennt er die dorische und phrygische; statt der Aiolisti und Ias des Pollux nennt er die Namen Hypodorisch und Hypophrygisch. Aus Heraklides Ponticus wissen wir, dass Hypodorisch der zu seiner Zeit übliche Name für die aus dem Gebrauche verschwundene Bezeichnung „Aiolisti" war, und da leidet es denn wohl keinen Zweifel, dass auch das Hypophrygische des Ptolemäus mit der Ias des Pollux identisch sein muss. Es ist dies, nebenbei gesagt, der positive Beweis für die Richtigkeit der Annahme, dass die iastische Octavengattung von g bis g geht (mit der hypophrygischen des Aristoxenus und der späteren Techniker identisch ist); denn eine ausdrückliche Angabe über die iastische Octave ist uns nicht überkommen (in dem alten Tonarten-Verzeichnisse bei Aristides steht der Name Iasti nicht an der richtigen Stelle). — Wir werden nun für das Zeitalter, auf welches sich die Angaben des Pollux beziehen, auch noch dies geltend zu machen haben, dass hier nicht bloss die zur Aristoxenischen Zeit und späterhin aus dem Gebrauche verschwundene Lokristi genannt wird, sondern dass auch die übrigen Tonarten mit

ihren alten, bei Lasus, Pratinas, Pindar vorkommenden Termini, nicht
mit den zur Zeit des Heraklides, Aristoxenus und späterhin üblichen
modernen Namen bezeichnet sind, und wir werden den Mittheilungen
des Pollux unbedingte Richtigkeit und Gültigkeit für das eigentlich
klassische Zeitalter der griechischen Musik zu vindiciren haben.

Vor Allem ist nun die Discrepanz im Gebrauche der Tonarten,
welche zwischen den Rohr- und Saiteninstrumenten stattfindet, von
Interesse. Sehen wir von den durch den Schlusston der Melodie be-
dingten Species ab, so stellt sich zunächst als Thatsache heraus, dass das
dorische Moll und das phrygische Dur beiden Instrumentalklassen gemeinsam ist. Wie sich die Auletik des Olympus auch der national-
griechischen Doristi zuwandte, so hat späterhin umgekehrt die Kitharodik, die ursprünglich nur das dorische Moll mit seinen verschiedenen
Species kennt, auch dem durch Olympus eingeführten phrygischen
Dur Aufnahme verstattet. Aber das lydische Dur gehört nach Pollux nur
den Auloi, nicht der Kithara an; die Kitharodik hat also die zweite der
Durtonarten von sich fern gehalten. Statt ihrer gebraucht die Kithara
eine zweite Molltonart, die sogenannte Lokristi. Es hat sich S. 32 ergeben, dass dies eine Molltonart ist, welche zu dem lydischen Dur in
einem solchen Zusammenhang steht, nach welchem wir sie von unserer
modernen Bezeichnungsweise aus als die parallele Molltonart des lydischen Dur zu benennen haben. Denn wie sich unser modernes Dur zu
unserem modernen Moll (d. i. der Doristi der Alten) verhält, ebenso
verhält sich auch das Lydische, durch übermässige Quarte (h statt b)
charakterisirte Dur zum lokrischen Moll.

Heutiges Dur und Moll.							Antikes Lydisch und Lokrisch.						
c	d	e	f	g	a	h	c	f	g	a	:h	c	d	e	f
a	h	c	d	e	f	g	a	d	e	f	g	a	:h	c	d

Derselbe Ganz-Ton a h statt a b ist dem Lydischen mit dem
Lokrischen gemeinsam, dort bildet er die übermässige Quarte, hier die
übermässige Sexte. Ein solches Moll war der griechischen Musik ursprünglich unbekannt, auch die ausländische Schule des Olympus kannte
es nicht; es ist erst von einem national-griechischen Musiker, dem Lokrer
Xenokritus, erfunden worden, und sicherlich ist derselbe hierauf durch
die Analogie des von auswärts her eingeführten lydischen Dur geführt
worden: die Kitharodik scheute sich vor diesem ausländischen Dur,
aber sie übertrug nach Xenokritos' Vorgange die Eigenthümlichkeit dieses
Dur auf die altnationale Molltonart und erhielt so neben dem dorischen

Moll ein von diesem durch die übermässige Sexte abweichende zweite
Molltonart in *d* (Melodieschluss in der Quinte). Es ist dies eine von
den vielen Thatsachen, wie die Kunst und überhaupt das Culturleben
der Griechen etwas ursprünglich Fremdes durch eine im Geiste des
Nationalen geschehende Umformung völlig hellenisirt. Wir können die
dem lydischen Dur parallele Molltonart in passender und verständlicher
Weise als die lydische Molltonart bezeichnen; und der Unterschied
zwischen den Tonarten der Auloi und der Kithara lässt sich folgendermaassen formuliren: beiden gemeinsam ist das dorische Moll und das
phrygische Dur; das lydische Dur ist den Auloi eigenthümlich; die
Kithara hat statt dessen eine parallele lydische Molltonart.

Wir dürfen nun aber die Angaben des Pollux nicht so auffassen,
als ob hiermit schlechthin die Tonarten bestimmt seien, welche die
Griechen der klassichen Zeit gebrauchten, je nachdem sie Rohr- oder
Saiteninstrumente anwandten. Sie beziehen sich zunächst nicht auf die
chorische oder orchestische Musik und auch nicht auf die monodische
Musik des Theaters, denn in diesen Zweigen ist der Gebrauch der Tonarten ein anderer. Sie beschränken sich vielmehr auf diejenige monodische Vocalmusik und diejenige Instrumentalmusik, welche im Alterthume dieselbe Bedeutung und Stellung hatte, die in unseren Tagen die
Solo-Concert-Musik einnimmt, einerlei ob das Solo durch eine Singstimme oder durch eine Instrumentalstimme ausgeführt wird; denn mit
diesem modernen Musikzweige kommt der agonistische Nomos der alten
Kitharodik, Aulodik, Kitharistik und Auletik genau überein. Das Con-
cert-Virtuosenthum ist hierbei die Hauptsache: es ist ein Solist, der
sich hören lässt.
   Die antike Welt kennt nun aber noch einen andern hier in Betracht

zu ziehenden Zweig monodischer Vocal-Musik, — wir meinen nicht die
erst später aufkommende Solo-Musik des Theaters, von welcher im vierten
Capitel zu sprechen ist, sondern eine anspruchslosere Gattung, die sich
von der Kunstform des Nomos durch Einhaltung der einfachen Lied-
form unterscheidet: die Monodie der lesbischen Dichter, des Anakreon
und was sonst diesem Kreise angehört. Hier gelten andere Grundsätze
für die Anwendung der Tonarten. Die Kithara und Lyra sind die
einzigen national-hellenischen Saiteninstrumente, und nur diese wurden
im Agon zugelassen, aus dem die fremdländischen Saiteninstrumente,
obwohl sie durch ihren grösseren Tonumfang eigentlich vollkommener
waren, ausgeschlossen blieben; aber ausserhalb dieses Kreises, in der
Monodie der Erotik, Sympotik u. s. w., die durch kein Herkommen und
keine agonistischen Wächter und Richter beschränkt war, hatte man
diese Scheu nicht zu hegen und gebrauchte die orientalischen Saiteninstrumente sogar mit einer gewissen Vorliebe. So Sappho und Anakreon. Hier kann es nicht befremden, wenn die lydische Tonart, zu
der die Kithara nicht erklingen darf, durch ein ausländisches Saiten-In-
strument, die Pektis, ausgeführt wird. Ueber die Tonarten der sich im
Liedstile bewegenden Monodik sind wir wenig unterrichtet. Anakreon
— dies wissen wir aus Athenäus — gebrauchte die dorische, phrygische
und lydische, doch auf welchem Tone des tonischen Dreiklanges die
Melodie bei dem abschloss, wissen wir nicht; denn die Namen Dorisch, Phrygisch und Lydisch stehen hier unstreitig als Namen für
die Tonarten im weiteren Sinne, nicht als Bezeichnung der einzelnen
Species. Am wichtigsten ist aber dies, dass in diesem monodischen
Kunstzweige eine in dem Nomosstile nicht vorkommende Tonart, nämlich die mixolydische (Octavengattung *h—h*) angewandt wird. Irgend
ein Berichterstatter sagt bei Plut. mus. 28, dass Terpander die ganze
mixolydische Tonart erfunden haben soll. Da dies Mixolydische in
einer ganz entschiedenen Beziehung zu dem erst nach Terpanders Zeit
durch Olympus eingeführten Dur steht, so ist es ganz unmöglich, dass bereits Terpander mixolydisch componirt haben sollte; seine kitharodischen
Nomoi sind dorisch, äolisch oder böotisch; von einer mixolydischen Composition des Terpander ist keine Rede. Woher jener Bericht stammt, ist
leicht zu sehen. Das Synemmenon-Heptachord Terpanders hat die Scala

h   c   d   e   f   g   a

und diese Scala ist allerdings die mixolydische Octavengattung. Terpander aber gebraucht hier nicht den Ton *h*, sondern vielmehr den Ton *c*

als melodischen Schlusston, es dient ihm diese Scala nicht für mixolydische, sondern für dorische Melodieen. An einer andern Stelle (Cap. 16)
theilt Plutarch den Bericht des Aristoxenus mit, und Aristoxenus sagt,
dass die Mixolydisti durch Sappho erfunden sei. Hieran haben wir
festzuhalten. Wenn, wie wir an derselben Stelle des Plutarch erfahren,
Aristoxenus in einer andern Schrift nicht die Sappho, sondern den
später lebenden Auleten Pythokleides als Erfinder der Mixolydisti nennt,
so ist dies nur ein scheinbarer Widerspruch. Die Stelle lautet: „In
seinen historischen Hypomnemata der Harmonik dagegen sagt Aristoxenus, dass der Aulete Pythokleides ihr Erfinder sei. Lysis aber erzählt,
der Athener Lamprokles habe eingesehen, dass die mixolydische Scala
ihre Diazeuxis nicht an derjenigen Stelle hätte, welche fast alle dafür
hielten, sondern in der Höhe, und somit habe er diejenige Form der
mixolydischen Scala, welche von der Paramese bis zur Hypate hypaton
geht, hergestellt." Plutarch recurrirt hier auf das eine Doppeloctav umfassende Systema teleion:

Die Techniker fassen, wie S. 18 gesagt, diese Scala so auf,
dass sich die aus einem Halbtone und zwei Haupttönen bestehenden
Tetrachorde oder Quarten *hcde* und *efga* unmittelbar an einander
schliessen, sowohl in der unteren wie in der oberen Hälfte der Scala,
während in der Mitte die Tetrachorde *efga* und *hcde* durch das Ganztonintervall *ah* von einander getrennt sind. Dieses trennende Ganztonintervall nennt man die Diazeuxis. Es ist S. 10 angegeben, wie die
sieben Octavengattungen auf diesem Systema teleion genommen werden.
Die Octavengattung in *a* (Hypodorisch) hat das diazeuktische Intervall
an erster und tiefster Stelle:

die Octavengattung in *g* oder die hypophrygische an zweiter Stelle:

die Octavengattung in *f* oder die hypolydische hat das diazeuktische
Intervall an dritter Stelle:

die Octavengattung in *e* oder die dorische in der Mitte:

$$e \quad \overset{\frown}{f \quad g \quad a} \quad \overset{\frown}{h \quad c \quad d \quad e}$$

die Octavengattung in *d* oder die phrygische an fünfter Stelle:

$$\overset{\frown}{d \quad e \quad f} \quad g \quad a \quad \overset{\frown}{h \quad c \quad d}$$

die Octavengattung in *c* oder die lydische an sechster Stelle:

$$\overset{\frown}{c \quad d \quad e \quad f} \quad g \quad a \quad \overset{\frown}{h \quad c}$$

die Octavengattung in *H* (von der Paramese *h* bis abwärts zur Hypate hypaton *H*) endlich hat das diazeuktische Intervall *a h* an letzter und höchster Stelle:

$$\overset{\frown}{h \quad c} \quad \overset{\frown}{d \quad e \quad f} \quad g \quad a \quad h$$

Dies „Schema" der mixolydischen Scala rührt nun, wie Plutarch berichtet, von dem Athener Lamprokles her, oder um genauer den Inhalt der Stelle wiederzugeben. es ist durch ihn zur allgemeinen Anerkennung gekommen, denn früher glaubten fast Alle, dass das diazeuktische Intervall der mixolydischen Scala sich an einer andern Stelle befinde. Es kann also nach dieser Meinung der Füheren die mixolydische nicht die Scala *h c d e f g a h*. gewesen sein, denn in dieser bildet die Diazeuxis stets das höchste Intervall, man mag sie auf eine Transpositionsstufe transponiren, auf welche man will; es muss das, was man früher als mixolydische Octavengattung bezeichnete, mit einer der 6 übrigen Octavengattungen zusammengefallen sein, nämlich mit einer solchen, wo die Diazeuxis nicht das höchste Intervall war, sondern in der Mitte oder irgendwo weiter nach der Tiefe zu lag. Mit welcher anderen Octavengattung mochte aber die mixolydische vor Lamprokles identificirt werden? Es kann dies schwerlich eine andere sein als die dorische in *a*. Auch für die mixolydischen Melodieen haben wir plagalischen Bau der Melodieen vorauszusetzen, und zwar werden in der früheren Zeit ebensowenig bei den mixolydischen Melodieen wie bei den lydischen, phrygischen und dorischen die sämmtlichen sieben Töne der Scala gebraucht worden sein. Nimmt man an, dass die mixolydischen Melodieen der Sappho in folgenden Tönen ausgeführt seien:

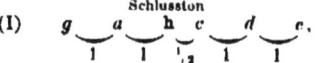

so ist dies genau dieselbe Scala wie folgende dorische:

d. h. I und II sind verschiedene Transpositionsstufen ein und derselben Tonscala, ebenso wie folgende:

$$\text{(III)} \quad f \quad g \quad a \quad b \quad c \quad d$$
$$\text{(IV)} \quad b \quad c \quad d \quad es \quad f \quad g$$

u. s. w.

Bei dieser Beschränkung auf die 6 genannten Töne konnte man auf dem heptachordischen Systeme Synemmenon unter Festhaltung der Mese (e) als des Schlusstones der Melodie nicht bloss die dorischen, sondern auch die mixolydischen Melodieen ausführen:

dorischer Schluss

$$\text{(h)} \quad c \quad d \quad e \quad f \quad g \quad a$$

mixolydischer Schluss

Die Tonarten waren aber trotz des gleichen Melodieschlusses dennoch verschieden genug, denn die sich mit dem Schlusston verbindenden Töne der Begleitung waren verschieden oder mit andern Worten, die Tonica war für beide Tonarten eine andere. Das Dorische steht also zu dem alten nur auf 6 Töne beschränkten Mixolydisch in demselben Verhältnisse, wie das Aeolische zum Lokrischen, denn auch hier ist der Ton a der gemeinsame Schlusston der beiderseitigen Melodieen, während der das Wesen der Tonart bestimmende harmonische Grundton verschieden ist. In derselben Weise, wie die Octavengattung in a jährlich die dorische und lokrische Tonart bildete, ebenso glaubte man in der früheren Zeit der „Oligochordie", dass die Octavengattung in e nicht bloss die dorische, sondern auch die mixolydische sei, — man konnte dies aber nur deshalb annehmen, weil man in den mixolydischen Compositionen die auf den Melodie-Schlusston nach der Höhe zu folgende fünfte Tonstufe oder die ihr nach der Tiefe zu vorausgehende vierte Tonstufe (d. h. den Ton h) ausliess:

Dorisch e f g a h c d e
Altes Mixolydisch e f g a c d e

Als man aber im weiteren Fortschritt der Musik jene zuerst ausgelassene Tonstufe hinzunahm, da sah man, dass dies nicht der Ton h, sondern der Ton b war.

Mixolydisch des Lamprokles e f g a b c d e,

d. i. in der Transpositionsstufe ohne Vorzeichen

$$h \quad c \quad d \quad e \quad f \quad g \quad a \quad h,$$

Die volle mixolydische Scala war also nicht mit der dorischen identisch, denn diese hatte das diazeuktische Intervall ah in der Mitte,

während dieses in der vollen mixolydischen Scala an letzter und höchster
Stelle lag. Es war die volle mixolydische Scala dieselbe, welche durch
das Heptachord-Synemmenon beschrieben wurde, man konnte daher
sagen, dass Terpander die volle mixolydische Scala aufgestellt habe,
„τὸν μιξολύδιον τόνον ὅλον προσεξευρῆσϑαι λέγεται" Plut. mus. 28.

Sappho ist, wie Aristoxenus berichtet, die Erfinderin der mixolydischen Scala, aber diese Scala war damals noch eine unvollständige.
Die vollständige Scala hat. wie Lysis sagt, der Athener Lamprokles zur
allgemeinen Anerkennung gebracht. Lamprokles ist der Schüler des
Pythokleides, von welchem Aristoxenus in einem anderen seiner Werke
laut der Angabe Plutarchs gesagt, dass er der Erfinder der mixolydischen
Tonart sei. Wir werden in diesen scheinbar verschiedenen Berichten
des Aristoxenus keinen Widerspruch mehr finden. Sappho ist die Erfinderin der mixolydischen Tonart; Pythokleides stellte zuerst die vollständige mixolydische Scala auf, welche man später allgemein recipirte,
während man früher die Scala mit der dorischen identificirte; und derjenige, welcher diese vollständige mixolydische Scala (mit der Diazeuxis
an höchster Stelle) zur allgemeinen Anerkennung brachte, ist Pythokleides' Schüler Lamprokles. Denn dass Lamprokles bei der Aufstellung
der mixolydischen Scala nicht etwas Neues thut, geht aus den Worten
hervor: ὅτι οὐκ ἐνταῦϑα ἔχει τὴν διάζευξιν ὅπου σχεδὸν ἅπαντις ᾤοντο;
fast Alle, aber nicht schlechthin Alle hatten bis auf Lamprokles eine
verkehrte Meinung von der Form der mixolydischen Scala, das Richtige
war schon vor ihm erkannt worden, aber nur wenigen zugänglich. Die
Combination, dass es eben Lamprokles' Lehrer, Pythokleides, war,
welcher diese richtige Form erkannt hatte, liegt auf der Hand. Sappho
erfindet die Tonart, Pythokleides entdeckt die vollständige Scala, und
Lamprokles, der Schüler dieses Theoretikers, bringt die Beschaffenheit
der vollen mixolydischen Scala zur allgemeinen Anerkennung. Wir
verstehen jetzt, was es heisst Plut. 28: Τέρπανδρον ... καὶ τὸν μιξολύδιον
τόνον ὅλον προσεξευρῆσϑαι λέγεται, schon Terpander habe die vollständige mixolydische Scala aufgestellt. Die durch das Heptachord des
Synemmenon-Systems gegebene Tonreihe

$$h \quad c \quad d \quad e \quad f \quad g \quad a$$

enthält zwar nun die sieben Töne der mixolydischen Scala (es fehlt die
höhere Octave), aber sie ist insofern eine vollständige Reihe, als auf ihr
derjenige Ton, der ihre Differenz mit der dorischen Scala bedingt und
von dem wir anzunehmen haben, dass Sappho ihn unbenützt liess, ent-

halten ist, nämlich der fünfte Ton vom melodischen Schlusston der mixolydischen Scala an gerechnet.   Hätte nicht im Bewusstsein der alten
Musiktheoretiker der Gegensatz einer in der von uns angegebenen Weise
unvollständigen und vollständigen mixolydischen Scala bestanden, so
würde es keinen Sinn gehabt haben, wenn sie dem Terpander in jener
heptachordischen Scala von *h* bis *a* die **vollständige** mixolydische
Scala vindicirt hätten.

Es handelt sich nunmehr um die harmonische Beschaffenheit der
Mixolydisti.   Der Ton *h* ist jedenfalls der Schlusston der Melodie. Der
Schlusston der Melodie aber ist entweder tonische Prime, oder irgend
ein anderer Ton des tonischen Dreiklanges, nämlich Terze oder Quinte,
denn auch in diesen Tönen kann die Melodie abschliessen.   Hat *h* die
Bedeutung der tonischen Prime, dann ist das Mixolydische ein *h*-Moll
mit kleiner Secunde und zugleich falscher Quinte:

Ist *h* die Terze, dann ist das Mixolydische ein *g*-Dur mit verminderter
Septime:

Ist *h* die Quinte, dann ist das Mixolydische ein *e*-Moll mit kleiner
Secunde:

An sich betrachtet sind diese drei Möglichkeiten statthaft, aber
keine andere.   Von ihnen hat die erstere am wenigsten für sich, denn
ein solches *h*-Moll würde eine durchaus unharmonische Tonart sein.
Wie lässt sich das Wahre ermitteln?   Gibt es keine positive Ueberlieferung?

Uns ist eine solche überkommen, obwohl sie sich bisher unserem
Auge entzogen hat.   Unter den in Instrumentalnoten ausgeführten
Musikbeispielen des Anonymus findet sich §. 97 folgendes:

Man wird nicht sagen, dass diese Melodie wohlklingend und gefällig sei. Sie ist monoton wie keine andere. Aber eine Melodie ist es, und zwar ist der überall deutlich hervortretende Schlusston derselben der Ton *h*. über den sie 2 Tonstufen aufwärts und 1 Tonstufe abwärts geht. Welcher Tonart sie angehört, darüber wird man wohl nicht in Zweifel sein und und kein Bedenken tragen, dieselbe als Mixolydisch zu bezeichnen.

Haben wir hier nun ein Beispiel einer Mixolydischen Melodie vor uns, so folgt, dass das Mixolydische ein die Melodie auf der Terz abschliessendes Dur (mit der Tonica *g*) ist. Es bestätigt sich also die zweite der oben von uns für die harmonische Beschaffenheit der Mixolydisti hingestellten Möglichkeiten — ein *h*-Moll ist die Melodie nicht, und ebensowenig ein *e*-Moll. Sie enthält eine einzige aus Vorder-, Mittel- und Nachsatz bestehende Periode. Den Schluss bildet der Ton *h*, mit demselben Ton *h* beginnt der erste Tact, ebenso stellt er sich im vorletzten Tacte des Mittelsatzes und im zweiten Tacte des Schlusssatzes als Grundton der Melodie heraus. Was besonders auffällt, ist die archaistische Monotonie. Denn die sämmtlichen Töne sind auf den Umfang eines Tetrachordes oder einer Quarte beschränkt. Die Oligochordie des Olympus beschränkte sich auf fünf Töne, hier haben wir noch einen Ton weniger.

Schlusston
a   **h**   *c*   *d*,

die Melodie geht, wie bei Olympus, um 2 Tonstufen über den melodischen Grundton (*c* und *d*), aber nicht zwei, sondern nur eine einzige Tonstufe (*a*) abwärts. Es ist ein Melos, welches wir nach der für einen Nomos des Terpander gebrauchten Benennung als τετραυδιον bezeichnen können, und es mag uns dasselbe die monotone Compositionsmanier repräsentiren, von der ein späterer Terpandride sagt: τετράγηρυν ἀποστέρξαντες ἀοιδάν.

Man würde von dieser Melodie nun sagen können, sie gehöre der dorischen Scala an, denn

a   **h**   *c*   *d*

ist nur eine andere Transpositionsscala des dorischen

d   **e**   *f*   *g*,

und in diesen Tönen *d e f g* ist jene Melodie in der That in der uns
überlieferten Notirung geschrieben, nämlich folgendermaassen:

Aber sie ist dennoch kein Dorisch, denn in der Vorzeichnung steht
ein *h*, wonach die Scala im Sinne der Ueberlieferung folgende ist:

e *f*   *g*   *a* *h*   *c*   *d*   *e*

d. i. in der Transpositionsstufe ohne Vorzeichen

h *c*   *d*   *e* *f*   *g*   *a*   *h*,

also die mixolydische Octavengattung. Wir haben in dieser „tetraoi-
dischen" Mixolydisti einen thatsächlichen Beleg für die oben von uns
gegebene Ausführung, dass die mixolydische Melodie, so lange sie
unvollständig ist (so lange ihr die auf den melodischen Schlusston nach
der Höhe zu folgende fünfte Tonstufe fehlt), der dorischen Scala zuge-
rechnet werden kann. Die Vorzeichnung mit Einem *b* aber besagt,
dass die Scala keine dorische ist, sondern dass dieselbe, um mit Lamprokles zu reden, die Diazeuxis oben in der Höhe hat (ἐπὶ τὸ ὀξύ),
also eine mixolydische ist. Als dorische Melodie würde sie ein *a*-Moll
sein müssen und in der Krusis vorwiegend den Ton *a* gebrauchen
und speciell den Schlusston der Melodie mit dem Tone *a* verbinden.
Man sieht sogleich, dass dies für unsere Melodie unmöglich ist.
Die Tonica kann (bei der Scala ohne Vorzeichen) kaum eine andere
sein als der Ton *g*, den wir als phrygische Tonica kennen gelernt
haben, — unsere Melodie würde demnach eine die Melodie in der Terze
abschliessendes phrygisches Dur sein. Hiermit würde die Natur der
antiken Mixolydisti angegeben sein. Es träfe sich also, dass das antike
Mixolydisch als Tonart mit dem mixolydischen Kirchentone (in *g*) zu-
sammenfiele, denn der ganze Unterschied zwischen beiden würde darin

bestehen, dass im mixolydischen Kirchentone die Melodie auf die
tonische Prime, im antiken Mixolydisch auf die Terz des tonischen
Dreiklanges ausgeht. Wir wollen diese Auffassung zunächst festhalten.

Die neue Tonart, welche Sappho erfindet, ist hiernach ein die
Melodie in der Terz schliessendes Dur. Sie hat wegen dieses Schlusses
in der Durterz die nächste Verwandtschaft mit dem klagenden Lydisch
des Olympus, welches wir nach S. 156 in Beziehung auf Tonumfang
und harmonische Begleitung folgendermaassen bezeichnen können:

oder indem wir das Lydische in die *c*-Dur-Tonart transponiren,

Die Tonart der Sappho lässt sich, wenn wir ihren Tonumfang nach
der uns überkommenen archaischen Melodie von nur vier Tönen annehmen wollen, für dieselbe *c*-Dur-Tonart folgendermassen bestimmen:

Beide sind in dieser Transpositionsstufe ein die Melodie in der Terze
schliessendes *c*-Dur, sie gehen beide in der Melodie bis zur Quinte
aufwärts, aber sie unterscheiden sich dadurch, dass das klagende
Lydisch des Olympus eine übermässige Quarte *fis* hat, während die
Quarte in Sappho's Tonart das natürliche *f* ist. Unterhalb der Durterz haben beide Tonarten die Secunde *d* als Melodieton, beiden fehlt
ferner für die Melodie die tonische Prime, die nur in der Krusis zugelassen wird; dann besteht aber noch der weitere Unterschied, dass
die Durtonart des Olympus auch die Untersecunde *h* gebraucht, deren
sich Sappho's Tonart enthält. Die letztere trifft also noch näher als
das Lydisch des Olympus mit der die Septime entbehrenden Volks-
melodie „Do gang i an's Brünnele" zusammen; wir können sagen,
dass die Erfindung Sappho's in dem schwäbischen Volksliede wiederholt ist.

Halten wir diese Auffassung des Mixolydischen fest, so erklärt
sich erstens dasjenige, was die Alten als den Charakter dieser Tonart
angeben. Plato stellt sie unmittelbar mit dem Syntonolydischen, d. i.

dem klagenden Lydisch des Olympus zusammen; beide Tonarten sind
ϑϱηνώδεις ἁϱμονίαι. Dieser beiden gemeinsame Ausdruck der Wehmuth
beruht eben darin, dass die mixolydische gleich der syntonolydischen
ein in der Terz schliessendes Dur ist. Denselben Eindruck macht sie
auch auf Aristoxenus, denn er gibt Plut. mus. 15 als den ihr eigenthümlichen Charakter das „παϑητικόν" an, d. h. den Eindruck des
Schmerzlichen.

Es erklärt sich dann aber auch zweitens der ihr eigenthümliche
Name μιξολυδιός. Dieser Name muss alt sein und von Sappho selbst
herrühren. Er bedeutet eine mit dem „Lydischen gemischte oder verbundene Tonart". Wir wissen, dass man ihr in der ersten Zeit noch
nicht diejenige Scala angewiesen hatte, welche die Diazeuxis als
höchstes Intervall (ἐπὶ τὸ ὀξύ) hat, also noch nicht diejenige Octavengattung, welche man später mixolydisch nannte:

	e	f	g	a	b	c	d	e
oder	h	c	d	e	f	g	a	h
oder	a	b	c	d	es	f	g	a

So lange man sich noch des fünften Tones dieser Scalen (von unten
an gerechnet) für die Mixolydisti enthielt, nahm man an, dass ihre
Scala die dorische sei:

	e	f	g	a	[h]	c	d	e	
oder	h	c	d	e	[f]	g	a	h	u. s. w.

Aber es war dies eine dorische Octavengattung, deren Melodien durchaus nicht den Charakter des Dorischen hatten, sondern vielmehr denselben Eindruck machten wie das klagende Lydisch (Syntonolydisch)
des Olympus; sie stellte sich als eine mit der Eigenthümlichkeit des
Lydischen (d. i. dem Durterzenschluss) verbundene dorische Octavengattung dar, und deshalb nannte man sie „mixolydisch" (Δωϱιστὶ
μιξολύδιος).

Als man in der Zeit nach Sappho für die Mixolydisti die Anfangs
ausgelassene Septime hinzunahm, da wandte man nicht die grosse,
sondern die kleine Septime (nicht die kleine, sondern die grosse Untersecunde) an.

	Tonica	Melodie-schluss	Quinte	kl. Sept.
	c	d	e	f	g	a	b	c
oder	g	a	h	c	d	e	f	g

Wäre die Septime nicht die kleine, sondern die grosse gewesen, so
hätte die mixolydische Tonart genau unserem modernen Dur entsprochen. Durch die kleine Septime wird sie zu einem uns fremden
Dur, welches aber den Griechen sehr geläufig war, denn das phrygische
Dur der Alten ist ein Dur mit kleiner Septime. Schloss die Melodie
dieses Dur in der Prime, so nannte man es Iastisch. Nun steht aber
fest, dass die Alten, obwohl sie gewöhnlich den Namen Iastisch
schlechthin als specielle Bezeichnung für die in der Prime schliessende
Phrygisch-Dur-Melodie gebrauchten, dennoch zwei iastische Scalen
unterschieden. Dies geht einmal daraus hervor, dass Plato von einem
Ἰαστὶ spricht ἥτις χαλαρὰ καλεῖται, d. i. ein tiefes Iastisch. Statt χαλαρὰ
gebraucht Aristoteles Pol. 8, 5 mit Bezug auf die Platonische Stelle
den gleichbedeutenden Ausdruck ἀνειμένη. Aus den enharmonischen
Tabellen der „ganz Alten" bei Aristides ergibt sich, dass diese χαλαρὰ
oder ἀνειμένη Ἰαστί dieselbe Scala ist, welche man sonst schlechthin
Iastisch nennt, nämlich

g   a   h   c   d   e   f   g
c   d   e   f   g   a   h   c

Aber der Ausdruck χαλαρὰ oder ἀνειμένη Ἰαστί setzt mit Nothwendigkeit voraus, dass die Alten ebenso wie bei der Lydisti eine
ἀνειμένη (χαλαρὰ) und eine σύντονος Ἰαστί unterschieden haben müssen.
Zufällig besitzen wir ein Fragment des Pratinas, durch welches diese
Vermuthung bestätigt wird. Er sagt: weder der syntonos Iasti, noch
der aneimene Iasti wolle er sich bedienen, sondern der in der Mitte
liegenden Aiolisti. Man redete also in der älteren Zeit auch von einer
syntono-iastischen Tonart, obwohl in der späteren Zeit dieser Name
verschollen ist. Es ist aber S. 30 gezeigt, dass eben dieser Stelle des
Pratinas zufolge die syntonoiastische Octavengattung nur eine Terz
höher liegt, als die aneimene Iasti oder die Iasti schlechthin. Dies ver-
langt auch die Analogie der aneimene Iasti und syntonos Iasti mit der
aneimene Lydisti und syntonos Lydisti.

		aneimene	syntonos				
Lydisti . . .	f	g	a	h	c	d	e	f
Iasti . . .	g	a	h	c	d	e	f	ġ

Es gab also für die mixolydische Octavengattung noch eine zweite
Bezeichnung: Syntono-Iastisch.

Mixolydisch od. Syntono-Iastisch.

c   d   e   f   g   a   b   c   d   e

g   a   h   c   d   e   f   g   a   h

Iastisch od. aneimene Iasti.

Der Name Syntono-Iastisch für die mixolydische Octavengattung weist entschieden darauf hin, dass dieselbe mit der iastischen die Tonica gemeinsam hatte (ihre Terzen-Species war). Den Namen Syntono-Iastisch konnte aber die mixolydische Octavengattung erst seit der Zeit führen, in welcher man für dieselbe die kleine Septime (bei c-Dur den Ton h, bei g-Dur den Ton f) gebrauchte; früher als man die Septime noch unbenutzt liess und der Ansicht war, dass die mixolydische Octav mit der dorischen zusammenfalle,

e   f   g   a   (h)   c   d   e

h   c   d   e   (fis)   g   a   h,

konnte sie noch nicht als iastisch bezeichnet werden, sie erhielt diesen Namen erst nach Hinzufügung der kleinen Septime (Pratinas). Der Theoretiker Lamprokles aber weist nach, dass man überhaupt im Unrechte gewesen, wenn man dem alten Mixolydischen eine grosse Septime vindicirt und sie mit der dorischen Scala identificirt habe; die kleine Septime sei ein dem Mixolydischen wesentlicher Ton. Seit dieser Zeit ist der Name Syntono-Iastisch obsolet geworden, doch zeigt sich noch in der Bezeichnung χαλαρὰ Ἰαστί bei Plato eine letzte Spur der Nomenclatur Syntono-Iasti, denn der Zusatz χαλαρά verdankt nur dem Gegensatze zu σύντονος Ἰαστί sein Dasein.

Das hier gefundene Resultat ist ein anderes als das, was im ersten Kapitel über die syntono-iastische und mixolydische Tonart aufgestellt ist. Dort wurden beide als verschiedene Tonarten aufgefasst. Zwar mussten wir auch dort annehmen, dass beide zum Phrygischen in nächster Beziehung standen, aber wir konnten zunächst nur in der Syntono-Iasti die Terzen-Species des phrygischen Dur erkennen, die mixolydische fassten wir als die verwandte Molltonart des phrygischen Dur mit Melodischluss in der Quinte auf.

Es ist unsere Pflicht, auch zu dieser an sich recht gut möglichen Auffassung der mixolydischen Tonart für einen Augenblick zurückzukehren und sie an der Norm der uns überlieferten positiven Thatsachen zu prüfen. Ursprünglich entbehrte die mixolydische Octavengattung desjenigen Tones, durch welchen sie sich von der dorischen Octavengattung unterschied.

Mixolydisch-Dorisch

	h	c	d	e		g	a	h
oder	e	f	g	a		c	d	e

War die Mixolydisti ein Moll mit dem Melodieschluss in der Oberquinte oder Unterquarte, so war der fehlende Ton die Obersecunde; bei plagalischem Bau der Melodie wird jenes Moll folgende Form haben:

Dies würde die ältere, einfachere Form der mixolydischen Tonart sein. Ob ausser der als fehlend weggelassenen Secunde (2) auch noch der eine oder der andere Ton ungebräuchlich war, kommt hierbei nicht weiter in Frage. Man sieht nun sogleich, dass wenn dem als Moll-Tonart präsumirten Mixolydisch die Secunde fehlt, dass dann überhaupt kein Unterschied zwischen dieser Molltonart und dem altgriechischen Moll oder dem Dorischen vorhanden ist. Es ist die von Sappho erfundene Tonart dann weiter nichts als ein gewöhnliches, die Melodie in der Quinte schliessendes dorisches Moll, dem die Secunde fehlt. Wie sollte man dazu gekommen sein, dies als eine eigne vom Dorischen verschiedene Tonart gefasst zu haben? Wie hätte man ein solches Moll Mixolydisch nennen mögen, da doch in der That nicht der mindeste Zusammenhang mit dem Lydischen stattgefunden hätte? Wie wäre es möglich, dass ein solches der Secunde entbehrendes und dadurch vereinfachtes Dorisch auf den Griechen einen dem Dorischen entgegengesetzten Eindruck gemacht hätte; denn das Dorische ist die charactervolle männliche, das Mixolydische dagegen die klagende, weinerlich-weibische Tonart?

Mit einem Worte: ist die mixolydische Tonart ein Moll, dann ist uns Alles, was von ihr überliefert wird, selbst ihr Name, völlig räthselhaft und unverständlich; ist sie dagegen eine Durtonart, dann ist Alles klar und deutlich. Da bleibt uns nichts anderes übrig, als sie für eine Durtonart zu halten und mit der Syntono-Iasti in der oben angegebenen Weise zu identificiren.

Dem Nomos-Stile, sowohl dem kitharodischen (kitharistischen) wie dem aulodischen (auletischen), bleibt die mixolydische Tonart Sapphos fremd, erst durch die Tragödie erhält sie ein über das Genre des Liedes hinausgehendes grosses Gebiet. In der folgenden Gesammtübersicht der Tonarten ist zunächst auf den Nomos-Stil Rücksicht genommen; die hinzugefügten Buchstaben K., A. und K. A. bezeichnen, dass eine Tonart entweder dem kitharodischen (kitharistischen) oder dem aulodischen (auletischen) Nomos oder zugleich dem kitharodischen und aulodischen Nomos angehört. Die Mixolydisti ist als dem Nomos fremd in Klammern eingeschlossen, ebenso auch die erst später aufkommende Aneimene Lydisti, die wir hier nur der Vollständigkeit des griechischen Tonarten-Systems wegen einschalten.

Indem wir nun näher auf die Verwendung der einzelnen Tonarten eingehen, legen wir eine Stelle der Aristotelischen Probleme 19, 48 zu

Grunde. Es hat dieselbe zwar den Zweck, für die verschiedenartige Verwendung der Tonarten in der Tragödie, mit der wir es hier noch nicht zu thun haben, eine Erklärung zu geben, aber hierbei wird auf die Beschaffenheit der einzelnen Tonarten in einer so lehrreichen Weise eingegangen, dass sie neben der mehrfach herbeigezogenen Stelle der Platonischen Republik gleichsam die kanonische Quelle über den antiken Gebrauch der Tonarten ist. Zunächst ist zu bemerken, dass dort bereits die neuere Nomenclatur der Tonarten gebraucht ist, in welcher man Hypodorisch statt Aeolisch, Hypophrygisch statt Iastisch sagt; der Name für Tonart überhaupt aber ist ἁρμονία, wie bei Plato und den Aelteren, nicht τόνος. Dies letztere ist nicht ausser Acht zu lassen, denn soweit wir aus dem Buche des Plutarch ersehen können, ist τόνος der Aristoxenische Ausdruck für Tonart, und ebenso bedienen sich des Wortes τόνος auch die Späteren, z. B. Ptolemäus. Es scheint dies ein bemerkenswerthes Indicium, dass die Stelle der Problemata aus der Zeit zwischen Plato und Aristoxenus herrührt, mithin dass sie von Aristoteles selber herstammt.

Die gesammten Angaben des Aristoteles lassen sich auf folgender Tabelle vereinen und zur leicht fasslichen Uebersicht bringen.

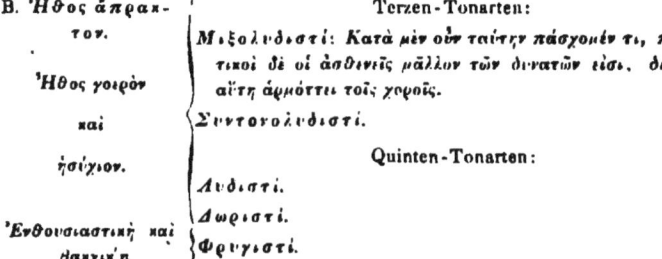

Primen-Tonarten:

A. Ἦθος πρακτικόν. Πράττομεν κατὰ τὴν

Ὑποφρυγιστί: Ἦθος ἔχει πρακτικόν· διὸ καὶ ἐν τῷ Γηρυόνῃ ἡ ἔξοδος καὶ ἡ ἐξόπλισις ἐν ταύτῃ πεποίηται.

Ὑποδωριστί: Ἦθος μεγαλοπρεπὲς καὶ στάσιμον· διὸ καὶ κιθαρῳδικωτάτη ἐστὶ τῶν ἁρμονιῶν.

Ταῦτα δ᾽ ἄμφω χορῷ (τῆς τραγῳδίας) ἀνάρμοστα, τοῖς δὲ ἀπὸ σκηνῆς οἰκειότερα. Ἁρμόζει αὐτῷ (τῷ χορῷ) τὸ γοερὸν καὶ ἡσύχιον ἦθος καὶ μέλος· ταῦτα δ᾽ ἔχουσιν αἱ ἄλλαι ἁρμονίαι, ἥκιστα δὲ αὐτῶν ἡ Φρυγιστί, ἐνθουσιαστικὴ γὰρ καὶ βακχική, at vero mixolydius nimirum illa praestare potest, κατὰ μὲν οὖν ταύτην πάσχομέν τι ... διὸ καὶ αὕτη ἁρμόττει τοῖς χοροῖς.

B. Ἦθος ἄπρακτον.

Ἦθος γοερὸν καὶ ἡσύχιον.

Ἐνθουσιαστικὴ καὶ βακχική

Terzen-Tonarten:

Μιξολυδιστί: Κατὰ μὲν οὖν ταύτην πάσχομέν τι, παθητικοὶ δὲ οἱ ἀσθενεῖς μᾶλλον τῶν δυνατῶν εἰσι, διὸ καὶ αὕτη ἁρμόττει τοῖς χοροῖς.

Συντονολυδιστί.

Quinten-Tonarten:

Λυδιστί.
Δωριστί.
Φρυγιστί.

Aristoteles bringt in unserer Stelle die Tonarten in zwei Haupt-
kategorieen: solche, die ein $\ddot{\eta}\vartheta o\varsigma\ \pi\rho\alpha\kappa\tau\iota\kappa\acute{o}\nu$, und solche, die ein $\ddot{\eta}\vartheta o\varsigma\ \ddot{\alpha}\pi\rho\alpha\kappa$-
$\tau o\nu$ haben, Tonarten mit dem Character des energischen Handelns, und
Tonarten mit dem Character der Passivität. In wie weit er diese Kategorieen mit den in der Tragödie angewandten Tonarten in Bezug
bringt, hat für jetzt, wo es sich um die monodische Lyrik und die Instrumentalmusik handelt, noch kein Interesse und wir haben in dem
oben gegebenen Auszuge die hierauf bezüglichen Notizen nur deshalb
mitgetheilt, um den Zusammenhang des Ganzen anzugeben. In die erste
Kategorie gehören die hypophrygische und die hypodorische Tonart
d. i. nach älterer Terminologie die Iasti und die Aiolisti; die übrigen
Tonarten gehören der zweiten Kategorie an. Schwerlich hat Aristoteles
bei diesen „übrigen Tonarten" die Lokristi im Sinne, die damals schon
obsolet geworden war und auch in der von Plato in der Republik gegebenen Aufzählung unberücksichtigt bleibt, — auch nicht die aneimene
Lydisti, denn diese hat, so viel wir wissen, niemals in der Praxis eine
wirkliche Bedeutung gehabt, und Aristoteles redet nur von den in der
Praxis wirklich angewandten Tonarten. Es bleiben daher als Tonarten
mit dem $\ddot{\alpha}\pi\rho\alpha\kappa\tau o\nu\ \ddot{\eta}\vartheta o\varsigma$ folgende übrig: die mixolydische, syntonolydische,
lydische, dorische und phrygische, vielleicht auch die Boiotisti. Das
$\ddot{\alpha}\pi\rho\alpha\kappa\tau o\nu\ \ddot{\eta}\vartheta o\varsigma$ kann nun wieder ein verschiedenartiges sein. Aristoteles
unterscheidet das $\ddot{\eta}\vartheta o\varsigma\ \gamma o\epsilon\rho\acute{o}\nu$ oder $\pi\alpha\vartheta\eta\tau\iota\kappa\acute{o}\nu$, $\dot{\eta}\sigma\acute{\upsilon}\chi\iota o\nu$ und $\dot{\epsilon}\nu\vartheta o\upsilon\sigma\iota\alpha\sigma\tau\iota\kappa\acute{o}\nu$,
d. i. den Character des schmerzlichen Leidens und Klagens, den Cha-
racter der Ruhe und des Friedens und den Character des Enthusiasmus;
alles dies sind verschiedene Manifestationen der Passivität und die
hieher gehörigen Tonarten stehen insofern zu denjenigen Tonarten,
welche ein $\ddot{\eta}\vartheta o\varsigma\ \pi\rho\alpha\kappa\tau\iota\kappa\acute{o}\nu$ hatten, in einem gemeinsamen Gegensatze.

Tonarten mit dem $\ddot{\eta}\vartheta o\varsigma\ \pi\rho\alpha\kappa\tau\iota\kappa\acute{o}\nu$ sind die Prim-Tonarten sowohl
im alt-nationalen Moll (Hypodoristi oder Aiolisti), wie im phrygischen
Dur (Hypophrygisti oder Iasti); Tonarten mit dem $\ddot{\eta}\vartheta o\varsigma\ \ddot{\alpha}\pi\rho\alpha\kappa\tau o\nu$ sind
die Quinten- und Terzentonarten, und zwar haben von ihnen die Terzen-
tonarten (im phrygischen und lydischen Dur d. i. Mixolydisti und Syn-
tonolydisti) das $\ddot{\eta}\vartheta o\varsigma\ \gamma o\epsilon\rho\acute{o}\nu$, unter den Quintentonarten hat das nationale
Moll (Doristi) das $\ddot{\eta}\vartheta o\varsigma\ \dot{\eta}\sigma\acute{\upsilon}\chi\iota o\nu$, das phrygische Dur (Phrygisti) das $\ddot{\eta}\vartheta o\varsigma$
$\dot{\epsilon}\nu\vartheta o\upsilon\sigma\iota\alpha\sigma\tau\iota\kappa\acute{o}\nu$. Soweit ist die Ansicht des Aristoteles völlig klar, denn
wenn er auch das $\dot{\eta}\sigma\acute{\upsilon}\chi\iota o\nu\ \ddot{\eta}\vartheta o\varsigma$ nicht ausdrücklich auf die Doristi bezieht,
so ergibt sich dies letztere doch aus den sonstigen Berichten mit völliger
Evidenz. Unklar ist nur dies, welches $\ddot{\eta}\vartheta o\varsigma$ er dem eigentlichen Lydisch
beimisst, ob ein $\gamma o\epsilon\rho\acute{o}\nu$ oder ein $\dot{\eta}\sigma\acute{\upsilon}\chi\iota o\nu\ \ddot{\eta}\vartheta o\varsigma$.

Suchen wir nun zunächst den Character und die hiernach sich rich-
tende Verwendung der Tonarten in der κιθαρῳδία und κιθαριστική zu
bestimmen. Hier fehlen die Terzentonarten, ebenso auch das lydische
Dur. Es werden nach dem Berichte des Pollux nur die Primen- und
Quintentonarten des althellenischen Moll, des phrygischen Dur und des
lokrischen Moll angewandt, welches letztere hier in Ermangelung weiterer
Nachrichten vorerst unberücksichtigt bleiben mag.

Moll.	Dur.
Primen-Tonart, ἦθος πρακτικόν.	
Aeolisch, Hypodorisch.	Iastisch, Hypophrygisch.
πρακτικόν, μεγαλο-πρεπές, στάσιμον.	πρακτικόν.
Quinten-Tonart, ἦθος ἄπρακτον.	
Dorisch.	Phrygisch.
ἡσύχιον.	ἐνθουσιαστικόν.

Das Aeolische oder Hypodorische ist ein Moll, das Iastische oder
Hypophrygische ein Dur. Was aber beide Tonarten gemeinsam haben,
ist dies, dass es Primentonarten sind, d. h. die Melodie in der Prime
abschliesst. Dies gibt ihnen den in der Quinte oder Terz abschliessenden
Dur- und Moll-Melodien fehlenden Character der Bestimmtheit. Beide
Tonarten machen deshalb auf den Griechen den Eindruck, als ob sie ihn
in den Zustand der erfolgreichen Activität, des Handelns, versetzten, was
bei den Terzen- und Quinten-Tonarten nicht der Fall ist. Unsere heutige Musik, die gänzlich auf das Princip des Primenschlusses basirt ist,
würde dem Aristoteles ganz und gar das ἦθος πρακτικόν zu haben scheinen;
nur in denjenigen unserer Volkslieder, die nicht in der Prime schliessen,
würde er ein ἦθος ἄπρακτον finden.

Aber es ist ein Unterschied, ob die in der Prime schliessende Melodie der althellenischen Molltonart (hypodorisch) oder ob sie dem phrygischen Dur (hypophrygisch) angehört. Unsere Stelle des Aristoteles drückt
dies so aus, dass sie in dem Hypophrygischen schlechthin den Character
des πρακτικόν findet, in dem Hypodorischen (dem Moll) nicht bloss das
πρακτικόν („κατὰ δὲ τὴν ὑποδωριστὶ καὶ ὑποφρυγιστὶ πράττομεν"), sondern auch
das μεγαλοπρεπές und στάσιμον. Dies letztere fehlt dem Hypophrygischen,
während es dem Hypodorischen mit dem Dorischen gemeinsam ist und

also sowohl in den alt-hellenischen Moll-Melodien, welche in der Prime,
als auch in denjenigen, welche in der Quinte schliessen, characteristisch
ist. Aristoteles sagt Pol. 8, 7 περὶ δὲ Δωριστὶ πάντες ὁμολογοῦσιν ὡς στασι-
μωτάτης οὔσης, Aristoxenus ap. Plut. 16: Δωριστὶ ... τὸ μεγαλοπρεπὲς καὶ
ἀξιωματικὸν ἀποδίδωσιν, Heraclides Ponticus ap. Athen. 14, 624: ἡ μὲν
οὖν Δώριος ἁρμονία τὸ ἀνδρῶδες ἐμφαίνει καὶ τὸ μεγαλοπρεπές. Wir werden
„στάσιμον" wohl am besten als characterfest, μεγαλοπρεπές und ἀξιωματικὸν
durch würdevoll und ehrfurchtgebietend zu übersetzen haben. Die eben
angeführten Stellen des Aristoxenus und Heraklides beziehen sich speciell auf die Doristi im engeren Sinne, d. h. auf die Quinten-Tonart, die
Stelle aus Aristoteles Politik schliesst sich eng an die von Plato in der
Republik aufgestellte Reihe der Tonarten an, in welcher Dorisch der
Gattungsname für die ächthellenische Molltonart ist, mag die Melodie
in der Quinte oder in der Prime schliessen, also sowohl für die eigentliche Doristi wie auch für die Aiolisti oder Hypodoristi. Dieser dem
ächthellenischen Moll eigenthümliche Ausdruck des Characterfesten,
Würdevollen und Ehrfurchtgebietenden ist es, welches die Hypodoristi
von der Hypophrygisti unterscheidet: jene drückt ein characterfestes,
würdevolles Handeln aus, in dieser spricht sich zwar als Primen-Tonart
ebenfalls der Character des Handelns aus, aber das Characterfeste,
Würdevolle fehlt. Plato rep. drückt dies so aus, dass er die in der
Prime schliessende phrygische Durtonart (iastisch, hypophrygisch) als
eine μαλακή und συμποτικὴ ἁρμονία bezeichnet. Mit diesem Urtheile des
Plato sind, wie Aristoteles polit. 8, 7 sagt, die Musiker nicht recht einverstanden und auch Aristoxenus sagt etwas Aehnliches. Aber eine gewisse Berechtigung wird auch in dem Urtheile des Plato sein, nur dass
es etwas zu sehr outrirt ist. Das Prädicat μαλακή darf nicht als weichlich
oder schwach gefasst werden, denn wir wissen, dass sich in dieser Tonart
ja gerade das πρακτικόν ausspricht, wir müssen es im Gegensatze zu
„characterfest" (στάσιμον) fassen. Das Prädicat συμποτικὴ vereinigt sich
sehr wohl mit einem ἦθος πρακτικόν, welches nicht zugleich στάσιμον und
μεγαλοπρεπές ist, d. i. mit einem Handeln, dem die Characterfestigkeit und
die Würde fehlt. Heraclides schreibt in einer alsbald näher zu berück-
sichtigenden Stelle dem Iastischen einen ὄγκος οὐκ ἀγεννής zu, und hier
erfordert der wohl beabsichtigte Zusatz οὐκ ἀγεννής, dass wir den Platonischen Ausdruck συμποτικὴ in etwas milderer Weise fassen müssen.

Das in der Prime schliessende Moll, dürfen wir hiernach sagen,
drückt ein des Zweckes bewusstes, klares, würdevolles, characterfestes
Handeln aus, das in der Prime schliessende Dur ein Handeln, bei dem

die Klarheit und das feste, das würde- und charactervolle Bewusstsein
vermisst wird. Dasjenige, was hierbei das Dorische vom Hypophrygischen unterscheidet, ist überhaupt der Unterschied des ächt-hellenischen
Moll vom phrygischen Dur. Uns Modernen will auf den ersten Blick
nicht recht einleuchten, dass sich mit dem Gegensatz von Moll und Dur
eine solche Verschiedenheit des Ethos verbinden konnte. Aber wir
haben wohl zu bedenken, dass das Dur, von welchem hier die Rede ist,
nicht unser modernes Dur, sondern das phrygische, durch verminderte
Septime characterisirte Dur ist. Es ist dasselbe Dur, welches bei uns
als Kirchenton unter dem Namen des Mixolydischen vorkommt, während
jenes antike Moll mit unserem äolischen Kirchentone zusammenfällt.
Dieser mixolydische Kirchenton afficirt auch uns ganz anders als das
reine Dur. Statt der Bestimmtheit, Festigkeit und Klarheit des reinen
Dur hören wir hier, um uns den Ausdruck eines unserer modernen
Theoretiker anzueignen, den Character einer „schwebenden Unbestimmt-
heit". Das Moll des äolischen Kirchentones macht einen sicherern und
bestimmteren Eindruck auf uns als das Dur des Mixolydischen.

Berücksichtigen wir dies, so wird uns das Urtheil der Alten über
das Ethos der hypodorischen und hypophrygischen Tonart nicht fremd-
artig anmuthen. Wir werden uns nun auch leicht in dem Character
der entsprechenden Quintentonarten zurecht finden. Denken wir uns, dass
eine im mixolydischen Kirchentone gehaltene Melodie nicht die Prime,
sondern die Quinte zum Melodieschlusse hat — nicht bloss so, dass am
Ende, sondern dass auch in den inlautenden Perioden der Melodie statt
der Prime die Quinte angewandt wird, — dann haben wir diejenige
Tonart, welche die Alten phrygisch nannten:

Der Character des πρακτικόν, welcher bei einem Schlusse in der
Prime (iastische oder hypophrygische Tonart) vorhanden ist, wird hier
gänzlich verschwinden. Der Eindruck der Activität, durch welchen
das Subject als ein individuelles hervortritt, hört auf, wir haben eine
unbestimmte Willenlosigkeit, ein Aufgeben des eignen Ich, ein Ver-
schwimmen in das Allgemeine. Das ist die Tonart, welche die Alten
als die vorwiegend religiöse bezeichnen, die insbesondere für die Culte
angewandt wird, wo die Individualität sich gänzlich der höheren Macht
dahingibt und mit ihr zu assimiliren sucht.

Die Molltonart wird den Eindruck der Festigkeit und würdevollen

Bestimmtheit, welcher ihr gegenüber der durch verminderte Septime characterisirten Durtonart eigenthümlich ist, auch dann behalten, wenn sie nicht in der Prime, sondern in der Quinte geschlossen wird, es wird aber das durch den Primenschluss gegebene ἦθος πρακτικόν verloren gehen, statt der Bewegung und des Handelns wird sie bei Quintenschlusse den Zustand der Ruhe darstellen. Dies ist das ἡσύχιον ἦθος der im engeren Sinne sogenannten Doristi (der parallelen Quintentonart des Hypodoristi oder Aiolisti). Quintenschluss im phrygischen Dur ist eine unbefriedigte, willenlose, das Ich negirende Passivität, Quintenschluss im dorischen Moll ist befriedigte und selbstbewusste, characterfeste Ruhe. So müssen wir den Character der Doristi nach den verschiedenen uns überkommenen Berichten zusammenfassen. Wir haben diesen Berichten gegenüber immer eingedenk zu bleiben, dass dieselben häufig zugleich von der Doristi und der Hypodoristi sprechen, also nur den Eindruck des hellenischen Moll wiedergeben, ohne den sich innerhalb desselben durch verschiedenen Melodieschluss manifestirenden Gegensatz zu scheiden. Diese Scheidung unterlässt vor Allen Plato; das Wort Dorisch ist bei ihm Gattungsname für die verschiedenen Species des ächt hellenischen Moll, und die ἁρμονία καλλίστη, von welcher er Lach. S. 188 spricht, ist sowohl die Hypodoristi wie die eigentliche Doristi: ἁρμονίαν καλλίστην ἡρμοσμένος οὐ λύραν οὐδὲ παιδιᾶς ὄργανα, ἀλλὰ τῷ ὄντι ζῆν, ἡρμοσμένος αὐτὸς αὐτοῦ τὸν βίον σύμφωνον τοῖς λόγοις πρὸς ἔργα, ἀτεχνῶς Δωριστὶ, ἀλλ' οὐκ Ἰαστὶ, οἴομαι δὲ οὐδὲ Φρυγιστὶ οὐδὲ Λυδιστὶ, ἀλλ' ἥπερ μόνη Ἑλληνική ἐστιν ἁρμονία. Nach der Platonischen Stelle rep. 3, 399 stellt dies Moll „den Character des Mannes dar, der im Kampfe Kühnheit beweist und sich in jedem gefahrvollen Werke auszeichnet, und auch im Missgeschick und wenn er Wunden und dem Tode entgegengeht, oder wenn ihn irgend ein Unglück überfällt, überall wohlgerüstet und fest dem Schicksale entgegentritt." Schliesst dies Moll in der Prime, so stellt sich dies feste und mannhafte Wesen als πρακτικὸν ἦθος, schliesst es in der Quinte, so stellt es sich als ἄπρακτον und ἡσύχιον ἦθος dar, denn so müssen wir die von Aristoteles in den Problemen vollzogene Sonderung zwischen der Hypodoristi und der Doristi auffassen, die eine ist die energische Activität, die andere die energische Passivität, jene der mannhafte Angriff, diese das mannhafte Ausharren; im Aeolischen tritt das Individuelle in den Vordergrund, im Dorischen waltet dem Individuellen gegenüber der Begriff des Allgemeinen vor*).

---

*) Es musste den Griechen nahe liegen, dieses verschiedene Ethos der

Ausser den vier hier besprochenen Tonarten bedient sich der kitharodische Nomos auch noch der Lokristi. Ueber ihr Ethos wird uns
nichts berichtet. Sie ist gleich der Doristi zugleich Molltonart und
Quintenspecies und unterscheidet sich von ihr nur durch die Sexte:

	Tonica					Melodie-schluss		
Dorisch	*a*	*h*	*c*	*d*	*e*	*f*	*g*	*a*
Lokrisch	*a*	*h*	*c*	*d*	*e*	*fis*	*g*	*a*

Moll-Primen- und Moll-Quinten-Tonart mit dem verschiedenen Wesen der
Volksstämme, von denen sie den Namen haben, in Beziehung zu setzen. Dies
hat Heraklides Ponticus versucht Athen. 14, 624, indem er zugleich den Volks-
stamm der Jonier mit der iastischen Tonart in Beziehung bringt. Aristoteles
aber oder Aristoxenus würden, wenn sie einen solchen Vergleich ausgeführt
hätten, sicherlich gehaltreicher als Heraklides gewesen sein, der zwar gewisse
characteristische Unterschiede dieser drei Tonarten richtig hervorhebt, aber
doch wie man sich bei näherem Eingehen auf seine Worte überzeugen wird,
die verschiedenen Züge nicht scharf genug hervortreten lässt und unverkenn-
bar den Stamm der Jonier ungerecht beurtheilt.

$$\dot{\eta} \; \varDelta \acute{\omega} \varrho \iota o \varsigma \; \dot{\alpha} \varrho \mu o \nu \acute{\iota} \alpha$$

τὸ ἀνδρῶδες ἐμφαίνει καὶ τὸ μεγαλο- | καὶ οὐ διακεχυμένον οἶδ' ἱλαρόν,
πρεπὲς | ἀλλὰ σκυθρωπὸν καὶ σφοδρὸν
                                      | οὔτε δὲ ποικίλον οὐδὲ πολίτροπον.

$$\tau \grave{o} \; \tau \tilde{\omega} \nu \; A \acute{\iota} o \lambda \acute{\iota} \omega \nu \; \check{\eta} \theta o \varsigma$$

ἔχει τὸ γαῦρον καὶ ὀγκῶδες, ἔτι δὲ | οὐ πανοῦργον δὲ,
ὑπόχαυνον. | ἀλλὰ ἐξηρμένον καὶ τεθαρρηκός.

$$\tau \tilde{\eta} \varsigma \; 'I \alpha \sigma \tau \grave{\iota} \; \dot{\alpha} \varrho \mu o \nu \acute{\iota} \alpha \varsigma \; \gamma \acute{\epsilon} \nu o \varsigma$$

ὄγκον ἔχει οὐκ ἀγεννῆ, διὰ καὶ τρα- | οὔτ' ἀνθηρὸν οὔτ' ἱλαρόν ἐστι,
γῳδία προσφιλὴς ἡ ἁρμονία, | ἀλλὰ αὐστηρὸν καὶ σκληρόν.

Ist der Gegner des Aristoxenus, den dieser in der bei Porphyr. ad Ptol. S. 264
erhaltenen Stelle als einen Mann ohne musikalische Einsicht bezeichnet, in
Wahrheit, wie wir anderweitig vermuthet haben, Heraklides Ponticus, so zeigt
die vorliegende Heraklidische Characteristik der Tonarten, dass Aristoxenus
mit jenem Urtheile völlig in seinem Rechte ist. Denn die Ausdrücke, mit
denen Heraklides die einzelnen Tonarten prädicirt, sind so vag wie möglich.
Die beiden Primentonarten in Moll und Dur (Aeolisch und Iastisch) haben den
Character des ὄγκος, welcher der Quintentonart (Dorisch) nicht beigelegt wird.
Der Quintentonart in Moll (Dorisch) und der Primentonart in Dur (Iastisch)
wird der Character des ἱλαρὸν abgesprochen, nicht aber der Primentonart in
Moll (Aeolisti). Dies sind genau genommen die beiden einzigen Bestimmungen,
die sich aus den vielen Epitheta des Heraklides entnehmen lassen; die erste
derselben ist völlig richtig, die zweite vermögen wir nicht mit dem, was uns
sonst bekannt ist, zu vermitteln

So muss sie auch im Character der Doristi am nächsten gestanden und mit ihr das ἦθος ἡσύχιον, στάσιμον, ἀνδρῶδες gemeinsam gehabt haben. Die durch die Sexte bedingte Verschiedenheit zwischen beiden können wir uns durch eine Analogie unserer Kirchentöne veranschaulichen. In demselben Verhältnisse nämlich, wie das antike Dorisch und Lokrisch, steht unser äolischer und phrygischer Kirchenton, nur dass die beiden letzteren Primenspecies, die beiden ersteren Quintenspecies sind; der Character der Bestimmtheit, welcher dem phrygischen Kirchentone eigenthümlich ist, wird also der in der Quinte schliessenden Lokristi gefehlt haben.

Dem auletischen und aulodischen Nomos fehlt die Lokristi. Aber was noch characteristischer ist, es fehlt ihm auch die Aiolisti, also die althellenische Molltonart mit Primenschlusse, die in der Kitharodik von allen Tonarten die erste Stelle hat (κιθαρῳδικωτάτη). Die Normen des kitharodischen Nomos gehen auf den Aeolier Terpander zurück, der nach seiner Einwanderung in den dorischen Peloponnes die heimathlichen Tonarten seines alten und seines neuen Vaterlandes für die Kitharodik zu gleicher Berechtigung brachte. Die alte Aulodik des Klonas ist Stammgut des dorischen Peloponnes und beharrte ausschliesslich bei der dorischen Tonart, ohne der äolischen Aufnahme zu gestatten. Auch die Auletik des Olympus und späterhin die Auletik und Aulodik des Ioniers Polymnastus und des Argivers Sakadas fand keine Veranlassung, sich der äolischen Tonart zuzuwenden. So hat denn der auletische und aulodische Nomos die Melodien des althellenischen Moll stets in der Quinte (dorisch), nie in der Prime geschlossen. Fügen wir hinzu, dass auch die Phrygisti im auletischen und aulodischen Nomos eine sehr hervorragende, im kitharodischen Nomos dagegen eine untergeordnete Stellung hatte, so ergibt sich, dass überhaupt der Musik der Auloi im Gegensatze zur Musik der Kithara die Häufigkeit des unbestimmten Quintenschlusses etwas wesentlich Eigenthümliches war.

Noch etwas anderes ist auf dem Gebiete des Nomos der Aulos-Musik vor der Kithara-Musik durchaus eigenthümlich, nämlich die lydische Durtonart mit übermässiger Quarte, die der kitharodische Nomos stets fern von sich gehalten hat. Olympus hatte diese Dur-Melodien in der Terze geschlossen (Syntonolydisch), der Bericht des Pollux nennt als Aulos-Tonart vor dem Syntonolydischen das Lydische, woraus hervorgeht, dass diejenige Periode der Auletik und Aulodik, welche der Bericht des Pollux im Auge hat, die in Rede stehenden Durmelodien häufiger in der Quinte als in der Terz geschlossen. Es

ist dies die mit Polymnastus und Sakadas beginnende Musikperiode
(„τόνων γοῦν τριῶν ὄντων κατὰ Πολύμναστον καὶ Σακάδαν, τοῦ τε Δωρίου καὶ
Φρυγίου καὶ Λυδίου“. Plut. mus. 8.) und unsere spätere Erörterung der
alten Instrumentalnoten wird ergeben, dass der Kolophonier Polymnastus
in der von ihm aufgestellten Rangordnung der Tonarten die erste Stelle
dem Dorischen, nach diesem aber dem Lydischen die nächste Stelle zu-
gewiesen hat.   Die Widersprüche der Berichterstatter in Beziehung
auf das Ethos der Lydisti werden wir weiter unten zu erwägen haben.

Tonlage und Tonumfang.

Das einleitende Kapitel dieses Buches hat dem Leser kürzlich das
System der antiken Transpositionsscalen vorzuführen versucht.   Er
wird sich erinnern, dass die Griechen 12 Transpositionsscalen hatten,
durch welche ein auf Grundlage der gleich schwebenden Temperatur
errichteter Quintencirkel vollständig in sich abgeschlossen war.   Hierin
steht also die antike Musik mit unserer heutigen auf gleichem Standpunkte.   Es ist interessant, dass am Anfange des Mittelalters der
Unterschied der Transpositionsscalen völlig verloren geht, bis dann erst
die Musik des siebenzehnten und achtzehnten Jahrhunderts allmählig
den antiken Standpunkt wieder gewinnt.   Die Musikperiode der
Kirchentonarten hatte nur drei Transpositionsscalen.   Die Normaltonart
war dort die Scala ohne Vorzeichen.   Es konnte dieselbe um eine
Quarte tiefer transponirt werden — dann heisst sie die Hypo-Tonart:
sie hat ein Kreuz als Vorzeichen.   Es konnte dieselbe auch um eine
Quarte höher verlegt werden — dann heisst sie die Hyper-Tonart,
sie hat ein b als Vorzeichen, z. B. der äolische Kirchenton

Hyper-Aeolisch	b				d	e	f	g	a	b	c	d
(Normal-) Aeolisch					a	h	c	d	e	f	g	a
Hypo-Aeolisch	♯	e	fis	g	a	h	c	d	e			

Ebenso auch die übrigen Kirchentöne.   Vergleicht man die zu
Ende der Seite 17 angegebene antike Terminologie, so wird man alsbald erkennen, dass Glareanus diese für die Transpositionsscalen der
Kirchentöne gebrauchte Nomenclatur (denn Glareanus ist es, der dieselbe aufgestellt) aus dem Systeme der 12 antiken Transpositionsscalen
entlehnt hat.   Glareanus, der diesen 12 Scalen der Alten nur 3 Scalen
der damaligen Musik entgegenstellen konnte, liess es sich schwerlich
ahnen, dass anderthalb Jahrhunderte später auch die übrigen Transpositionsscalen der Alten wieder aufleben würden.

Das System der 12 antiken Transpositionsscalen gehört aber erst
der Aristoxenischen Zeit an. Es ist eine gar auffallende Thatsache,
dass es sich in der älteren Periode der griechischen Musik mit den
Transpositionsscalen gerade so verhält wie zur Zeit des Glareanus,
denn früher hatten auch die Griechen nur drei Transpositionsscalen,
eine Scala ohne Vorzeichen, eine Scala mit Einem *b* und eine Scala
mit zwei *b*. Sollen wir den Vergleich zwischen der altgriechischen
Musik und der Periode der Kirchentonarten noch strikter ziehen, so
müssen wir sagen, dass bei den Alten die Tonart mit Einem *b* die
Normaltonart ist und also mit Rücksicht auf Häufigkeit der Anwendung
derjenigen Scala der Kirchentöne entspricht, welche des Vorzeichens
entbehrt; die antike Scala ohne Vorzeichen entspricht demnach der
Hypo-Scala des Glareanus, und die antike Scala mit zwei *b* steht der
Hyper-Scala des Glareanus parallel:

Antik	Kirchentöne		
bb	*b*	·	Hyper-Tonarten
b	ohne Vorzeichen:		Normal-Tonarten
ohne Vorzeichen	♮♯	:	Hypo-Tonarten

Die ältere griechische Musik hatte für diese drei Transpositionsscalen noch keine unterscheidenden Namen. Es wird dies nicht auffallen, wenn wir auf die historische Entwicklung derselben eingehen.
Zu dem Zwecke müssen wir an die Scalen des Terpander anknüpfen.

Die Kitharodik des Terpander hält sich in Beziehung auf die für
Melodie und Begleitung zugelassenen Töne innerhalb eines Octaven-
oder Septimen-Intervalles, und führt dieselben entweder auf dem
Diezeugmenon- oder dem Synemmenon-Systeme aus. Wir haben bisher
Alles was wir von alten Tonleitern und alten Musikresten herbeiziehen
mussten, in die Scala ohne Vorzeichen transponirt — es ist dies desshalb
geschehen, damit wir für die griechischen Tonarten oder Octavengattungen in derselben Weise wie dies für die Kirchentöne üblich ist,
schlechthin die Bezeichnung „Tonart in *a*, in *b*, in *c*" u. s. w. gebrauchen
konnten, was natürlich nur dann möglich ist, wenn man sich überall
ein und dieselbe Transpositionsscala (ohne Vorzeichen) denkt. Unter
dieser Voraussetzung gaben wir dem alten Diezeugmenon- und Synemmenon-Systeme folgende Tonreihe:

Diezeugmenon: *e f g a h c d e*,
Synemmenon: *h c d e f g a*

13*

Berücksichtigen wir aber die antike Ausführung beider Systeme in Beziehung auf Tonlage und Transpositionsstufe, so müssen wir sagen, dass die älteste griechische Musik zwar das Diezeugmenon‑System in der eben angegebenen Transpositionsstufe ohne Vorzeichen ausführte, nicht aber das Synemmenon‑System. Der tiefste Ton des Synemmenon‑Systems war vielmehr mit dem tiefsten Ton des Diezeugmenon‑Systems identisch, nämlich

Diezeugmenon : e f g a h $\bar{c}$ $\bar{d}$ $\bar{e}$ (ohne Vorzeichen)

Synemmenon : e f g a b $\bar{c}$ $\bar{d}$ (mit Einem b)

Das Diezeugmenon‑System gehörte also der Scala ohne Vorzeichen, das Synemmenon‑System dagegen der Scala mit Einem b an. — Jedes dieser Systeme konnte nun aber auch eine Quarte höher genommen werden; dann fingen beide mit dem Tone a an:

Diezeugmenon : a b $\bar{c}$ $\bar{d}$ $\bar{a}$ $\bar{e}$ $\bar{f}$ $\bar{g}$ $\bar{a}$ (mit Einem b)

Synemmenon : a b $\bar{c}$ $\bar{d}$ es $\bar{f}$ $\bar{g}$ (mit Zwei b):

in dieser höhern Tonlage gehörte das Diezeugmenon‑System der Transpositionsstufe mit Einem b, das Synemmenon‑System der Transpositionsstufe mit zwei b an. Es wird sich später zeigen, dass die antike Stimmung etwa anderthalb Töne tiefer stand als die unsrige. Mit Rücksicht auf die absolute Tonhöhe wird demnach diese um eine Quarte höhere Tonlage des Diezeugmenon‑ und Synemmenon‑Systemes mit unserem kleinen bassirenden *fis* oder *ges* begonnen haben, die um eine Quarte tiefere Tonlage dagegen mit unserem kleinen bassirenden *cis* oder *des*:

Mit Rücksicht auf den gewöhnlichen Umfang der menschlichen Stimme wird man sagen müssen, dass sich die höhere Tonlage des antiken Systems für die Tenorstimme, die tiefere Tonlage für die Bassstimme eignet, die Scheidung dieser beiden Tonlagen entspricht also dem in der Natur der Singstimme begründeten Unterschiede. Es ist

aber für unsere gegenwärtige Betrachtung nothwendig, dass wir die antiken Transpositionsscalen nicht, wie eben geschehen, als Scalen mit
3 und 2 Kreuzen bezeichnen, sondern nach der Reihe, wie die Töne
in der Notirung geschrieben werden, als Scalen ohne Vorzeichen
und mit Einem *b*. Und hier ist nun für die Kitharodik und Kitharistik der Musikperiode von Polymnastus bis Phrynis festzuhalten, dass
das oktachordische Diezeugmenon-System entweder eine Scala ohne
Vorzeichen (in *e*) oder eine Scala mit Einem *b* (in *a*) war, das heptachordische Synemmenon-System dagegen entweder eine Scala mit
Einem *b* (in *e*) oder mit zwei *b* (in *a*). Im Ganzen also gab es in dieser
Periode für die Kithara drei im Quintencirkel einander benachbarte
Transpositionsscalen. Ueber diese Zahl ging man für die Kithara nicht
hinaus. Der Anonymus de mus. gibt ein Verzeichniss der für eine jede
Musikgattung gebräuchlichen Transpositionsscalen; es ist bereits am
Schlusse von S. 16 kürzlich darauf hingewiesen worden.   Für die
Kithara sind hier folgende angegeben: die lydische, hypolydische,
hyperiastische und Iastische.   Was diese Namen bedeuten, ist im
ersten Kapitel auseinander gesetzt: es sind dies erst später entstandene
Termini für die Transpositionsscalen, welche mit den für die Octavengattungen gebrauchten Namen Lydisch, Hypolydisch und Iastisch
durchaus nicht verwechselt werden dürfen. Vgl. S. 20 und 21.   Unter
einer jeden dieser 4 Scalen versteht der Anonymus zunächst das zu
seiner Zeit übliche diazeuktische System von 15 Tönen:

		hypaton			meson					diezeugmenon			hyperbolaion		
	Proslamb.	Hypate	Parhypate	Lichanos	Hypate	Parhypate	Lichanos	Mese	Paramese	Trite	Paranete	Nete	Trite	Paraneto	Nete
Lydisch:	*d*	*e*	*f*	*g*	*a*	*b*	*c*	*d*	*e*	*f*	*g*	*a'*	*b*	*c*	*d*
Hypolydisch:	*A*	*H*	*c*	*d*	*e*	*f*	*g*	*a*	*h*	*c*	*d*	*e*	*f*	*g*	*a*
Hyperiastisch:	*e*	*fis*	*g*	*a*	*h*	*c*	*d*	*e*	*fis*	*g*	*a*	*h*	*c*	*d*	*e*
Iastisch:	*H*	*cis*	*d*	*e*	*fis*	*g*	*a*	*h*	*cis*	*d*	*e*	*fis*	*g*	*a*	*h*

sodann aber auch das zu seiner Zeit ebenfalls gebräuchliche Synemmenonsystem von 11 Tönen:

								Trite	Panan.	Nete		
Lydisch:	*d*	*e*	*f*	*g*	*a*	*b*	*c*	*d*	*es*	*f*	*g*
Hypolydisch:	*A*	*H*	*c*	*d*	*e*	*f*	*g*	*a*	*h*	*c*	*d*
Hyperiastisch:	*e*	*fis*	*g*	*a*	*h*	*c*	*d*	*e*	*f*	*g*	*a*
Iastisch:	*H*	*cis*	*d*	*e*	*fis*	*g*	*a*	*h*	*c*	*d*	*e*

synemmenon

Von diesen Scalen waren die hyperiastischen und iastischen in der Musikperiode vor Phrynis durchaus unbekannt, erst gegen die Zeit des Peloponnesischen Krieges kommen sie auf; selbst Heraklides Ponticus will sie noch nicht gelten lassen. Es bleiben also für die Periode vor Phrynis als Kithara-Scalen nur die beiden lydischen und die beiden hypolydischen übrig, d. h. die lydische des Diezeugmenon- und des Synemmenon-Systems, und ebenso die hypolydische des Diezeugmenon- und Synemmenon-Systemes. Aber weder das Diezeugmenon- noch das Synemmenon-System hatte in der früheren Musikperiode den späterhin bestehenden Umfang, den der Anonymus statuirt. Es fehlten damals einerseits die drei höchsten Töne „hyperbolaion" und andererseits der tiefste Ton „proslambanomenos", und die Scalen, auf welche die Kithara in der in Rede stehenden Musikperiode angewiesen ist, sind mithin folgende:

	hypaton		meson		mese		diezeugm.	
[Lydisch]	e f g	a b c	d · e	f g a	
[Hypolydisch]	H c d	e f g	a h	c d e	
[Lydisch]	e f g	a b c	d es	f g	
[Hypolydisch]	H c d	e f g	a b	c d	
	hypaton		meson		mese	synemmen.	

Von den beiden Systemen des Terpander ist hier jedes durch drei tiefere Töne erweitert worden; ein vierter noch tieferer Ton ist zunächst noch unbekannt. Schon der Name, womit man denselben bezeichnet, nämlich Proslambanomenos d. h. der hinzugenommene, deutet darauf hin, dass er zu einer Zeit hinzugefügt wurde, wo die vorausgehenden Töne (hypaton) bereits angewendet wurden. Es lässt sich aber auch anderweitig nachweisen, dass es eine Zeit gegeben, in welcher die Terpandrischen Systeme bloss durch die drei Töne hypaton erweitert waren, während der Proslambanomenos noch fehlte, und dass also das diazeuktische System ein hendekachordisches, das Synemmenon-System ein dekachordisches war. Dieser Umfang ist nämlich zu Grunde gelegt für die bereits mehrfach herbeigezogenen enharmonischen Scalen der „ganz Alten", welche Aristides S. 21 überliefert hat.

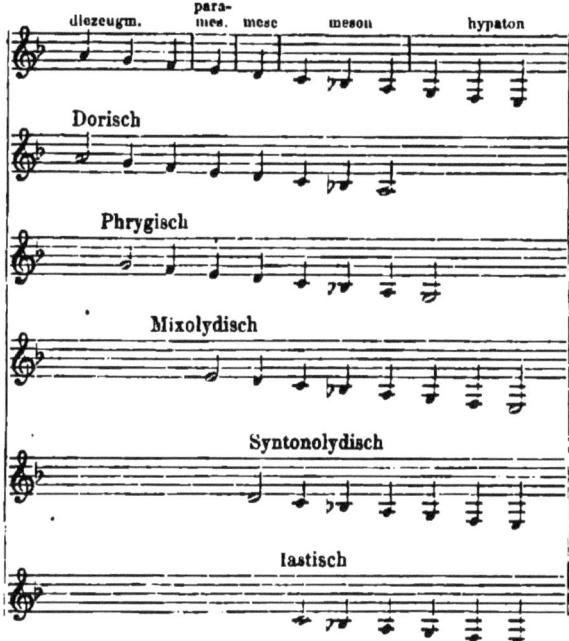

Um die Octavengattungen auszuführen, haben die „ganz Alten", wie man hier sieht, dasjenige Diezeugmenon-System genommen, welches man später das Lydische nennt (mit Einem b); der höchste Ton, mit dem sie hier beginnen, ist die Nete diezeugmenon; von ihm aus wird eine dorische Octavengattung nach der Tiefe zu geführt; in gleicher Weise wird von der Paranete diazeugmenon eine phrygische, von der Paramesos an eine mixolydische, von der Mese an eine syntonolydische, von der Lichanos meson an eine iastische Octavengattung ausgeführt. Weshalb in diesen Scalen einige Töne in der Mitte der Octavengattung ausgelassen sind und weswegen die dorische Octavengattung noch durch einen tiefsten neunten Ton erweitert ist, dies ist bereits II, 4 auseinandergesetzt. Die syntonolydische Octavengattung hätte noch einen Ton tiefer (bis *d*) abwärts geführt werden müssen. Dies ist nicht geschehen. Es kann das keinen anderen Grund haben, als diesen, dass die „ganz Alten" in der zu Grunde gelegten Scala den Ton *d* (es würde dies der lydische Proslambanomenos sein) noch nicht kannten; die Scala ging damals über die Hypate hypaton noch nicht hinaus. Aus dem-

selben Grunde musste auch in der iastischen Octavengattung der vorletzte
Ton, nämlich der Ton *d*, ausgelassen werden; bis zum letzten und
tiefsten Tone *c* hätten auf der Diezeugmenon-Scala auch die Späteren
die iastische Octavengattung nicht zu Ende führen können, denn tiefer
als bis zum Proslambanomenos ist man niemals gegangen. Uebrigens
muss man wohl bedenken, dass die „ganz Alten" nicht etwa den zur
Ausführung einer jeden Tonart üblichen Umfang der Töne, sondern
eben nur die „Octavengattung" angeben wollen. Es umfasst z. B. eine
iastische Melodie nicht die Töne der „iastischen Octavengattung" (vom
Schlusstone der Melodie bis zu dessen höherer oder tieferer Octave),
sondern sie ist, so viel wir wissen, plagalisch gebaut,' und kann also
praktisch recht gut auf der von den „ganz Alten" zu Grunde gelegten
Scala ausgeführt werden. — Wir haben S. 199 von den Octavengattungen
der „ganz Alten" nur fünf mitgetheilt; die sechste, nämlich die chalara
Lydisti, gehört einer anderen Scala an als die übrigen, und wir haben
sie deshalb hier übergangen.

Es wird durch diese Auseinandersetzung zu einer völlig sicheren
Thatsache, dass es zur Zeit der „ganz Alten" zwar die drei Töne
hypaton, aber noch keinen Proslambanomenos gab, und zwar war dies
eine Zeit, in welcher sowohl die Instrumental- wie die Vocal-Noten
bereits erfunden waren. Erst der Zeit des Phrynis gehört der Proslambanomenos an (vgl. unten).

In dem Plutarchischen Kapitel (19) von der Oligochordie der Alten
heisst es: „Es ist klar auch in Beziehung auf das Tetrachord hypaton,
dass man sich desselben für die dorischen Melodien nicht etwa aus Unkenntniss desselben enthielt. Denn für die übrigen Tonarten bediente
man sich seiner; offenbar kannte man es also, aber man liess es für
dorische Compositionen aus, sorgsam bedacht auf das Ethos der Tonart, indem man die Schönheit derselben ängstlich zu wahren suchte."
Nachweislich ist Aristoxenus die Quelle, aus welcher diese Notiz entlehnt ist. Sie ist für die Geschichte der Musik wichtig genug; denn sie
zeigt einmal, dass zu der Zeit, in welcher den Terpandrischen Systemen
bereits drei tiefere Töne hinzugefügt waren, diese Töne hypaton für
Compositionen in dorischer Tonart unbenutzt blieben. Mithin sind es
die übrigen Tonarten, denen zu lieb man jene Erweiterung eintreten
liess. Am nächsten liegt es hier natürlich, an die phrygische und lydische
Tonart und deren Species zu denken. Es sind diese Tonarten eingeführt
durch die Schule des Olympus; die Auletik des Olympus aber verfolgte,
wie wir gesehen, das Princip der Oligochordie aufs peinlichste und be-

schränkte den Tonumfang sogar noch über das von Terpander einge-
haltene Maass hinaus, man wird daher nicht annehmen können, dass
die Erweiterung der Terpandrischen Systeme aus der Schule des Olympus
herrühre. Es kann diese Neuerung erst in der Periode des Polymnastus
und Sakadas aufgekommen sein, und die von Plutarch überlieferte
Thatsache, dass zur Zeit des Polymnastus und Sakadas drei Tonarten,
die dorische, phrygische und lydische im Gebrauch waren (cap. 8),
werden wir nunmehr mit Rücksicht auf den Tonumfang dahin erweitern
können, dass man sich damals für die dorischen Compositionen noch
immer auf die alten Terpandrischen Systeme beschränkte, während man
dieselben für die phrygischen und lydischen Compositionen durch Hinzufügung des Tetrachordes hypaton erweiterte. Die folgende Uebersicht gibt an, wie man damals auf den verschiedenen Systemen die einzelnen Tonarten ausführen konnte.

Das Aeolische kann bei plagalischem Bau nur auf dem Diezeugmenon-Systeme ausgeführt werden; die dynamische Mese desselben ist
der Schlusston der äolischen Melodie. Ebenso die syntonolydische
und lokrische Tonart, die beide mit der äolischen die gleiche Octavengattung haben. Für die äolische und lokrische Tonart fehlen uns Beispiele; die uns erhaltene syntonolydische Melodie gehört dem Diezeugmenon-Systeme mit Einem *b* (Lydische Transpositionsscala) an; sie
geht über den Melodieschlusston *d* (die Mese) noch um zwei Töne

aufwärts (*e* und *f*) und unterhalb desselben fünf Töne abwärts (bis *f*, Parhypate hypaton), so dass sie also noch die zwei oberen Töne des
Tetrachordes hypaton berührt und im Ganzen die Octave von *f* bis *f*
einnimmt.

Das Dorische wird bei plagalischem Bau auf dem Synemmenon-
Systeme ausgeführt; die dynamische Mese desselben ist hier der Schlusston der dorischen Melodie.   Aus der Stelle des Plutarch haben wir erfahren, dass man für die Doristi das Tetrachord hypaton unbenutzt
liess; man konnte ohne dasselbe zu berühren drei Töne unterhalb des
dorischen Schlusstones hinab und ebenso viel Töne oberhalb desselben
hinaufsteigen; mehr als diese sieben Töne wird man für die Doristi in
jener Zeit schwerlich benutzt haben. — Werden dem Systeme aber nun
noch die Töne hypaton hinzugefügt, so kann man eine plagalische
Doristi auch auf dem Diezeugmenon-Systeme ausführen, indem man
die dynamische Hypate meson als Schlusston der dorischen Melodie
setzt.   Dann kann man ebenfalls drei Töne unter den Schlusston der
Melodie abwärts gehen (bis zur Hypate hypaton), hat aber für die
höheren Töne der Melodie ein unbeschränkteres Feld, als bei der zuerst
genannten Art der Ausführung (auf dem Synemmenon-Systeme).   Die
beiden uns erhaltenen dorischen Melodien sind in dieser zweiten Weise,
und zwar beide auf der Transpositionsscala mit Einem *b* ausgeführt, so
dass die Hypate meson *a* der Melodieschluss ist.   Sowohl die eine (auf
Helios) wie die andere (auf die Muse) überschreitet diesen Ton *a* nach
oben zu um fünf Töne (bis *f*, Trite diezeugmenon), nach der Tiefe zu
geht das Lied auf die Muse drei Töne unterhalb *a* abwärts (bis *e*, Hypate
hypaton, das Lied auf Helios aber nur zwei Töne (bis *f*, Parhypate hypaton).
Hier haben wir also Beispiele der späteren Compositionsmanier, welche
bei der Doristi das Tetrachord hypaton nicht verschmähte.   Was durch
diese dem alten Geschmacke zuwiderlaufende Hinzufügung des Hypaton-
Tetrachordes bewirkt wurde, ist nicht sowohl dies, dass man weiter in
die Tiefe hinabsteigen wollte, als vielmehr dies, dass man den Tonumfang nach der Höhe zu erweiterte.   Hiervon wird man sich leicht
überzeugen.   Die zu dem dorischen Liede auf die Muse gebrauchte
Tonreihe ist folgende (das Lied auf Helios ist, wie bemerkt, um den
tiefsten Ton kürzer):

	hypaton		meson		mese	dlez.
Lydische Transpositions-Scala:	*e f g*		*a b c*		*d*	*e f*

Bis auf die zwei höchsten Töne lässt sich dieselbe auch auf dem

Synemmenon-Systeme der hypolydischen Scala in folgender Weise nehmen:

Hypolyd. Transpositions-Scala: *e* *f* *g* | *a* | *b* *c* *d*

Will man aber noch jene beiden hohen Töne *e* und *f* hinzufügen, so kann man das Synemmenon-System (der hypolydischen Scala) nicht anwenden, sondern man muss nothwendig die Melodie auf dem durch den Hypaton-Tetrachord erweiterten Diezeugmenon-Systeme (der lydischen Scala) nehmen. Die ältere Zeit enthielt sich des Hypaton-Tetrachordes, liess also die Töne *e* und *f* unbenutzt, und zwar wie Aristoxenus sagt, weil sie auf das Ethos der Doristi bedacht war und die Schönheit derselben ängstlich zu wahren suchte. In dem Liede auf die Muse ist also in dem Verse

die mit * bezeichnete Partie von drei Tönen gegen den Geschmack der alten Zeit —, den Alten würde eine solche Wendung dem Ethos der Doristi Eintrag zu thun geschienen haben. Ebenso auch der Anfang des Liedes

und die zweite Periode desselben:

Mit Einem Worte: man ging früher in der Melodiebildung über den dorischen Schlusston nicht weiter als drei Tonstufen in die Höhe. Wollen wir diesen Satz mit Rücksicht auf die harmonische Bedeutung der dorischen Tonart aussprechen, zufolge der sie ein die Melodie in der Quinte schliessendes Moll ist, so müssen wir sagen: man ging von der Quinte abwärts bis zur Moll-Secunde und aufwärts bis zur Moll-Octave, ohne diesen Umfang von der Secunde bis zur Octave zu überschreiten. Geschah das letztere und nahm man auch die None und die Decime hinzu, so geschah hierdurch dem Ethos der dorischen Tonart Abbruch.

Es ist nun zu denken, dass man dem (plagalischen) **Phrygischen**, welches gleich dem Dorischen eine Quinten-Tonart ist, für gewöhnlich denselben Tonumfang wie dem Dorischen gab, dass man also von der die Melodie schliessenden Dur-Quinte abwärts bis zur Dur-Secunde und aufwärts bis zur Dur-Octave ging. Dies vorausgesetzt, genügte keine der Terpandrischen Scalen. Auf dem octachordischen Diezeugmenon-Systeme konnte man eine phrygische Melodie gar nicht ausführen (denn hier würde der zweithöchste Ton der phrygische Schlusston sein),

			Mese	Diezeugm.			
a	*b*	*c*	*d*	*e*	*f*	*g*	*a*
		1	2	3	4	5	6
e	*f*	*g*	*a*	*h*	*c*	*d*	*e*
				Schluss			

man musste nothwendig das Synemmenon-System wählen, womit die Angabe des Aristoxenus bei Plut. 19 (vgl. S. 151) übereinkommt, aber man konnte hier nur drei Töne unter den phrygischen Schlusston, also bis zur Dur-Terz, hinabsteigen; wollte man die Dur-Secunde benutzen, so musste man nothwendig die Terpandrische Synemmenon-Scala durch das Tetrachord hypaton erweitern. In dieser Weise werden wir es wohl zu verstehen haben, wenn Plutarch in der angeführten Stelle sagt, dass man sich des Hypaton-Tetrachordes für die Doristi enthalten habe, während man dasselbe für die anderen Tonarten (also die Phrygisti) zuliess.

Hypaton		Meson			Mese	Synemm.		
(*e*)	*f*	*g*	*a*	*b*	*c*	*d*	*es*	*f*	*g*
	1	2	3	4	5	6	7	8	9
(*H*)	*c*	*d*	*e*	*f*	*g*	*a*	*b*	*c*	*d*
				Schluss					

Für die Melodie konnte man aber bei der Anwendung dieses Systemes nicht tiefer als bis zur Parhypate hypaton, d. i. der Tonica des phrygischen Dur, hinabgehen; hätte man auch noch die Hypate hypaton für die Melodie hinzuziehen wollen, so hätte damit die Tonart aufgehört, eine phrygische zu sein.

Ebenso ist es auch, wenn man die lydische Tonart auf dem
Synemmenon-Systeme ausführte. Hier ist die Parhypate meson der
Schlusston der Melodie, die Trite synemmenon die Tonica:

man konnte also in keinem Falle die Hypate hypaton (*H*) für die Melodie
gebrauchen. Es liess sich aber die lydische Tonart auch auf dem Diezeugmenon-Systeme nehmen. Dann war die Trite diezeugmenon der
Schlusston der lydischen Melodie, diese aber konnte nicht höher als nur
zwei Stufen über den genannten Ton hinausgehen.

Die iastische Tonart konnte man, wenn man sie nicht etwa
authentisch bilden wollte, nur auf dem Diezeugmenon-Systeme ausführen, auf welchem die iastische Melodie in der Lichanos abschloss.
Auch hier war die Hinzunahme des Hypaton-Tetrachordes zulässig.
Die uns erhaltene Melodie dieser Tonart (das Lied auf Nemesis) gehört
dem Diezeugmenon-Systeme der lydischen Transpositionsscala (mit
Einem *b*) an; sie geht vier Töne über die Lichanos (*c*) aufwärts (bis
zur Paranete diez. *g*) und ebenfalls vier Töne unterhalb der Lichanos
abwärts (bis zur Parhypate hypaton *f*).

Die in dem Vorstehenden erwähnten vier antiken Melodien (die
iastische, syntonolydische und die beiden dorischen) gehören ebenso wie
fünf von den bei Aristides erhaltenen Scalen der alten Harmoniker sämmtlich dem Diezeugmenon-Systeme der lydischen Transpositionsscala an.
und zwar benutzen sie von diesem Systeme nur die Tetrachorde Diezeugmenon, Meson und Hypaton, ohne dass auch nur ein einziges der genannten Musikbeispiele den Proslambanomenos herbeizöge. — Die vom
Anonymus aufbewahrten äolischen oder dorischen Begleitungen umfassen die Töne *d e f g a* und die ebendaselbst erhaltene kleine mixolydische Melodie enthält noch um einen Ton weniger, denn sie ist auf
die vier Töne *d e f g* beschränkt. Diese Töne können sowohl der lydischen
wie der hypolydischen Transpositionsscala angehören.

Im ersteren Falle würde *d* lydischer Proslambanomenos sein, im zweiten Falle hypolydische Lichanos hypaton. Da keiner der übrigen umfangreicheren Musikreste einen Proslambanomenos hat, sondern unter das Hypaton - Tetrachord nicht hinausgeht, so wird es auch im vorliegenden Falle gerathen sein, den Ton *d*, mit welchem diese auf die Quinte oder Quarte beschränkten Musikreste beginnen, nicht als lydischen Proslambanomenos, sondern als hypolydische Lichanos hypaton zu fassen.

Folgende Uebersicht veranschaulicht, in wie weit man sich zur Ausführung einer Melodie des Synemmenon- oder des Diezeugmenon-Systemes bediente; wir nehmen in dieselbe zugleich die Tonlage der aus der späteren Zeit uns überlieferten Melodien auf.

Synemmenon-System.

	hypaton	meson	mese	synemmenen
Dorisch nach alter Weise		2 3 4 / e f g	5 / a	6 7 1 / b c d
Dorische Begleitung im Anon.	1 / d	2 3 4 / e f g	5 / a	
Phrygisch	1 2 / c d	3 4 5 / e f g	6 / a	7 1 2 / b c d
Lydisch	2 3 / c d	4 5 6 / e f g	7 / a	1 2 3 / b c d
Mixolydisch im Anonym.	2 / d	3 4 5 / e f g		

Diezeugmenon-System.

	hypaton	meson	mese	diezeugm.
Lydisch		1 2 3 / a b c	4 / d	5 6 7 / e f g a
Syntonolyd (Anon.)	f g	1 2 3 / a b c	4 / d	5 / e f
Aeolisch		a b c	1 / d	2 3 4 5 / e f g a
Iastisch auf Nemes.	4 5 / f g	6 7 1 / a b c	2 / d	3 4 5 / e f g
Dorisch auf Helios	3 4 / f g	5 6 7 / a b c	1 / d	2 3 / e f
Dor. auf d. Muse	2 3 4 / e f g	5 6 7 / a b c	1 / d	2 3 / e f

So weit uns Musikreste überliefert sind, gehören dieselben also sämmtlich der Transpositionsstufe mit einem *b* an, sei es, dass sie auf dem lydischen Diezeugmenon-Systeme oder dem hypolydischen Synemmenon-Systeme zu nehmen sind. Bloss zwei Ausnahmen kommen vor: die eine ist die chalara Lydisti unter den 6 enharmonischen Octavengattungen der „ganz Alten" bei Aristides, welche in der Scala ohne Vorzeichen gesetzt ist (vgl. darüber unten), die andere ist die fragliche Melodie zu Pindars erster pythischer Ode, welche der Scala mit 2 *b* angehört (d. i. dem Synemmenon - Systeme der lydischen oder dem Diezeugmenon- Systeme der phrygischen Transpositionsscala) Wir dürfen somit annehmen, dass die Transpositionsstufe mit Einem *b* die Normalscala der Alten war. Gleichwohl muss aber auch die Scala ohne Vorzeichen (als hypolydisches Diezeugmenon - System) und die Scala mit zwei *b* (als lydisches Synemmenon - System) im Gebrauch gewesen sein, denn dies geht aus der bei dem Anonymus erhaltenen Aufzählung der für die Kithara üblichen Tonarten hervor.

Die lydische und hypolydische Scala sind nach dem Berichte des Anonymus die einzigen, welche in allen Zweigen der Musik üblich sind, denn sie werden nach ihm für die Kithara, für die Auloi, für die Orchestik (d. i. die chorische Musik) und für die erst in der Alexandrinischen Zeit aufkommende Hydrauletik gebraucht. Die Kithara hat ausserdem in der Periode des Phrynis auch noch zwei andre Transpositionsscalen, nämlich die hyperiastische und iastische aufgenommen, und ebenso hat auch die Auletik und Aulodik, die Orchestik und die Hydrauletik zu jenen allen Zweigen der Musik gemeinsamen Transpositionsscalen noch einige andere hinzugefügt. Die Tonarten der Auloi verhalten sich nach dem Anonymus zu denen der Kithara folgendermaassen:

Kithara.	Aulos.
	♭♭♭ Phrygisch
	♭♭ Hypophryg.
♭ Lydisch	♮ Lydisch
Hypolydisch	Hypolydisch
♯ Hypoiastisch	♯ Hypoiastisch
♯♯ Iastisch	

Von den Transpositionsscalen der Auloi gehört die hypoiastische wie gesagt, erst der Zeit des Phrynis an, aber die hypophrygische und phrygische sind alt und nachweislich schon in der gegenwärtigen

Periode gebraucht werden*), wenngleich sie immerhin nicht so ursprünglich wie die lydische und hypolydische sein können. Die Aulodik
und Auletik hat also von der Kitharodik und Kitharistik einen grösseren
Reichthum von Transpositionsscalen voraus.

Der Kithara und den Auloi gemeinsam:

Hypolyd.

diez.

H   c   d   e   f   g   a   b   c   d   e
H   c   d   e   f   g   a   b   c   d
hypat.   meson   synemm.

Lyd.

diez.

e   f   g   a   b   c   d   e   f   g   a
e   f   g   a   b   c   d   es   f   g
hypat.   meson   synemm.

Den Auloi eigenthümlich:

Hypo-
phrygisch

diez.

A   B   c   d   es   f   g   as   b   c   d
A   B   c   d   es   f   g   as   b   c
hypat.   meson   synemm.

Phryg.

diez.

d   es   f   g   as   b   c   d   es   f   g
d   es   f   g   as   b   c   des   es   f
hypat.   meson   synemm.

Das hypophrygische Diezeugmenon-System stellte die Transpositionsscala mit zwei *b* dar, das hypophrygische Synemmenon-System
und das phrygische Diezeugmenon-System eine Transpositionsscala mit
drei *b*, das phrygische Synemmenon-System eine Transpositionsscala
mit vier *b*. Die Auleten in der Periode vor Phrynis konnten also von der
Scala ohne Vorzeichen bis zur Scala mit vier *b* gehen. Dass man in alte
Zeit die hypophrygische Scala für die Auloi anwandte, bestätigt Aristoxenus. In seinen harmonischen Stoicheia S. 37 sagt er nämlich, es habe
früher in der Nomenclatur der Transpositionsscalen eine grosse Verschiedenheit geherrscht, derselbe Name sei von den Einen zur Bezeichnung dieser, von den Andern zur Bezeichnung jener Scala angewandt;
auch in der Zahl der Scalen habe man nicht übereingestimmt. Nach
dem Einen sei die hypolydische Scala (damals die hypodorische genannt)
die tiefste gewesen. Andere aber hätten als eine noch tiefere Scala „den

---

*) Den Beweis dafür giebt die Erörterung der Notenerfindung.

hypophrygischen Aulos" angenommen. Darunter ist natürlich ein Aulos verstanden, auf welchem man die hypophrygische Transpositionsscala spielte. Dann nennt Aristoxenus noch eine dritte Klasse von alten Theoretikern, „welche mit Rücksicht auf die Löcher der Auloi" die hypophrygischen Auloi nicht um einen ganzen Ton, sondern nur um einen $^3/_4$-Ton tiefer stimmten als die hypolydischen, und ebenso die phrygischen nur um einen $^3_4$-Ton tiefer als die lydischen.

	meson				diezeugm.					
Lydisch	a	b	c	d	e	f	g	a		$^3_4$-Ton ⎫ Quarte
Phrygisch	g	as	b	c	d	es	f	g		
Hypolydisch	e	f	g	a	h	c	d	e		$^3/_4$-Ton ⎫ Quarte
Hypophryg.	d	es	f	g	a	b	c	d		

Wir haben keinen Grund, dies zu bezweifeln. Zur Zeit des Aristoxenus stehen zwar die Tonarten, die nach dem Vorliegenden einen $^3_4$-Ton auseinander liegen sollen, gerade um einen Ganzton von einander ab, aber die ältere Zeit kann hierin recht wohl von der späteren differirt haben. Für den Gesang würden jene Abstände von einem $^3_4$-Ganzton schwer zu erklären sein, aber wir wissen ja auch, dass dieselben mit Rücksicht auf die Art und Weise, wie die Löcher der Auloi gebohrt waren, statuirt werden; hier lässt sich eine solche Abweichung von der Einhaltung des Quintencirkels schon leichter erklären.

Welchen Gebrauch mag die Auletik von den verschiedenen Transpositionsscalen gemacht haben? Das wird sich wohl kaum sagen lassen. Zum Zwecke der Modulation konnten dieselben unmöglich gebraucht werden, denn hiergegen spricht schon jenes $^3_4$-Ton-Intervall. Für die Kitharodik unserer Periode wird ein Wechsel zwischen den Transpositionsscalen für ein und dasselbe Stück durch Plut. 6 ausdrücklich in Abrede gestellt. „Im Allgemeinen war die an Terpander sich anschliessende Kitharodik bis zur Zeit des Phrynis eine ganz und gar einfache. Denn es war früher nicht erlaubt, die Kitharodien in dem jetzigen Stile zu halten und in den Tonarten und Rhythmen einen Wechsel eintreten zu lassen; in jedem Nomos hielt man die ihm angemessene Tonhöhe fest." Was wir hier durch Tonhöhe (τάσις) übersetzt, kann nur die höhere oder tiefere Transpositionsscala bezeichnen; war der Anfang eines Nomos in der lydischen Transpositionsscala genommen, so wurde diese bis zum Ende desselben festgehalten, und ebenso wenn man ihn in der hypolydischen genommen hatte. Nun war freilich auch bei Festhaltung der lydischen oder der hypolydischen

Transpositionsscala immer noch ein Wechsel zwischen zwei benach-
barten Tonarten des Quintencirkels möglich. Nämlich dann, wenn
man einen kitharodischen Nomos auf dem durch das Hypaton-Tetrachord erweiterten Synemmenon-Systeme ausführte; denn auf diesem
Systeme ist die Tonreihe von der Hypate hypaton bis zur Mese genau
dieselbe wie die Tonreihe von der Hypate meson bis zur Nete synemmenon, nur dass die Tonreihe das zweite Mal in die um eine Quarte
höhere Transpositionsscala gesetzt ist:

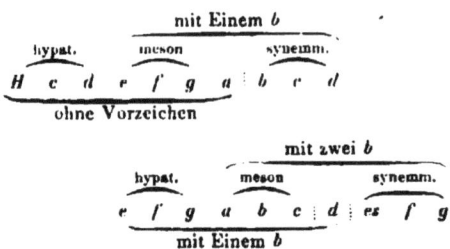

Nach der Ansicht des Ptolemäus 2, 6 war nun auch das Synemmenon-System, dem derselbe für seine Zeit die practische Berechtigung
abspricht, von „den Alten" zu dem Zwecke erfunden, dass sie innerhalb
ein und desselben Melos in eine andere Transpositionsscala (τάσιν) als
die zu Anfang des Melos angenommene übergehen konnten. Das ganze
Synemmenon-System, wie es uns hier für die hypolydische und lydische
Scala vorliegt, enthält gleichsam zwei Terpandrische Heptachorde, ein
tieferes und ein höheres. Zu den auf dem höheren Heptachorde ausgeführten Tonarten darf man noch die zwei höchsten Töne des Hypaton-
Tetrachordes (aber nicht den tiefsten) hinzunehmen, ohne dass der
Charakter der Tonart verändert wird. Bei den auf dem tieferen Heptachorde ausgeführten Tonarten darf man aber die Mese nach der Höhe
zu nicht überschreiten, denn die Trite synemmenon würde ein fremd-
artiges Element hineinbringen. Welche Tonarten kann man nun auf
diesem tieferen Heptachorde ausführen? Am bequemsten die dorische
— und zwar in der hypolydischen Scala — mit dem Melodieschluss e, also
ein Dorisch aus A-Moll, während auf dem höheren Heptachorde derselben
Scala ein Dorisch mit dem Melodieschlusse a, als ein Dorisch aus d-Moll
ausgeführt werden kann. Aber wir wissen aus Aristoxenus bei Plutarch
19, dass sich die Alten für dorische Compositionen des Hypaton-Tetrachordes enthielten. Die dorische Tonart lässt sich also für die obige

Ansicht des Ptolemäus nicht als Beleg anführen. Dass man aber ausser dem dorischen auf dem unteren Heptachorde — freilich nicht so gut — phrygische und lydische Melodien ausführen, wir sagen nicht so gut, denn bei den hier ausgeführten phrygischen Melodien kann man nur zwei Tonstufen, bei der lydischen sogar nur Eine Tonstufe unter den Schlusston der phrygischen und lydischen Melodien hinabgehen. Für die Phrygisti und Lydisti kann also Ptolemäus mit der von ihm ausgesprochenen Ansicht Recht haben, dass das durch die Hypaton-Töne erweiterte Synemmenon-System von den Alten zum Zwecke einer Modulation aus einer Tonart in die Nachbartonart des Quintencirkels aufgestellt sei. Ptolemäus würde diese Ansicht nicht ausgesprochen haben, wenn es nicht irgend zu einer Zeit, sei es früher oder später, Thatsache wäre, dass jener Uebergang aus einer Transpositionsscala in die andre auf dem durch das Hypaton-Tetrachord erweiterten Synemmenon-Systeme wirklich ausgeführt wurde. Die Erweiterung des Diezeugmenon-Systems durch die Hypaton-Töne hat natürlich einen anderen Grund, denn sie dient ganz und gar nicht, um eine Modulation zu ermöglichen, aber die Annahme der Hypate-hypaton auf dem Synemmenon-Systeme kann schwerlich eine andere Bedeutung haben als die von Ptolemäus geltend gemachte.

Berücksichtigen wir nun aber noch einmal die Erklärung des Plutarch, dass die Kitharodik bis zur Zeit des Phrynis keinen Wechsel in der Tonhöhe (τάσις) habe eintreten lassen. Wird nicht damit die von Ptolemäus angedeutete Art des Uebergangs aus einer Transpositionsscala (τάσις) in die andere für die Kitharodik dieser Periode in Abrede gestellt? Und doch gehört gerade dieser Periode die Erweiterung der alten Systeme durch das Hypaton-Tetrachord an. Der Widerspruch wird leicht zu lösen sein. Nicht die Kitharodik, sondern die Auletik oder Aulodia ist das Gebiet der Musik, in welcher jene Erweiterung der alten Systeme zuerst aufgetreten ist und wo das erweiterte Synemmenon-System für den Uebergang aus einer Transpositionsscala in die andere benutzt wurde. Es liegt dies um so näher, weil die der Kitharodik von Haus aus eigenthümliche Tonart, die Doristi, sich der Erweiterung durch das Hypaton-Tetrachord enthielt, während dieselbe bei der aus der Auletik stammenden Phrygisti und Lydisti zulässig war. Wir können also sagen: in der Musikperiode von Polymnastus bis Phrynis wird für die Auletik und Aulodik jedes der beiden alten aus Terpanders Zeit überkommenen Systeme durch das Hypaton-Tetrachord (aber nicht durch den Pros-

14*

lambanomenos) erweitert; und zwar erweitert man speciell
das alte Synemmenon-System, um für das phrygische und
lydische Dur aus einer Transpositionsscala in die benachbarte Transpositionsscala des Quintencirkels moduliren zu
können. Für das dorische Moll enthielt man sich der Erweiterung. Ob die Kitharodik schon in der gegenwärtigen
Periode diese Erweiterung des Systems von der Aulodik
und Auletik angenommen hat, muss dahingestellt bleiben;
soviel aber steht fest, dass sie sich während derselben (bis
auf Phrynis) der Modulation enthielt.

Wer von den Auleten oder Auloden dieser Periode soll für die
Erweiterung der alten Terpandrischen Systeme und die damit zusammen-
hängende Metabole der Transpositionsscalen verantwortlich gemacht
werden? Eine directe Ueberlieferung, die zur Beantwortung dieser
Frage benutzt werden könnte, finde ich nicht. Wir werden wohl an
einen der beiden grossen Meister, an Polymnastus oder Sakades denken
müssen. Es wird dies um so näher liegen, weil für den letztern von
beiden die Anwendung der Metabole für ein und dieselbe Composition
fest steht, zwar nicht die Metabole der Transpositionsscalen, wohl aber
die Metabole der drei Hauptonarten, der Doristi, Phrygisti und Lydisti.
Beide Arten der Metabole sind verwandt genug. Weiterhin wird sich
ergeben, dass die Erfindung der Instrumentalnoten bereits die durch
das Hypaton-Tetrachord erweiterten Systeme voraussetzt, und die zu
ermittelnde Persönlichkeit des Notenerfinders wird weitere Schlüsse
verstatten.

Die Tongeschlechter.

Was uns bisher in der Geschichte der antiken Musik von den in
ihr bestehenden tonischen Verhältnissen entgegengetreten ist, das erscheint uns Modernen Alles als sehr natürlich und verständlich, selbst
dasjenige, was in unserer heutigen Musik keine Analogie hat, z. B.
die beiden antiken Durtonarten und die verschiedenen Melodieschlüsse
in den drei Tönen des tonischen Dreiklanges. Anders ist es mit einer
zusammenhängenden Reihe von Erscheinungen, welche darauf beruhen,
dass zur Ausführung der Melodie ein der diatonischen Scala fremder
Ton gebraucht wird, und zwar ohne dass die Transpositionsscala sich
ändert. Auch unsere Musik wendet nicht selten solche der Scala fremde
Töne an, nämlich in der sogenannten Chromatik. Dieser Name ist

der antiken Musik entlehnt und hat im Ganzen auch die Bedeutung,
in welcher man damals das Wort gebrauchte, behalten, nämlich von der
Folge zweier in der Scala unmittelbar einander benachbarter Halbtonintervalle; ein Unterschied besteht nur insofern, als in der antiken Chromatik immer nur zwei benachbarte Halbintervalle auf einander folgen
können, während in der modernen Chromatik die Zahl der benach-
barten Halbtöne unbeschränkt ist. Uns Modernen ist das antike Chroma
also nicht nur nicht fremd, sondern wir haben dasselbe sogar noch
viel weiter ausgedehnt. Aber was uns fremd ist, ist eine zweite Art
von eingeschalteten der Scala fremden Tönen, welche ihrer Tonstufe
nach in der Mitte eines Halbintervalles stehen, z. B. auf der Transpositionsscala ohne Vorzeichen ein Ton, der höher ist als e, aber
niedriger als f, und ein Ton, welcher höher ist als h, aber niedriger als
c. Wie man solche Töne neben den übrigen Tönen der genannten
Transpositionsscala erwarten kann, davon vermögen wir Neueren vom
Standpunkte unserer heutigen Musik aus uns keine Vorstellung zu
machen; es ist dies ein Punkt, wo die antike und moderne Musik nicht
commensurabel sind. Der archaischen Musikperiode bis auf Polymnastus
war die Anwendung solcher Töne gleich der unsrigen unbekannt,
aber mit Polymnastus sind dieselben, den Berichten der Alten zufolge,
in Aufnahme gekommen, und haben nicht nur in dem mit ihm beginnenden Zeiträume eine ausserordentlich hohe Bedeutung für die monodische
Lyrik der Kitharoden und Auloden und für die Instrumentalmusik der
Auleten und Kitharisten, sondern auch späterhin halten sie sich im Gebrauch und geben gleichsam den Kanon für das theoretische Musiksystem
der Alten ab; in der Aristoxenischen Zeit wird die Anwendung jener
Töne nicht mehr in dem Umfange wie früher festgehalten, aber was
sich davon gehalten hat, wird mit ausserordentlicher Vorliebe angewandt, und bleibt bis in die Zeit des Ptolemäus im vulgären Gebrauch.

    Natürliche Scala, syntonische Diatonik des Ptolomäus.
Um die uns über diese zu hoch oder zu niedrig gestimmten Töne zugekommenen Berichte der alten Musiker zu verstehen, ist es nöthig,
auf die akustischen Verhältnisse der in der natürlichen Scala vorkommenden Töne einzugehen. Von zwei Saiten gibt diejenige den
höheren Ton, welche in derselben Zeit wie die andere die grössere
Zahl von Schwingungen macht; in gleicher Weise beruht auch der
Unterschied der durch die Singstimme oder durch Blasinstrumente
hervorgebrachten Töne auf dem Unterschiede der Menge von Luft-
schwingungen, welche durch das Hervorstossen der Luft aus der Mund-

höhle oder dem Blasinstrument bewirkt werden: immer wird das Verhältniss, in welchem zwei Töne ihrer Tonhöhe nach zu einander stehen,
durch das Verhältniss der beiderseitigen Schwingungszahlen bestimmt.
Die moderne Akustik hat die Mittel gefunden, die Zahl der Schwingungen, die bei einem jeden Tone geschehen, zu ermitteln; die absolute
Schwingungszahl des Tones war den griechischen Akustikern unbekannt, aber sie hatten mit den ihnen zu Gebote stehenden Mitteln,
insbesondere mit dem auch heute noch vielfach angewandten Mo-
nochorde, das relative Verhältniss gefunden, in welchem die Schwingungszahlen der verschiedenen Töne der natürlichen Scala unter
einander stehen, und zwar sind sie hier genau zu denselben Resultaten
gekommen, wie die moderne Wissenschaft, nämlich zu folgendem:

d. h. in derselben Zeit, wo die Saite *c* 8 Schwingungen macht, macht
die Saite *d* deren 9: in derselben Zeit, in welcher die Saite *d* 9
Schwingungen macht, macht die Saite *e* deren 10.   Oder das Verhältniss 8 : 9 ist das Schwingungsverhältniss der Töne *c* und *d*, 9 : 10
das Schwingungsverhältniss der Töne *d* und *e*, 15 : 16 das Schwingungsverhältniss der Töne *e* und *f*.

In dem die Tonschwingungen ausdrückenden Verhältnisse bezieht
sich die kleinere Zahl auf den tieferen, die grössere auf den höheren
Ton. Es drücken aber diese Verhältnisse nicht bloss die Schwingungen
der beiden Töne aus, sondern auch die Verhältnisse, in welchen die
Saiten, welche die Töne hervorbringen, ihrer Länge nach zu einander
stehen, vorausgesetzt, dass die Spannung der Saiten oder das sie
spannende Gewicht dasselbe ist. Alsdann aber bezieht sich die grössere
Zahl des Verhältnisses auf den tieferen, die kleinere auf den höheren
Ton. Werden die Töne *c* und *d* durch 2 ungleich lange, aber gleich
gespannte und gleich dicke Saiten hervorgebracht, dann verhält sich
die Saitenlänge von *c* zur Saitenlänge von *d* wie 9 zu 8; in gleicher
Weise verhält sich die Saitenlänge von *d* zu *e* wie 10 : 9, von *e* zu *f*
wie 16 : 15, von *f* zu *g* wieder wie 9 : 8 u. s. w. Man kann aber auch
zur Hervorbringung der Töne sich gleich langer und gleich dicker Saiten
bedienen; die Tonverschiedenheit wird sich alsdann nach der Verschiedenheit des Gewichts oder der Kraft richten, durch welche man
die Spannung der Saite hervorbringt.   Das schwerere Gewicht bringt
einen höheren Ton hervor als das leichtere, es wird also wieder wie

bei dem Verhältnisse der Schwingungszahlen die kleinere Gewichtszahl den tieferen, die grössere Gewichtszahl den höheren Ton bezeichnen. Doch ist die Verhältnisszahl der spannenden Gewichte nicht dieselbe wie die Verhältnisszahl der Schwingungen, denn es stehen die Schwingungszahlen in demselben Verhältnisse wie die Quadrate der spannenden Kräfte. Es ist z. B. von den gleich langen Saiten *c* und *d* die Saite *c* mit 8·8, die Saite *d* mit 9·9 gleichen Gewichtstheilen gespannt, von den Saiten *d* und *e* die Saite *d* mit 9·9, die Saite *e* mit 10·10 gleichen Gewichtstheilen.

Das Alles war schon den Alten bekannt, wenn auch die zum Theil erst dem Ende des Kaiserthums angehörigen Berichterstatter das Experiment mit den spannenden Gewichten im Einzelnen wieder vergessen haben. Ptolemäus nennt die vorliegende diatonische Scala das „syntonische Diatonon". Jeder Halbton entspricht hier dem Schwingungsverhältnisse 15:16, alle Halbintervalle haben also dieselbe Grösse. Der Ganzton *c d*, *f g* und *a h* entspricht dem Schwingungsverhältnisse 8:9, der Ganzton *d e* und *g a* dem Verhältnisse 9:10; es gibt daher zwei Arten von Ganztönen, einen grösseren Ganzton (8:9) und einen kleineren Ganzton (9:10). Die ganze Oktav enthält 3 grosse Ganztöne, 2 kleine Ganztöne und 2 Halbtöne. In der Scala ohne Vorzeichen ist von den beiden durch zwei Halbtöne eingeschlossenen Ganztönen der tiefere ein grösserer, der höhere ein kleinerer Ganzton, z. B.:

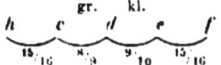

in anderen Transpositionsscalen ist dies anders, z. B. in der Transpositionsscale mit 2 Kreuzen:

cis   *d*   *e*   *fis*   *g*
15/16   9/10   8/9   15/16

Auf diese Weise ist die Differenz zwischen Ptolemäus und Didymus zu erklären, von denen der Letztere nicht wie Ptolemäus die Reihenfolge 15/16, 8/9, 9/10, sondern 15/16, 9/10, 8/9 angibt (er hat also eine Transpositionsscala wie die zuletzt genannte im Auge).

Durch die Schwingungszahlen des Halbtons, und grossen und kleinen Ganztones sind auch die Schwingungszahlen der in der Oktave vorkommenden grösseren Intervalle bestimmt. z. B. der kleinen Terz *h d*, der grossen Terz *c e* u. s. w.

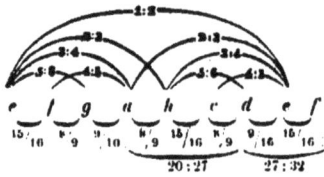

d. h. die Octav $e : \bar{e} = 1 : 2$, die Quinte $e : h = a : \bar{e} = 2 : 3$, die Quarte
$e : a = h : \bar{e} = 3 : 4$, die grosse Terz $f : a = c : \bar{e} = 4 : 5$, die kleine Terz
$e : g = h : d = 5 : 6$.   Die Alten fanden zuerst die grösseren Intervalle
und erst später die kleineren. Den Anfang machte Pythagoras, welcher
die Octav $1 : 2$, die Quinte $2 : 3$ und die Quarte $3 : 4$, sowie auch den
grossen Ganzton $8 : 9$ ermittelte. Diese Intervallzahlen sind bereits dem
Plato bekannt.   Die grosse Terz $4 : 5$ und der Halbton $15 : 16$ bestimmte Archytas (wahrscheinlich nicht der alte Tarentiner Archytas,
sondern ein späterer Pythagoreer, dessen Werke wie so manche andere
aus der pythogoreischen Schule hervorgegangene spätere Schrift dem
alten Archytas beigelegt wurde). Die kleine Terz $5 : 6$ und der kleine
Halbton $9 : 10$ hat der Alexandrinische Forscher Eratosthenes bestimmt.
Diese Nachrichten überliefert uns Ptolemäus, dem die Werke dieser
früheren Akustiker vorliegen.   Unterhalb der vorstehenden Scala ist
zugleich das Intervall von $d : e = 27 : 32$ angegeben.   Dies ist eine
kleine Terz, aber verschieden von der kleinen Terz $e : g = c : \bar{e} = : 45$;
wir können sie die verminderte kleine Terz nennen. Derjenige von den
alten Akustikern, welcher dieses Intervall bemerkt hat, ist Archytas.
    Die oben hingestellte Zahlenreihe $15 : 16$, $8 : 9$, $9 : 10$, $15 : 16$ u. s. w.
gibt immer nur das Verhältniss der Schwingungszahlen (oder umgekehrt
der Saitenlängen) für zwei Töne der Scala an. Man kann hiernach
leicht eine Zahlenreihe aufstellen, durch welche das Verhältniss auch
für alle beliebigen auseinander liegenden Töne der Scala bestimmt ist.
Dies würde z. B. folgende sein:

	e	f	g	a	h	c	d	e
	15	16	18	20	$22\frac{1}{2}$	24	27	30
oder	30	32	36	40	45	48	54	60

$15:16$ $8:9$ $9:10$ $8:9$ $15:16$ $8:9$ $9:10$

d. h. in derselben Zeit, in welcher der Ton e 15 Schwingungen macht,
macht der Ton f deren 16, der Ton g deren 18, der Ton a deren 20
u. s. w. Derartige Zahlenreihen sind von Ptolemäus vielfach aufgestellt,

doch so, dass er das Verhältniss der Saitenlängen angibt (von den drei in dem Systema teleion enthaltenen Octaventönen gibt er den tiefsten (*A*) die Zahl 160, dem mittleren (*a*) die Zahl 80, dem höchsten (*ā*) die Zahl 40 u. s. w.

Haben auf den verschiedenen Transpositionsscalen die gleichnamigen Töne genau dieselbe Tonhöhe, z. B. ist das *c* in *A*-Moll (ohne Vorzeichen) genau dasselbe wie in *C*-Moll (mit 3 *b*), so muss in Beziehung auf die Stellung des grossen und kleinen Ganztons innerhalb der Octavengattung eine nicht unmerkliche Verschiedenheit zwischen den Transpositionsscalen bestehen. Wir wollen dies für die in der Zeit seit Phrynis üblichen Transpositionsscalen an der äolischen oder hypodorischen Octave ausführen. Damit die Stellung des grossen und kleinen Ganztons um so leichter in die Augen falle, wollen wir den grossen Ganzton durch ⸗, den kleinen Ganzton durch —, den Halbton durch .... bezeichnen.

$$
\begin{aligned}
&h = cis....d - e - fis...g - a = h \qquad & c &= d......es - f = g....as - b = c \\
&c = fis.... g - a = h......c = d - e \qquad & f &= g......as - b = c....des = es - f \\
&a = h......c = d - e....f = g - a \qquad & b &= c....des = es - f....ges = as - b \\
&d - e......f = g - a....b = c = d \qquad & es &- f......ges = des - b....ces = des - es \\
&g - a..... b = c - d....es - f = g \qquad & fis &- gis...a = h = cis..d - e = fis \\
&& cis &- dis...c = fis - gis..a = h = cis \\
&& gis &= ais...h = cis - dis..e = fis... ...gis
\end{aligned}
$$

Die Halbtonintervalle haben immer dieselbe Grösse, denn es gibt auf derselben Scala nur das Halbtonintervall 15:16. Dies festgehalten lässt sich die Grösse der Intervalle *h cis*, *e fis*. *b c* u. s. w. leicht bestimmen. Wir wissen nämlich, dass die kleine Terz *e g* aus einem Halbtone und einem grossen Ganztone besteht. Demnach muss auch in der Vorzeichnung mit 1 ♯ (*E*-Moll) die kleine Terz *e g* aus einem Halbtone und grossem Ganztone bestehen, mithin muss in *e fis g* der Ganzton *e fis* ein grosser sein. Aus demselben Grunde ist in der Vorzeichnung mit 2 ♯ (*H*-Moll) die kleine Terz *h cis d* ein grosser Ganzton und ein Halbton; und in den *b* Scalen die kleine Terz *a b c* ein Halbton und ein grosser Ganzton, *d es f* ein Halbton und ein kleiner Ganzton. Und weil, wie sich hier zeigt, *g a b* ein kleiner Ganzton und ein Halbton ist, so muss in der Scala mit 3 *b* (*C*-Moll) die kleine Terz *g as b* ein Halbton und ein kleiner Ganzton sein u. s. f. Hiernach sind die vorstehenden Scalen aufgestellt. Die Alten sondern diese Scalen nach Tetrachorden oder Quarten, von denen jede von der Tiefe nach der

Höhe zu aus einem Halbton und 2 Ganztönen besteht: *cis d e fis* ist
das eine Tetrachord (von der Hypate bis zur Mese) und *fis g a h* ist
das andere Tetrachord (von der Mese bis zur Nete synemmenon). In
der Tiefe geht dem ersteren ein „diazeuktischer" Ganzton voraus. Es
zeigt sich an unseren Scalen nun die eigenthümliche Erscheinung, dass in
der Scala ohne Vorzeichen (*A*-Moll) und in der Scala mit fünf *b* (*B*-Moll)
der tiefere Ganzton des Tetrachordes ein grosser, der höhere ein kleiner
ist, dass aber in den Scalen *H*-Moll und *C*-Moll die Ganztöne in beiden
Tetrachorden die umgekehrte Reihenfolge haben, dass ferner in *E*-Moll
und *F*-Moll wenigstens im höheren Tetrachorde diese umgekehrte
Reihenfolge herrscht, und dass endlich in *D*-Moll, *Es*-Moll und *G*-Moll
das eine der Tetrachorde sogar aus einem Halbtone und zwei grossen
Ganztönen besteht, also nicht eine reine Quarte ausmacht (3:4) wie
alle übrigen Tetrachorde, sondern eine übermässige grosse Quarte,
welche durch das Zahlenverhältniss 20:27 bestimmt ist.

Es lassen sich nun in die S. 216 aufgestellte Transpositions-Scala
ohne Vorzeichen leicht die Schwingungszahlen für die den übrigen
Transpositionsscalen eigenthümlichen Töne z. B. *h. es. fis, cis* u. s. w.
einfügen. Denn nach dem vorher Ausgeführten ist *e fis* ein grosser
Ganzton, *h cis* ein grosser Ganzton, *b r* ein grosser Ganzton, *es f* ein
kleiner Ganzton, *as b* ein kleiner Ganzton u. s. w., oder nach dem be-
nachbarten Halbtone ausgedrückt:

$$f : ges = g : as = a : b = h : ces = c : des = d : es = 15 : 16$$
$$fis : g - gis : a = ais : h = cis : d = dis : e = 15 : 16$$

In dieser Reihe sind die sämmtlichen in den syntonisch-diatonischen
Transpositionsscalen der Griechen vorkommenden Töne enthalten:
auch diejenigen Transpositionsscalen sind hiermit einbegriffen, welche
wahrscheinlich nur der antiken Theorie, aber nicht der Praxis angehören,
nämlich mit 4 oder 5 Kreuzen. Die Töne *eis. his* und *ces* kommen in
den Transpositionsscalen der Alten nicht vor.

So viel über die Scala, welche Ptolemäus die syntonisch-diatonische,
die Modernen die natürliche diatonische Scala nennen. Doch ist im
Interesse einer alsbald zu besprechenden Erscheinung der antiken Musik.

gleich hier darauf hinzuweisen, weshalb man diese Scala die natürliche nennt. Es kommen natürlich die in ihr bestehenden Intervallgrössen 8:9, 9:10 u. s. w. auch in den in der Natur vorkommenden Tonreihen zur Erscheinung, z. B. in der Reihe der Töne, welche beim Anblasen des Waldhorns nachklingen. Gibt man auf ihm einen einzigen Ton an, so hört man ausser diesem Tone von selber noch folgende nachklingen: die höhere Octave, deren Quinte u. s. w.

Die zu den Noten hinzugesetzten Zahlen bezeichnen das Schwingungsverhältniss der Töne: sie kommen genau überein mit denjenigen der eben besprochenen Scala unserer Musik. Nur Einer von diesen ohne unser Zuthun entstehenden Tönen fehlt unserer Musik und lässt sich daher auch nicht durch die bei uns üblichen Noten bezeichnen. Dies ist der Ton, der sich den Schwingungszahlen nach zu c verhält wie 7:8, d. i. ein zu hohes b oder wenn man will ein zu tiefes h. Wir haben ihn als b mit einem Sternchen bezeichnet. Die griechische Musik hat, wie wir sehen werden, von diesem Tone im Gegensatz zu der unsrigen einen sehr häufigen Gebrauch gemacht.

Pythagoreische' Scala, Ditonon Diatonon des Ptolemäus. Es ist schon oben gesagt, dass die Zurückführung der Intervallgrössen auf die Schwingungszahlen oder, was dasselbe ist, auf die Saitenlängen, mit Pythagoras beginnt. Er hatte für die Octave, die Quinte und Quarte die richtigen Verhältnisszahlen 1:2, 2:3, 3:4 gefunden. Gewöhnlich werden uns folgende Zahlen genannt (z. B. Plut. mus. 22):

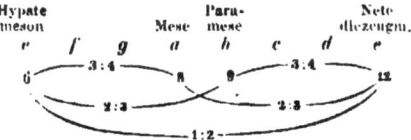

Hiermit war zugleich das Verhältniss der Schwingungszahlen für den Ganzton $a:h = 8:9$ bestimmt. Es ist der grosse Ganzton. Pythagoras nahm nun an, dass $f:g = g:a = c:d = d:e = a:h = 8:9$ sei; alle Ganztöne sind hiernach grosse Ganztöne, ein kleiner Ganzton 9:10 ist dieser alten pythagoreischen Scala unbekannt: auf jedem Te-

trachorde *e a* und *h c* kommen zwei grosse Ganztöne vor und deshalb
heisst diese Scala bei Ptolemäus ditonisches Diatonon d. h. mit zwei
(gleichen) Ganztönen. Aus den hier gegebenen Verhältnissen wurde dann
weiter das Halbton-Intervall *e f* und *h c* berechnet. Es musste sich für denselben nach der Projectionsrechnung das Verhältniss 243:256 ergeben.

Auf dieser Scala wird nun *f* und *c* merklich tiefer sein als auf der
natürlichen Scala, und ebenso wird auch *g* und *d* tiefer sein, doch nicht
ganz in dem Grade, wie *f* und *c* tiefer ist.

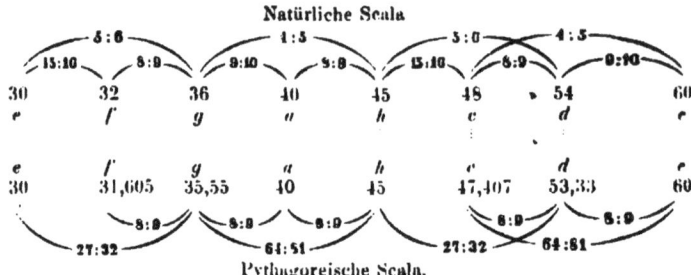

Natürliche Scala

Pythagoreische Scala.

Die kleine Terz ist immer 27:32 (wie auf der natürlichen Scala
die kleine Terz *d f*), die grosse Terz ist immer 64:81; die natürliche
kleine Terz 5:6 und die natürliche grosse Terz 4:5 kommt nicht vor.

Ein noch anderweitiger Unterschied beider Scalen besteht darin,
dass auf der pythagoreischen Scala in allen Transpositionsstufen die
Folge der Intervalle dieselbe ist. Wir fügen einigen von den S. 217
ausgeführten natürlichen Transpositionsscalen (mit dem grossen Ganztone ══, dem kleinen Ganztone — und dem Halbtone ....), die entsprechenden Pythagoreischen Transpositionsscalen, in denen es immer
nur den grossen Ganzton ══ und den Halbton 243:256 gibt, hinzu:

Pyth.   *c* ══ *d*   *es* ══ *f*   ══ *g*   *as* ══ *b*   ══ *c*
Nat.   *c* ══ *d*.......*es* — *f*   ══ *g*.....*as* — *b*   ·· *c*
Pyth.   *f* ══ *g*   *as* ══ *b*   ══ *c*   *des* ══ *es*   ══ *f*
Nat.   *f* ══ *g*.....*as* — *b*   ══ *c*.....*des* ══ *es* — *f*
Pyth.   *b* ══ *c*   *des* ══ *es* ══ *f*   *ges* ══ *as* ══ *b*
Nat.   *b* ══ *c*.....*des* ══ *es* — *f*.....*ges* ══ *as* — *b*
Pyth.   *es* ══ *f*   *ges* ══ *des* ══ *b*   *ces* ══ *des* ══ *es*
Nat.   *es* — *f*.....*ges* ══ *des* — *b*.....*ces* ══ *des* ··· *es*
Pyth.   *fis* ══ *gis*   *a* ══ *h*   ══ *cis*   *d*   ══ *e*   ══ *fis*
Nat.   *fis* — *gis*...*a* ══ *h*   ══ *cis*..*d* — *e*   ══ *fis*

In Beziehung auf die Transpositionsstufen ist die pythagoreische
Scala also eine temperirte (die Unterschiede in der Intervallgrösse
zwischen *A*-Moll, *D*-Moll u. s. w. sind ausgeglichen).

Im Einzelnen sind die Schwingungszahlen für die Töne der pythagoreischen Scala einschliesslich der durch *b* erniedrigten und durch
Kreuz erhöhten folgende:

8:9		8:9	8:9	243:256		8:9		8:9	
30		33,75	37,96	42,71	45		50,625		56,95
e		*fis*	*gis*	*ais*	*h*		*cis*		*dis*
30	31,605	35,55	40		45	47,407		53,33	60
e	*f*	*g*	*a*		*h*	*c*		*d*	*e*
	31,605	33,29	37,45	42,139	44,39		49,94	56,18	
	f	*ges*	*as*	*b*	*ces*		*des*	*es*	*f*
	243:256	8:9		8:9	243:256		8:9	8:9	8:9

Nur fünf Töne *h, e, a, cis, fis* haben in ihr dieselbe Tonhöhe wie
auf der natürlichen Scala; *gis, dis, ais* sind auf ihr etwas höher als das
gis, dis, ais der natürlichen Scala; alle anderen Töne (also alle durch *b*
erniedrigten) liegen in ihr etwas tiefer als in der natürlichen Scala.
Da die Töne *gis, dis, ais* in der Praxis der Griechen nicht vorkommen,
so ergibt sich also, dass mit Ausnahme von *h, e, a* und den erst der
späteren Periode angehörenden *fis* und *cis* sämmtliche Töne auf der
pythagoreischen Scala tiefer, auf der natürlichen Scala höher stehen.
Dies ist unstreitig der Grund, dass Ptolemäus die natürliche Scala das
syntonon Diaton, d. i. die hochgestimmte diatonische Scala nennt.
  Gleichmässig temperirte Scala, Aristoxenisches syntonon Diatonon oder toniaion Diatonon. Vergleicht man die
hier zuletzt aufgestellte Scala mit der analogen Scala auf S. 218, so zeigt
sich: das natürliche *fis* ist tiefer als das natürliche *ges*, und ebenso das
natürliche *gis* tiefer als das natürliche *as*, das natürliche *ais* tiefer als *b*;
dagegen ist das pythagoreische *fis* höher als das pythagoreische *ges*, das
pythagoreische *cis* höher als das pythagoreische *des* u. s. w. Es gibt nun
noch eine dritte Scala, auf welcher *fis* und *ges*, *gis* und *as*, *ais* und *b*,
h und *ces*, *cis* und *des* u. s. w. völlig gleich klingen. Wir Neueren, die
wir uns dieser Scala fast durchgängig bedienen, nennen sie die gleichmässig oder gleichschwebend temperirte Scala; unter den Alten legt sie
Aristoxenus durchgängig zu Grunde und benennt dieselbe syntonon
Diatonon oder toniaion Diatonon; wir können sie daher, weil die Späteren nicht mehr von ihr reden, die Aristoxenische Scala nennen. Der
Angabe des Aristoxenus zufolge ist hier der Ganzton genau das Doppelte
von jedem der in ihm vorkommenden beiden Halbtonintervalle d. h. *cis*:
d = *d*:*dis*. Die ganze Scala besteht aus 6 Ganzton- und 12 Halbton-
intervallen; jedes Ganztonintervall ist dem Ganztonintervalle und jedes

Halbtonintervall dem Halbtonintervalle gleich, also $c:d = d:e$ u. s. w., $c:des = cis:d$ u. s. w.

e	fis		gis		ais	h		$\overline{cis}$		$\overline{dis}$	$\overline{e}$
e	f		g		a		h	$\overline{c}$		$\overline{d}$	e
e		ges		as		b	$\overline{ces}$		$\overline{des}$		$\overline{es}$
1	$\sqrt[12]{2}$	$(\sqrt[12]{2})^2$	$(\sqrt[12]{2})^3$	$(\sqrt[12]{2})^4$	$(\sqrt[12]{2})^5$	$(\sqrt[12]{2})^6$	$(\sqrt[12]{2})^7$	$(\sqrt[12]{2})^8$	$(\sqrt[12]{2})^9$	$(\sqrt[12]{2})^{10}$	$(\sqrt[12]{2})^{11}$ 2

Die unter die Töne gesetzten Zahlen bezeichnen das Verhältniss ihrer Schwingungszahlen. Denn wenn das höhere e genau die Octave des tieferen e ist, also $e:e = 1:2$, so finden die Verhältnisse statt:

$$fis: f = f:1 \qquad g:fis = fis:f$$
$$\text{also} \quad fis = f^2 \qquad g:f^2 = f^2:f$$
$$\text{also} \quad g = f^1:f = f^3$$

und ebenso wird $gis = f^4$, $a = f^5$, $ais = f^6$, $h = f^7$; $\overline{c} = f^8$, $\overline{cis} = f^9$, $\overline{d} = f^{10}$, $\overline{fis} = f^{11}$, $\overline{e} = f^{12}$ sein. Da nun $e = f^{12} = 2$ ist, so ist $f = \sqrt[12]{2}$. Hiernach ist $fis = f^2 = (\sqrt[12]{2})^2$, ebenso $g = f^3 = (\sqrt[12]{2})^3$ u. s. w.

Dies Alles folgt unmittelbar aus den mitgetheilten Angaben des Aristoxenus. Setzen wir wie oben in der natürlichen und pythagoreischen Scala das tiefere e als $= 30$, so ist $f = 30 \sqrt[12]{2} = 31,7838$, es steht also das gleichschwebende oder Aristoxenische f zwischen dem höheren natürlichen $f = 32$ und dem tieferen pythagoreischen $f = 31,6049$ in der Mitte, jedoch klingt es dem pythagoreischen ähnlicher als dem natürlichen. Die Tabelle S. 223 gibt eine Uebersicht aller Töne der Octave für jede der drei Scalen.

Mit der pythagoreischen kommt die gleichschwebende Scala darin überein, dass in ihr einmal keine Verschiedenheit der Intervalle für die einzelnen Transpositionsstufen besteht, und dass auf ihr nicht die reine kleine Terz und reine grosse Terz vorkommt. Es fehlt ihr aber auch die reine Quart und reine Quinte, welche die pythagoreische Scala mit der natürlichen gemein hat. Das einzige Intervall, worin sie mit diesen beiden Scalen übereinkommt, ist die Octave 1:2. Für die Praxis ist das Wichtigste dies, dass der Ton es und dis, des und cis u. s. w. gleiche Höhe haben. Aristoxenus drückt dies so aus (Harm. S. 56):

Natürlich.	Pythagor.		Aristoxen.
e	e	60,000	e
es	......	57,333	
	dis	56,95	
		56,6325	dis = es
dis		56,25	
	es	56,1865	
d	......	54,000	
		53,4540	d
	d	53,3333	
des	......	51,2000	
cis	cis	50,625	
		50,4537	cis = des
	des	49,943	
c		48	
		47,6220	c
	c	47,407	
ces	......	45,51	
h	h	45	
		44,9493	h
	ces	44,393	
	ais	42,715	
b		42,66	
		42,4263	ais = b
ais		42,187	
	b	42,1399	
		40,0452	a
a	a	40,0000	
as		38,4000	
	gis	37,969	
		37,7979	gis = as
gis	......	37,5	
	as	37,458	
g	......	36	
		35,6763	g
	g	35,55	
ges	......	34,4	
fis	fis	33,75	
		33,6738	fis = ges
	ges	33,295	
f	......	32	
		31,7838	f
	f	31,6049	
e	e	30,0000	e

Nimmt man von einem Tone z. B. dem Tone *d* die Oberquarte *g*, von
g die grosse Unterterz *es*, von *es* die Oberquart *as*, und nimmt man
von demselben Tone *d* die grosse Oberterz *fis* und von *fis* die Unter-
quart *cis:*

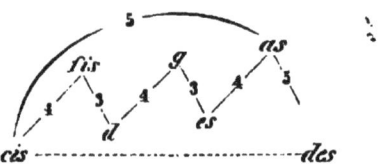

dann werden der höchste und tiefste dieser Töne, nämlich *as* und *cis* in
der Quinte stimmen. Es muss also auf der von Aristoxenus zu Grunde
gelegten Scala der Ton *cis* (in der Transpositionsscala mit drei oder
mehreren Kreuzen) und der Ton *des* (in der Transpositionsscala mit vier
oder mehreren *b*) dieselbe Tonhöhe gehabt haben, und die genannten
grossen Terzen, Quarten und Quinten können nicht die Intervalle 4 : 5,
3 : 4, 2 : 3 gewesen sein, sondern vielmehr temperirte grosse Terzen,
Quarten und Quinten. Es ist indess darauf aufmerksam zu machen,
dass die Identität von *cis* und *des*, *ais* und *b* für die Praxis der alten
Musik nicht dieselbe Bedeutung hat wie für unsere heutige, denn von
den durch Kreuz erhöhten Tönen sind dort, soviel wir wissen, bloss *fis*
und *cis* in practischem Gebrauche.

Die neuere Musik muss, wenn sie reine Octaven haben will, fast
überall die temperirten Quinten, also die temperirte Scala anwenden.
In der alten Musik ist die Anwendung der Temperatur bei weitem
weniger nothwendig, denn die alten Compositionen beschränken sich
meist auf den Umfang einer einzigen Octav. Man könnte nun leicht
denken, dass die Unterscheidung der temperirten, pythagoreischen und
natürlichen Scala in der alten Musik etwas blos Theoretisches sei. Insonderheit liegt die Annahme nahe, dass die von Pythagoras gegebene
Intervallbestimmung der Scala durch die Verhältnisse 1 : 2, 2 : 3, 3 : 4, 8 : 9
keinen anderen Zweck habe, als die Intervalle der natürlichen Scala zu
bestimmen, dergestalt, dass die dem Pythagoras vorliegende Scala in
der That die natürliche Scala gewesen sei. Pythagoras habe sich be-
gnügt, die Octave, Quinte und Quarte derselben zu bestimmen, ohne
die wahre Natur der grossen und kleinen Terze besonders zu unter-
suchen, bis dann späterhin die folgenden Pythagoreer, wie Archytas,
sich auch dieser Arbeit unterzogen hätten.

Aber wir können nicht umhin, einer solchen an sich gar nicht un-
wahrscheinlichen Annahme gegenüber, dem ausdrücklichen Berichte
des Ptolemäus gemäss anzunehmen, dass die Kitharoden seiner Zeit die
Töne bald nach den Intervallen der natürlichen, bald nach der pythagoreischen Scala stimmten. „Die natürliche Tetrachordstimmung, sagt er
1, 16 S. 113, wenden sie an, wenn sie die bei ihnen so genannten
„Lydia und Iastia" vortragen; die pythagoreische Tetrachordstimmung
(nach 2, 1), wenn dieselben die „Iastiaioliaia" der hypophrygischen
Tonart spielen; dort stimmen sie z. B.:

$$\underbrace{h}_{15:16} \quad \underbrace{c}_{8:9} \quad \underbrace{d}_{9:10} \quad e$$

hier dagegen:

$$\underbrace{h}_{243:256} \quad \underbrace{c}_{8:9} \quad \underbrace{d}_{8:9} \quad e$$

in diesem zweiten Falle ist das c und d etwas tiefer als im ersten Falle.
Wollen wir in den Iastiaioliaia das genaue Ethos einhalten und keine
Veränderung eintreten lassen, so müssen wir $h\,c$ zu einem grossen
Halbtone 15 : 16, und $d\,e$ zu einem kleinen Terztone 9 : 10 machen."
Die Zeitgenossen des Ptolemäus wenden also ganz entschieden zwei
Scalen an, die eine mit höherem c und d, die andere mit tieferem c
und d, daran können wir gar nicht zweifeln. Nur das Eine Bedenken
können wir haben, ob die Scala mit dem tieferen c und d wirklich, wie
Ptolemäus versichert, die pythagoreische, oder ob sie nicht vielmehr
die gleichschwebend temperirte Scala ist:

$$\underset{1}{h} \quad \underset{\sqrt[12]{2}}{c} \quad \underset{(\sqrt[12]{2})^3}{d} \quad \underset{(\sqrt[12]{2})^5}{e}$$

Das höhere g der Kitharoden bildete mit e eine reine kleine Terz, das
tiefere g aber nicht. Ob dies tiefere g nun aber zu e stimmte wie
35,55 : 30 oder wie 35,67 : 30, d. h. ob es das durch die pythagoreischen Angaben bedingte g oder das g der gleichmässigen Temperatur
war, darüber würde nur dann der Bericht des Ptolemäus keinen Zweifel
lassen, wenn er neben der natürlichen Scala zugleich die pythagoreische und die gleichschwebend temperirte Scala unterschiede. Aber
blos Aristoxenus spricht von der gleichschwebenden Temperatur,

Ptolemäus nennt dieselbe überhaupt gar nicht, sondern weiss blos von der natürlichen und der sog. pythagoreischen Scala. Der Verdacht liegt also nahe genug, dass Ptolemäus bei dem tieferen *f* und *g* in den „Iastiaiolinia" der Kitharoden, obwohl er sie durch das Halbtonintervall 243:256 und durch die beiden gleich grossen Ganztöne 8:9 bedingt sein lässt, das *f* und *g* derselben Scala im Auge hat, welche Aristoxenus zu Grunde legt, nämlich der gleichschwebend temperirten. Bei der pythagoreischen Stimmung ist im Gegensatze zur natürlichen Stimmung auf allen Transpositionsscalen die Folge der Intervalle die nämliche; eben dies ist auch auf der gleichschwebend temperirten Scala der Fall (vgl. oben). Bei der pythagoreischen Stimmung haben ferner im Gegensatze zur natürlichen die auf einanderfolgenden Ganztonintervalle dieselbe Grösse; dies ist auch auf der gleichschwebend temperirten Scala der Fall; dort ist zwar der Ganzton etwas grösser, aber der Unterschied ist sehr unbedeutend, so dass es gar nicht auffallend wäre, wenn Pythagoras den Aristoxenischen d. i. den gleichmässig temperirten Ganzton im Auge gehabt hätte, wenn er sagt, es bestimme sich derselbe durch das Zahlenverhältniss 8:9 (statt 1:1,122).

Ich halte es hiernach nicht für unmöglich, dass diejenigen, welche von der pythagoreischen Scala reden, ganz dieselbe Scala im Auge haben, von welcher Aristoxenus redet, nämlich die gleichschwebend temperirte. Es erklärt sich nur auf diese Weise das sonst räthselhafte Factum, dass blos Aristoxenus die gleichschwebende Scala kennen würde, während allen übrigen d. h. den sämmtlichen Akustikern aus der Schule des Pythagoras, sowohl den voraristoxenischen (Plato im Timäus) wie den nacharistoxenischen (Pseudo-Archytas, Eratosthenes, Didymus, Ptolemäus), eine Musik mit gleichschwebender Temperatur völlig unbekannt wäre. Der einzige Punct von Belang, welcher gegen die Identität der gleichschwebenden Temperatur und der pythagoreischen Stimmung spricht und der factischen Verschiedenheit der drei Scalen das Wort redet, ist der, dass die Töne *gis*, *ais*, *dis*. welche nach den auf S. 221 zusammengefassten Resultaten in der natürlichen Scala tiefer liegen als *as*, *b*, *es* und in der pythagoreischen Scala höher sind als *as*, *b*, *es*, dass diese Töne in der gleichschwebenden Temperatur des Aristoxenus mit *as*, *b*, *es* zusammenfallen. Wir müssen aber auch hier auf die Praxis der antiken Musik eingehen. Uns Modernen muss zwar diese Verschiedenheit der eben genannten Halbtöne als ein sehr bedeutendes Moment erscheinen, aber bei den Alten war es anders. Denn die Töne *gis*, *ais*, *dis* kamen bei ihnen überhaupt in der Praxis nicht vor.

Nun bleiben zwar noch immer die Töne *fis* und *cis* für die Praxis der Alten übrig, nämlich für die antike Kitharodik (und *fis* auch für die Aulodik), aber in der Kitharodik sind wiederum die Töne *ges* und *des* unbekannt (in der Aulodik der Ton *ges*); es fehlt also den Alten ein gemeinsamer practischer Boden für die Töne *fis* und *ges, cis* und *des*, welcher ihnen die Veranlassung zu einer Vergleichung zwischen diesen Tönen gegeben und die in dieser Beziehung bestehende Differenz zwischen der gleichschwebenden Scala des Aristoxenus und den Zahlenangaben des Pythagoras in der Praxis vor Augen geführt hätte. War — was wir aber nicht wissen — das *fis* der Kitharoden ein verschiedener Ton von dem *ges* der chorischen Musik (denn nur hier wurde das *ges* angewandt), so kann man immerhin jenes *fis* ebenso gut auf Rechnung der natürlichen Scala als der pythagoreischen gesetzt haben. Nach Aristoxenus Angabe (vgl. oben) fallen beide Töne zusammen.

Noch muss auf den Namen syntonon diatonon aufmerksam gemacht werden. Ihn gebraucht Ptolemäus in einer von Aristoxenus verschiedenen Weise, denn jener bezeichnet damit die natürliche, dieser die gleichschwebend temperirte Stimmung. Ptolemäus nämlich gebraucht ihn, weil, wie schon gesagt, in der natürlichen Scala die meisten Töne höher gestimmt sind als die gleichnamigen Töne der anderen (oder der beiden anderen); Aristoxenus bezeichnet damit die temperirte Scala im Gegensatz zum malakon diatonon, eine von den bisher genannten verschiedene Stimmungsart, die wir im Folgenden zu besprechen haben. Die Verschiedenheit der Zeit lässt in der Verschiedenheit der Namen nichts Auffallendes finden. Will man es der Verschiedenheit der Zeit wegen auch für wahrscheinlich halten, dass die zur Zeit des Aristoxenus bestehende Stimmungsart zu Ptolemäus Zeit eine andere geworden sei und dass zu Aristoxenus Zeit noch keine natürliche Scala gebraucht wurde, so wird sich hiergegen nicht viel sagen lassen, nur muss man hierbei festhalten, dass wenigstens die nach Ptolemäus Angabe practisch gebräuchliche Scala des Pythagoras älter als Aristoxenus ist und dass eine Reihe weiterer auf die eigenthümlichen Stimmungsverhältnisse der griechischen Musik bezüglicher Thatsachen von sehr specifischer Beschaffenheit der Zeit des Aristoxenus und Ptolemäus laut der beiderseitigen Berichte gemeinsam ist.

Tongeschlechter und Chroai nach Aristoxenus. Die Grundlage der von Aristoxenus gegebenen Theorie der Musik bildet die Unterscheidung von drei Tongeschlechtern. Das eine ist das diatonische, in welchem nur Ganztöne und Halbtöne in der Weise vorkommen, dass

immer ein einziges Halbtonintervall von zwei Ganztönen der Scala eingeschlossen ist. Die beiden anderen sind das chromatische und enharmonische. Sie haben sich nach Aristoxenus Angabe historisch aus der
von Olympus angewandten Gestaltung der Scala, in welcher der auf
das Halbtonintervall folgende höhere Ganzton ausgelassen wurde, entwickelt, z. B. in der Vorzeichnung mit Einem *b*:

a b   (*c*)   *d*

Vgl. Kap. II. In der Zeit nach Olympus nahm man nach Auslassung
des Ganztones in doppelter Weise einen der Scala fremden Ton hinzu.
Entweder fügte man nach dem Halbtonintervall einen zweiten Halbton ein:

a b h   (*c*)   *d*

und dies nannte man das Chroma, chromatische Tetrachordeintheilung,
chromatisches Tongeschlecht. Oder man schaltete innerhalb des Halbtonintervalles einen nicht blos der Scala fremden, sondern auch unserer
Musik völlig unbekannten Ton innerhalb des Halbtonintervalles ein, so
dass nun der Halbton in zwei Vierteltöne getheilt wurde. Dieser Ton
ist höher als *a*, aber tiefer als *b*; wir können ihn sowohl als ein zu
hohes *a* wie auch als ein zu tiefes *b* auffassen. Eine Bezeichnung dafür
können wir aus unserer Musik nicht entlehnen; wir wollen ihn als ein
a mit einem darüber gesetzten Sternchen bezeichnen $\overset{\ast}{a}$, dem wir die
Bedeutung des zu hohen *a* beilegen wollen:

a $\overset{\ast}{a}$ *b*   (*c*)   *d*

Dies nannte man Enharmonik oder Harmonie, enharmonische Tetrachordeintheilung, enharmonisches Tongeschlecht. Das Intervall *a* $\overset{\ast}{a}$
ist nach Aristoxenus gleich gross wie das Intervall $\overset{\ast}{a}$ *b*; es heisst „enharmonische Diesis" oder Viertelton (Tetartemorion des Ganztones).
Dem Aristoxenus ist es völlig geläufig, so gut wie der Halbton und
der Ganzton; es ist das kleinste Intervall, welches in der alten Musik
vorkommt, und daher benutzt es Aristoxenus, um hiernach die Grössen
der übrigen Intervalle zu bestimmen. Der Halbton, sagt er, enthält zwei
enharm. Diesen; der Ganzton vier, die kleine Terz sechs, die grosse Terz
acht, die Quarte zehn enharmonische Diesen. Es ist indess nicht die
Meinung des Aristoxenus, dass man 4 oder 6 oder 8 Vierteltöne hinter

einander sänge oder spielte, vielmehr folgen in der Scala nie mehr als nur
zwei aneinandergrenzende Diesen aufeinander, ebenso wie in der Chromatik nur zwei Halbtonintervalle. Da die beiden Diesen des Halbtones
einander gleich sind (also $a : \overset{+}{a} = \overset{+}{a} : b$), da ferner die Octave zwölf
gleiche Halbtöne enthält und da sich der Anfangs- und Schlusston der
Octave wie 1 : 2 verhalten, so folgt, dass

$$a : \overset{+}{a} = \overset{+}{a} : b = 1 : \sqrt[21]{2} = 1 : 1,02932.$$

Es gibt nun auch eine besondere Gestaltung der diatonischen Scala,
in welcher ein auf dem Viertelton-Intervalle beruhender Ton vorkommt.
Dieses Diatonon heisst Diatonon malakon, zum Unterschiede von
demjenigen, welches Aristoxenus Diatonon syntonon oder toniaion
nennt. Dem Tetrachorde, z. B. $a\ b\ (c)\ d$, fehlt hier ebenso wie im
harmonischen und enharmonischen Tongeschlechte der auf das Halbtonintervall folgende Ganzton c; statt dessen ist ein um eine enharmonische
Diesis tieferer Ton angenommen, welcher von b drei Diesen, von d fünf
Diesen absteht. Es ist ein Ton höher als b, aber tiefer als c, wir wollen
ihn durch $\overset{+}{b}$ d. i. erhöhtes b bezeichnen.

Geht man von $\overset{+}{b}$ nach d, so heisst dies Ekbole, geht man von $\overset{+}{b}$ nach b,
so heisst dies Eklysis, und geht man umgekehrt von b nach $\overset{+}{b}$, so
heisst dies Spondeiasmos. Von d nach $\overset{+}{b}$ sind fünf enharmonische
Diesen, von $\overset{+}{b}$ nach a ebenfalls fünf enharmonische Diesen. Da
$a : \overset{+}{a} = 1 : \sqrt[21]{2}$ ist, so muss $a : \overset{+}{b}$ sich verhalten wie 1 zur 5. Potenz von
$\sqrt[21]{2}$, also

$$a : \overset{+}{b} = 1 : (\sqrt[21]{2})^5 = 1 : 1,15535$$

Den Unterschied des Diatonon syntonon und Diatonon malakon nennt
man die beiden Chroai des Diatonon. Auch das Chroma hat seine
Chroai. Denn ausser dem oben angegebenen Chroma, welches mit
speciellen Namen Chroma syntonon oder Chroma toniaion genannt wird,
zählt Aristoxenus noch zwei andere Arten des Chroma auf,

nämlich das Chroma hemiolion und das Chroma malakon. Sie beruhen auf der Anwendung ähnlicher Intervalle, wie der enharmonischen Diesis, nur dass dieselben etwas grösser sind.

Von den beiden tiefsten Intervallen des Tetrachordes im Chroma hemiolion hat ein jedes die Grösse von $1\frac{1}{2}$ enharmonischen Diesen das dritte und höchste Intervall desselben umfasst 7 enharmon. Diesen. Von den beiden tiefsten Intervallen des Tetrachordes im Chroma malakon hat ein jedes die Grösse von $1\frac{1}{3}$ enharmonischen Diesen, das dritte und höchste Intervall umfasst $7\frac{1}{3}$ enharmonische Diesen. Wir wollen vorläufig die beiden mittleren Tetrachordtöne im Chroma hemiolion durch m und n, die beiden mittleren Tetrachordtöne im Chroma malakon durch x und y bezeichnen, die Schlusstöne des Tetrachordes seien wie oben die Töne a und d:

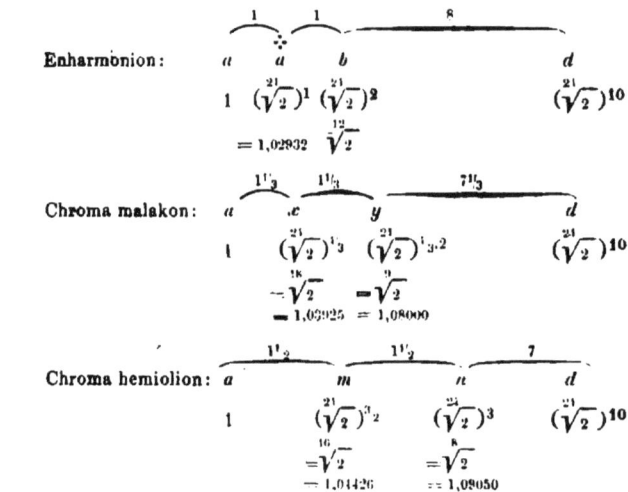

Die das Schwingungsverhältniss bezeichnenden Zahlen $\sqrt[18]{2}$, $\sqrt[9]{2}$, $\sqrt[12]{2}$, $\sqrt[6]{2}$ ergeben sich unmittelbar aus den Aristoxenischen Bestimmungen der Intervallgrössen ($1\frac{1}{3}$ und $1\frac{1}{2}$) und den aus der von Aristoxenus zu Grunde gelegten gleichmässigen Temperatur folgenden Gleichungen $a : x = x : y$ und $a : m = m : n$. Den um 1 enharmonische Diesis von a entfernten Ton des Enharmonions hatten wir durch $\overset{\cdot\cdot}{a}$ bezeichnet; nach demselben Principe müssen wir den vorläufig durch n ausgedrückten Ton des Chroma hemiolion, welcher um 1 enharmonische Diesis höher als b ist, durch $\overset{\cdot}{b}$ bezeichnen. Für die vorläufig durch

$$x \qquad\qquad y \qquad\qquad m$$

bezeichneten Töne ergibt sich kaum eine andere Bezeichnung, als

$$\underset{i.\ d.}{}\quad \underset{(\sqrt[21]{2})^{1/3}}{\overset{\cdot\cdot}{a}{}^{1/3}} \qquad\qquad \underset{(\sqrt[12]{2})^{1/3}}{b^{1/3}} \qquad\qquad \underset{(\sqrt[12]{2})^{3/2}}{b^{3/2}}$$

Nach Aristoxenus gibt es nun endlich noch ein Tetrachord, welches mit dem Chroma malakon die beiden tiefsten Töne $a = 1$ und $\overset{\cdot\cdot}{a}{}^{1/3} = \sqrt[18]{2}$ gemein hat, dagegen statt des chromatischen Tones $b^{1/3} = \sqrt[9]{2}$ den diatonischen Ton c darbietet, und dessen 4 Töne also folgende Intervalle bilden: $1\frac{1}{3}$ enharmonische Diesen —, $4\frac{2}{3}$ enharmonische Diesen —, 4 enharmonische Diesen:

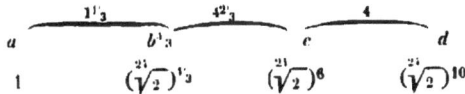

Einen besonderen Namen gibt Aristoxenus für diese Chroa nicht an, er sagt nur, dass es eine Mischung des Chroma malakon und des Diatonon sei, und fügt hinzu, es sei eine wohlklingende und in der Musik practisch gebräuchliche Tetrachordstimmung.

Die sämmtlichen von Aristoxenus aufgeführten Tetrachordeintheilungen sind also folgende:

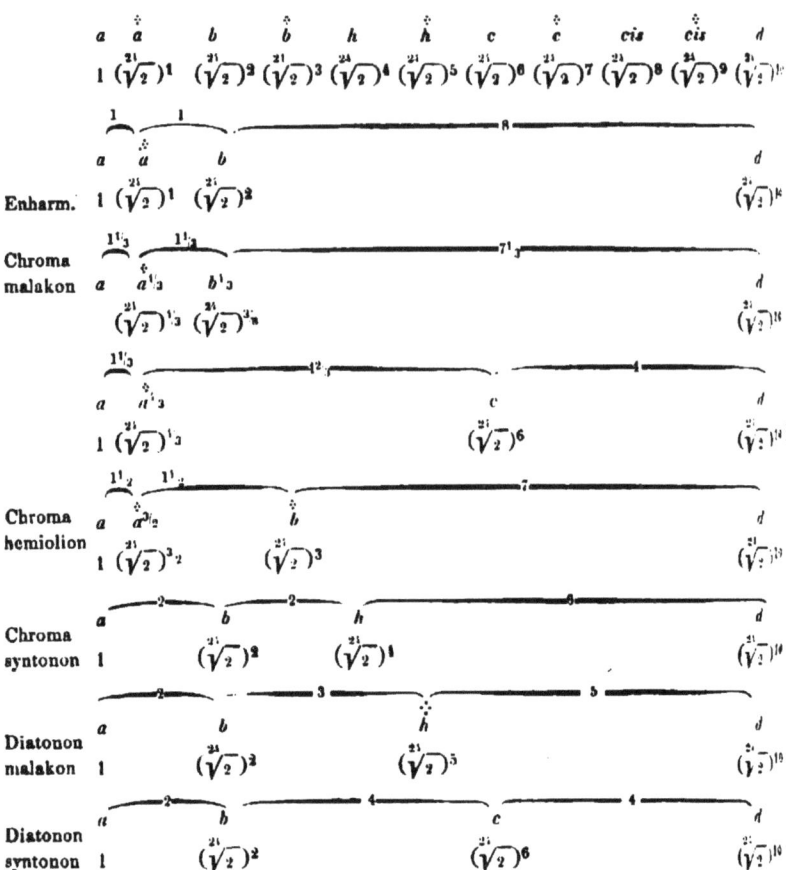

Die neben $\sqrt[21]{2}$ stehenden Exponenten (1, $^4/_3$, $^3/_2$, 2, 3, 4, 5, 6, 10) drücken die Anzahl der enharm. Diesen aus, um welche der jedesmalige Ton von dem tiefsten Tone des Tetrachordes entfernt ist. Aristoxenus unterscheidet bei Plut. mus. 38 drei Arten von Intervallen: gerade Intervalle, welche eine gerade Zahl von enharmon. Diesen enthalten, ungerade Intervalle, welche aus einer ungeraden Zahl enharm. Diesen bestehen, irrationale Intervalle, die sich nur mittels einer gebrochenen Zahl ($^4/_3$, $^3/_2$, $^8/_3$) auf die Einheit der enharmonischen Diesis zurückführen lassen. — Ein Intervall heisst zusammengesetzt, wenn es in der Scala, welcher es angehört, einen oder mehrere Töne gibt, welche zwischen den beiden Grenztönen des Intervalles in der Mitte stehen z. B. in dem Diatonon syntonon das Intervall *a c*, in dem Chroma hemiolion das Intervall *a b*, in dem Enharmonion das Intervall *a b*; kommt zwischen den Grenztönen des Intervalles auf derselben Scala kein weiterer Ton vor, so heisst das Intervall unzusammengesetzt, z. B. im Enharmonion das Intervall *a a*, im Diatonon syntonon das Intervall *a b*. Es kommt vor, dass ein Intervall auf der einen Scala genommen ein zusammengesetztes, auf einer anderen Scala genommen ein unzusammengesetztes ist; so ist *a b* im Diatonon syntonon ein unzusammengesetztes, im Enharmonion ein zusammengesetztes.

In jedem Tetrachorde (von der Mese bis zur Nete synemmenon oder von der Paramesos bis zur Nete diezeugmenon, oder von der Hypate meson bis zur Mese) sind die beiden äusseren Töne für alle Tongeschlechter und Chroai dieselben, die beiden mittleren Töne sind je nach Tongeschlecht und Chroa verschieden. Daher heissen jene die unveränderlichen oder stehenden, diese die veränderlichen oder beweglichen.

Im Enharmonion und den drei Chromata stehen drei Töne dichter neben einander als im Diatonon z. B. *a a b*, *a b h*. Man bezeichnet das durch drei solcher Töne gebildete zusammengesetzte Intervall mit dem Namen Pyknon, und zwar heisst der tiefste Ton des Pyknon „barypyknos", der mittlere „mesopyknos" oder „amphipyknos", der höchste „oxypyknos". Im Diatonon gibt es kein Pyknon.

Die beiden mittleren Töne des Tetrachordes führen trotz ihrer Veränderlichkeit immer denselben Namen wie im Diatonon syntonon: Parhypate und Lichanos, Trite und Paranete. Diesem Namen aber setzt man ein das Tongeschlecht und die Chroa angebende Bezeichnung hinzu, z. B. Lichanos diatonos syntonotate (*c*), Lichanos diatonos barytera (*h*), Lichanos chromatike syntonotate (*h*), Lichanos chromatike hemiolios (*b*), Lichanos chromatike barytate (*b*ᵇ), Lichanos enharmonios (*b*).

So weit Aristoxenus und die aus ihm schöpfenden späteren Musiker über die Tongeschlechter und Chroai. Von dem Standpunkte der heutigen Musik aus vermögen wir uns zunächst nur vom Diatonon syntonon und Chroma syntonon eine Vorstellung zu machen, die übrigen diatonischen und chromatischen Chroai und die Enharmonik treten uns als etwas ganz und gar fremdes und unnatürliches entgegen. Und doch

sind diese Stimmungsarten den alten Musikern durchaus geläufig und
gehören vorwiegend nicht etwa, wie man wohl angenommen hat, der
nachklassischen Periode griechischer Musik, sondern gerade ihrer
Blüthezeit an. Die archaische Zeit kennt sie noch nicht, die nacharistoxenische Zeit gibt die meisten dieser Stimmungsarten wieder auf;
diejenige Periode, in der sie aufgekommen sind und am meisten
praktische Bedeutung gehabt haben, ist die mit der zweiten musischen
Katastasis aufkommende klassische Zeit der griechischen Musik.   Uns
liegt die directe Ueberlieferung vor, dass bereits Polymnastus die uns
fremdartigen Stimmungsarten anwandte. Wir lesen die Plut. mus. 29:
„dem Polymnastus legen sie die jetzt sogenannte hypolydische Tonart
bei, und sagen, dass er die Eklysis und die Ekbole viel grösser gemacht
habe." Eklysis und Ekbole sind die, dem Diatonon malakon eigenthümlichen Intervalle von 3 und 5 enharmonischen Diesen, mithin hat
Polymnastus das Diatonon malakon

$$a \quad\quad b \quad\quad h \quad\quad d$$

in seiner Musik praktisch angewandt. Dass Polymnastus diese Intervalle
„viel grösser" gemacht haben soll, ist freilich nicht leicht zu verstehen,
und die Richtigkeit der Textesüberlieferung wird namentlich dadurch
sehr bedenklich, dass es heisst „viel" grösser, denn bei der hier
möglichen Differenz in der Grösse des Intervalles, die nicht einmal
einen enharmonischen Viertelton betragen haben kann, wird von einem
„viel" grösser unmöglich die Rede sein können. Vermuthlich fehlen
einige Worte in der Handschrift, so dass ursprünglich geschrieben
war: „dem Polymnastus legen sie die jetzt sogenannte hypolydische
Tonart bei und sagen, dass er die Eklysis und Ekbole erfunden und
die ...... viel grösser gemacht habe." Vielleicht: „die Tonsysteme
viel grösser gemacht habe", den die Erweiterung der beiden alten
Terpandrischen Systeme durch das Tetrachord hypaton wird keinem
anderen als dem Polymnastus zuzuschreiben sein. Die Gewährsmann-
schaft des Polymnastus für die Eklysis und Ekbole wird durch diese
Textescorruption nicht angetastet.

In einer anderen aus Heraklides Ponticus entlehnten Stelle des
Plut. c. 10 heisst es ferner von Polymnastus: „In dem Orthios hat er
die .... Melopöie angewandt, wie die Harmoniker sagen; genau aber
können wir es nicht behaupten, denn die Alten (d. i. die alten Geschichtsschreiber der Musik, wie Glaukus von Rhegium) erwähnen
nichts davon." Die Harmoniker sind die vor Heraklides und Ari-

stoxenus lebenden Techniker, von deren Schriftstellerei wir uns aus
den Angaben des letzteren ein getreues Bild machen können. Sie
handelten nur von Einer Art der Melopöie, nämlich der durch die
Vierteltöne charakterisirten enharmonischen; die diatonische und chromatische Melopöie blieb bei ihnen gänzlich unberücksichtigt. Hiernach
wird das in der Handschrift des Plutarch fehlende Wort wiederher-
zustellen sein, wenn wir ergänzen: „In dem Orthios hat er die enharmonische Melopöie angewandt." Jene alten musikalischen Schriftsteller, welche lediglich die Enharmonik besprachen und sich im
Uebrigen mit Geschichte der Musik nicht weiter befassten, zogen den
Namen des Polymnastus als des Gewährsmannes für das von ihnen
behandelte Tongeschlecht herbei und brachten die historische Notiz,
dass es in dem von Polymnastus componirten Orthios zuerst angewandt
sei. Glaukus Rheginus, der sich weniger um das eigentlich Technische
in der Musik als vielmehr um Personalien und Chronologie bekümmert,
hatte, wie Heraklides sagt, von dem enharmonischen Orthios des
Polymnastus nicht gesprochen, was aber die Sache selber nicht zweifel-
haft erscheinen lassen kann.

Diese beiden historischen Notizen, wonach Polymnastus die uns
fremden Intervalle von 1, 3 und 5 enharmonischen Diesen angewandt
hat, werden ihre weitere Bestätigung bei der Betrachtung der alten
Notenschrift erhalten.

Einen zwischen *a* und *b* oder *e* und *f* u. s. w. in der Mitte liegenden
Vierteltön zu singen, ist für uns Moderne zwar möglich, aber immerhin schwer und ungewohnt. Auch Aristoxenus sagt harm. p. 19, dass
sich die Aisthesis an die durch den Vierteltön charakterisirte Enharmonik später als an die übrigen Tongeschlechter und nur mit vieler
Anstrengung gewöhnt. Dennoch aber redet er ihr entschieden das Wort.
Wir erfahren durch ihn, dass schon zu seiner Zeit gar viele Musiker
die enharmonische Diesis nicht nur nicht anwenden mochten, sondern
überhaupt nicht anerkennen wollten, während sie die Intervalle von
3 und 5 und 7 Diesen noch mit Vorliebe gebrauchten. Das enharmonische Geschlecht ist also früher obsolet geworden als die uns nicht minder
fremden diatonischen und chromatischen Chroai. Die ganze Stelle des
Aristoxenus (bei Plut mus. 38 39) ist folgende:

„Die heutigen Musiker haben das schönste der Tongeschlechter,
welches seines ehrwürdigen Ethos wegen bei den Alten obenan stand,
ganz und gar zurückgesetzt, so dass die grosse Masse unter ihnen nicht
einmal die enharmonischen Vierteltöne zu unterscheiden vermag. Ja,

so lässig und leichtfertig sind sie, dass sie glauben, die enharmonische
Diesis sei überhaupt kein Intervall, welches in das Gebiet des Wahr-
zunehmenden gehöre, und dass sie dieselbe aus den Musikstücken
geradezu hinausweisen und die Behauptung aufstellen, diejenigen
hätten eitle Thorheit begangen, welche von der Theorie dieses Tongeschlechtes gesprochen und es praktisch angewandt hätten.   Als
sicheren Beweis dafür, dass sie Recht haben, glauben sie vor Allem
ihre eigne Unfähigkeit vorbringen zu dürfen, dass nämlich Alles was
ihnen entgehe, überhaupt nicht vorhanden und nicht zu gebrauchen sei.
Ein weiterer Beweis soll dies sein, dass man den der Enharmonik
eigenthümlichen Ton nicht mit einem symphonischen Accorde verbinden kann, wie dies doch bei dem Halbton und dem Ganzton und
den sonstigen derartigen Intervallen der Fall sei.   Sie bedenken aber
nicht, dass damit auch die Intervalle von drei Diesen (die Eklysis), von
fünf Diesen (die Ekbole) und von sieben Diesen (ein in dem oben
S. 230) besprochenen Chroma hemiolion vorkommendes Intervall) ver-
worfen sein würden und dass überhaupt alle ungeraden Intervallgrössen
unbrauchbar wären, da man zu keinem derselben ein symphonisches
Intervall nehmen kann.   Dies ist nämlich bei keinem Intervalle der
Fall, welches nach der Maasseinheit der enharmonischen Diesis gemessen
eine ungerade Zahl gibt (also bei dem Intervalle von 3, 5, 7 Diesen).
Daraus würde nothwendig folgen, dass von allen Stimmungen des
Tetrachordes allein und einzig diejenige brauchbar sein würde, auf
welcher man nur gerade Intervallgrössen (von 2. 4, 6, 8 Diesen u. s. w.)
nehmen kann, nämlich die syntonisch-diatonische Stimmung und das
Chroma toniaion. Aber dies zu sagen und anzunehmen ist nicht blos der
klaren Sachlage zuwider, sondern steht auch mit sich selber im Widerspruche.   Denn es zeigt sich, dass jene Musiker am liebsten solche Te-
trachordstimmungen anwenden, in welchen die Mehrzahl der Intervallgrössen entweder ungerade (3, 5, 7 Diesen) oder irrational (z. B.
$1\frac{1}{3}$ Diesis)ist. Denn beständig stimmen sie die Paraneten und die
Lichanoi zu tief."

Tongeschlechter und Chroai nach Ptolemäus. Ebenso wie
die Musiker der Aristoxenischen Zeit machen es auch die Kitharoden
zur Zeit des Ptolemäus, aus dessen ausführlichem und sorgfältigem Berichte wir eine genaue Einsicht in die nach den Tongeschlechtern und
Chroai verschiedenen Stimmungsarten gewinnen können.   Er unterscheidet, gleich seinen von ihm häufig herbeigezogenen Vorgängern
Archytas, Eratosthenes, Didymus, drei Tongeschlechter, das diatonische,

chromatische und enharmonische, und wiederum statuirt er für das Diatonon und Chroma verschiedene Chroai. Von den diatonischen Chroai des Ptolemäus haben wir bereits oben zwei kennen gelernt, nämlich die natürliche und die Pythagoreische Diatonik, welche beide dem Aristoxenischen Diatonon syntonon zur Seite stehen. Zu diesen kommen noch zwei andere hinzu, die beide auf der Anwendung des übermässigen grossen Ganztones beruhen und bei ihm den Namen Diatonon malakon und Diatonon malakon entonon führen. Von ihnen muss hier zuerst die Rede sein; erst an zweiter und dritter Stelle können die chromatischen Chroai und die Enharmonik des Ptolemäus besprochen werden.

a. Diatonische Scalen mit übermässigem Ganztone. Auch die moderne Akustik kennt einen übermässigen Ganzton, dessen Schwingungsverhältnisse durch die Zahlen 7:8 bestimmt werden. Er kommt auf der oben aufgestellten Scala in der Reihe der übrigen Intervalle der natürlichen Diatonik zur Erscheinung. Aber die moderne praktische Musik lässt dies Intervall unbenutzt, denn der Versuch Kirnbergers, dasselbe in der Orgelmusik zu verwerthen, ist alsbald wieder aufgegeben worden. Die antike Musik aber hat an der Verwendung des übermässigen Ganztones 7:8 laut den Berichten des Ptolemäus und der ihm vorausgehenden Akustiker das grösste Wohlgefallen gefunden, und die Berichte darüber sind so ausführlich und eingehend, dass wir ihnen ohne Bedenken den vollsten Glauben schenken müssen.

Die Verwendung des übermässigen Ganztones 7:8 in der Diatonik war eine doppelte. Er kommt nämlich auf dem Tetrachorde entweder als höchstes oder als mittleres Intervall vor; im ersten Falle verbindet er sich mit dem kleinen Ganztone 9:10 und bildet das von Ptolemäus sogenannte Diatonon malakon, im zweiten Falle verbindet er sich mit dem grossen Ganztone 8:9 und bildet das Diatonon malakon entonon, auch Diatonon toniaion oder meson genannt, welches wir der Kürze wegen in dem Folgenden als Diatonon entonon bezeichnen wollen.

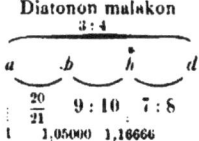
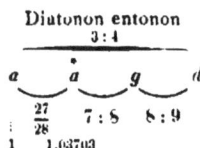

Wir haben hier den dritten Ton des Diatonon malakon durch $\overset{\bullet}{h}$, den zweiten Ton des Diatonon entonon durch $\overset{\bullet}{a}$ bezeichnet, das soll heissen: ein zu hohes h und ein zu hohes a, — analog dem $\overset{\div}{a}$ und $\overset{\div}{h}$ der enharmonischen Tonart. Wir hätten jene Töne auch all ein zu tiefes c und ein zu tiefes f auffassen können, aber es wird sich späterhin ergeben, dass die erstere Auffassung (als $\overset{\bullet}{h}$ und $\overset{\bullet}{a}$) den Vorzug verdient.

Der Ton b des Diatonon malakon verhält sich nach Ptolemäus Angabe zum tieferen a wie $21:20$; im Pythagoreischen Diatonon würde er sich zu a wie $256:243$ verhalten.

Pythagoreischer Halbton	$243:256 = 1:1{,}05349$
Halbton im Diat. malakon	$20:21 = 1:1{,}05000$
Temperirter Halbton	$1:\sqrt[12]{2} = 1:1{,}05946$
Natürlicher Halbton	$15:16 = 1:1{,}06666$

Man sieht aus dieser Zusammenstellung, dass der Unterschied zwischen dem Diatonon-malakon-Halbtone und dem Pythagoreischen Halbtone geringer ist, als zwischen dem letzteren und dem natürlichen Halbtone; er ist verschwindend klein für das Ohr, und schwerlich wird Ptolemäus bei der Ansetzung des Halbtones auf $20:21$ einen anderen als den Pythagoreischen Halbton im Auge gehabt haben. Hätte er für das Diatonon malakon den Halbton $243:256$ angenommen, so würde sich, wenn das höchste Intervall $= 7:8$ ist, für das mittlere Intervall die Verhältnisszahl $502:567$ ergeben haben. Ptolemäus, der solch unbequeme Zahlen zu vermeiden sucht, setzt das mittlere Intervall auf $9:10$ an und erhält hierdurch für den Halbton die nur um ein unmerkliches zu kleine Zahl $20:21$.

Welchen von den 7 Aristoxenischen Tetrachordeintheilungen (S. 232) entspricht das Diaton malakon und Diatonon entonon des Ptolemäus? Das Diatonon malakon entspricht der sechsten Tetrachordeintheilung des Aristoxenus, die dieser mit dem gleichen Namen Diatonon malakon bezeichnet; das Diatonon entonon entspricht der dritten Tetrachordeintheilung des Aristoxenus, für welche dieser keinen besonderen Namen überliefert hat.

Diatonon malakon.

Ptol.	Aristox.
d	$d = (\sqrt[24]{2})^{10}$
$\overset{\bullet}{h} = 1{,}6666$	$\overset{\div}{h} = (\sqrt[24]{2})^{5}$
$b = 1{,}0500$	$b = (\sqrt[24]{2})$
$a = 1$	$a = 1$

Diatonon entonon.

Ptol.   Aristox.

d $d = (\sqrt[24]{2})^{10}$

c $c = (\sqrt[24]{2})^{6}$

$\overset{.}{a}{}^{1}\!{}_{2} = 1{,}03703$ $\overset{\ast}{a}{}^{1}\!{}_{3} = (\sqrt[24]{2})^{1}\!{}_{3} = 1{,}02932$

$a = 1$ $a = 1$

Die Unterschiede der Aristoxenischen Tonhöhen von den entsprechenden Ptolemäischen beruhen fast sämmtlich darin, dass Aristoxenus die gleichschwebende temperirte Stimmung zu Grunde legt. Wir sehen jetzt, was der Aristoxenische Ton $\overset{\ast}{a}{}^{1}\!{}_{3}$ (um $^4/_3$ enharmonische Diesen höher als a, um $4^2/_3$ Diesen tiefer als c) bedeuten soll: er ist identisch mit dem Ptolemäischen Tone $\overset{.}{a}$ d. h. ein Ton, welcher nicht um einen grossen oder kleinen oder temperirten Ganzton, sondern um den übermässigen Ganzton (7:8) tiefer als c ist —, es ist derselbe Ton, für welchen Kirnberger die Bezeichnung „i" erfunden hat. — Von den Tönen $\overset{.}{h}$ und $\overset{\ast}{h}$ (im Ptolemäischen und Aristoxenischen Diatonon malakon) lässt sich aber nicht sagen, dass sie in derselben Weise wie a und $\overset{\ast}{a}{}^{1}\!{}_{3}$ sind; $\overset{\ast}{h}$ liegt nur um eine einzige enharmonische Diesis, nicht (wie bei $\overset{\ast}{a}{}^{1}\!{}_{3}$) um $1^1/_3$ Diesen höher als h; der Ptolemäische Ton $\overset{.}{h}$ aber würde (nach Aristoxenischer Auffassung) um $1^1/_3$ Diesen höher als h sein. Doch kann diese Differenz zwischen Ptolemäus und Aristoxenus nicht weiter auffällig sein; wir dürfen ja nur annehmen, dass sie auf einer im Laufe der Jahrhunderte eingetretenen Verschiedenheit der Stimmung beruht.

Aristoxenus sagt von derjenigen Tetrachordeintheilung, die wir hier mit dem Ptolemäischen Diatonon entonon identificiren mussten, dass sie „wohltönend" sei. Aus seinem Berichte bei Plutarch 38. 39 geht hervor, mit welcher Vorliebe die Musiker seiner Zeit sie anwandten. Zur Zeit des Ptolemäus ist das Diatonon entonon nun geradezu die allerbeliebteste Spielweise, wie dieser ausführlich und umständlich auseinandersetzt. Die damaligen Kitharoden und Lyroden singen und spielen keine einzige Moll- oder Dur-Tonart, ohne dass die Scala die dem Diatonon entonon eigenthümlichen Intervalle 27:28 und 7:8 enthält, und zwar ist entweder die ganze Scala oder es sind nur einzelne Tetrachorde der Scala im Diatonon entonon gehalten („ungemischtes" oder „gemischtes" Diatonon entonon). Von be-

sonderer Bedeutung ist es, dass ein älterer Vorgänger des Ptolemäus,
der sogenannte Archytas in der von ihm gegebenen Darstellung der
drei Tongeschlechter für das Diatonon nur eine einzige Chroa aufstellt,
nämlich

$$27:28 \qquad 7:8 \qquad 8:9;$$

Archytas hat also bei dem diatonischen Geschlechte lediglich das
Diatonon entonon im Auge, die natürliche Diatonik (das Diatonon
syntonon des Ptolemäus) lässt er gänzlich unberücksichtigt. Dieser
sogenannte Archytas ist, wenn auch nicht der alte Tarentiner Archytas,
jedenfalls älter als Eratosthenes und steht also der Zeit des Aristoxenus
nicht allzufern. Wir werden nun weiterhin sehen, dass in den ältesten
griechischen Notenscalen, deren Erfindung der Zeit des Polymnastus
und Sakadas angehört, die Diatona in der Weise notirt sind, dass der
Notenerfinder nicht das Diatonon syntonon, sondern vielmehr das
durch den übermässigen Ganzton charakterisirte Diatonon entonon im
Auge hat. Berücksichtigen wir ausserdem noch die historische Ueberlieferung, dass schon Polymnastus den übermässigen Ganzton (die
Ekbole von 5 Diesen) praktisch anwandte, so werden wir nothwendig
zu dem Resultate geführt, dass sowohl die nacharistoxenische wie die
voraristoxenische Zeit für die Anwendung diatonischer Scalen mit
übermässigem Ganztone die grösste Vorliebe hatte, und dass eben
Polymnastus derjenige ist, durch welchen diese Gestaltung der Scala.
die der archaischen Musikperiode noch unbekannt war, aufgekommen ist.
    Diejenige diatonische Tetrachordeintheilung, in welcher der über-
mässige Ganzton das höchste Intervall bildet, genannt Diatonon
malakon, wird zu Ptolemäus Zeit viel seltener als das Diatonon entonon
angewandt; sie kommt nach seinem Berichte nur in Verbindung mit
dem Diatonon entonon vor: wenn nämlich die Kitharoden in der
dorischen Tonart spielen, so gehören entweder beide Tetrachorde der
dorischen Octave dem Diatonon entonon an, oder es ist nur das höhere
Tetrachord im Diatonon entonon, das tiefere dagegen im Diatonon
malakon gestimmt. Nach dem Berichte des Aristoxenus bei Plut. 38. 39
dürfen wir annehmen, dass in der früheren Zeit die Anwendung des
Diatonon malakon eine häufigere war.
    Ausser den hier besprochenen diatonischen Chroai des Ptolemäus
führt derselbe 1,16 auch noch ein Diatonon homalon auf, in welchem
die Intervalle folgende sind: 12:11, 11:10, 10:9. Er sagt aber
niemals, dass diese Stimmung irgend wie in der Musik praktisch ver-

wandt worden sei und aus seiner ganzen Darstellung geht hervor, dass
diese Intervallfolge eine ideale ist, die nur dem Ptolemäus angehört.

Die enharmonische Scala ist zur Zeit des Ptolemäus aus der
Musik verschwunden, wenigstens ist sie bei ihm aus den Kanones der damals üblichen Spielweise überall ausgeschlossen. Dies kann nicht auffallen, da sie schon die meisten Musiker zu Aristoxenus Zeit nicht mehr
anerkennen wollten. Der Theorie nach aber hat sie auch bei Ptolemäus Geltung, ebenso wie bei Didymus, Eratosthenes und Archytas.

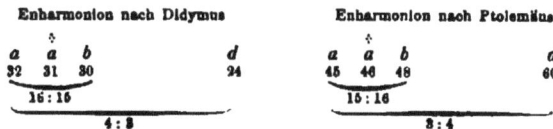

Didymus und Ptolemäus setzen den zusammengesetzten (S. 232) Halbton
des Enharmonion auf 15:16 an, doch verfahren sie darin umgekehrt,
dass der erstere die Bestimmung nach Saitenlängen, der letztere nach
Schwingungszahlen gibt, mithin der erstere dem tieferen Tone, der
letztere dem höheren Tone die grössere Zahl zuschreibt (vgl. oben).

den Ton a haben beide augenscheinlich nur durch blosse Berechnung
gefunden. Didymus nimmt an: es verhält sich $a:b=15:16=32:30$;

Der Ton a liegt zwischen beiden in der Mitte, also kommt auf ihn die
Zahl 31. Ptolemäus nimmt an: es verhält sich $a:b=15:16=45:48$;
zwischen 45 und 48 liegen die Zahlen 46 und 47, von diesem gibt er

die erstere dem Tone a. Aehnlich macht es Eratosthenes. Nur
Archytas verfährt auf andere Weise. Er gibt die Zahlenstimmung:

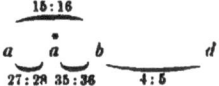

Nach Archytas also ist der im Enharmonion zwischen a und b liegende
Ton derselbe, welcher im Diatonon entonon auf a folgt, also streng

genommen nicht a, sondern wie wir ihn bezeichnen, der Ton a. Mit
anderen Worten: Archytas weiss zwischen dem zweiten Tone des Enharmonion und dem zweiten Tone des Diatonon entonon keinen Unterschied zu machen.

Die chromatischen Scalen, von denen die Akustiker Archytas,
Eratosthenes, Didymus und Ptolemäus reden, reduciren sich auf drei.
Die erste (bei Eratosthenes und Didymus) entspricht dem Chroma
syntonon des Aristoxenus:

Nach beiden bilden die beiden chromatischen Halbtöne einen kleinen
Ganzton 10:9; das übrig bleibende Intervall *h d* eine natürliche kleine
Terz. Didymus setzt den ersten chromatischen Halbton *a b* als 16:15
an; die Berechnung ergibt hiernach für den zweiten chromatischen
Halbton *b h* das Zahlenverhältnis 25:24. Eratosthenes nimmt an: *a* verhält sich zu *h*, wie 10:9 = 20:18. Auf den zwischen *a* und *h* in der
Mitte liegenden Halbton *b* kommt die in der Mitte zwischen 20 und 18
liegende Zahl 19. — Bei Ptolemäus und Archytas kommt diese chromatische Chroa nicht vor.

Die zweite (bei Archytas und Ptolemäus) entspricht in gewisser
Weise dem Chroma malakon des Aristoxenus und wird auch bei
Ptolemäus mit dem speciellen Namen Chroma malakon bezeichnet.
Eigenthümlich ist ihr, dass der zweite Ton um ein merkliches tiefer
liegt als im Chroma syntonon und dass sie statt des Tones *b* den Ton *a* hat:

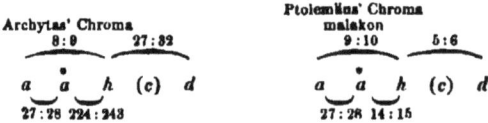

Die ganze Differenz zwischen Archytas und Ptolemäus besteht darin,
dass ersterer das Intervall *a h* als grossen Ganzton, letzterer als kleinen
Ganzton ansetzt. Das Chroma malakon des Aristoxenus war folgendes:

$$\mathsf{I} \quad (\sqrt[4]{2})^{1/2} \quad (\sqrt[24]{2})^{8/3} \qquad (\sqrt[24]{2})^{10}$$

d. h. der zweite Ton des Aristoxenus ist mit dem zweiten Tone des
Archytas und Ptolemäus identisch (vgl. oben), aber der dritte Ton ist
bei Aristoxenus nicht *h* [$(\sqrt[24]{2})^8$], sondern ist um den dritten Theil einer
enharmonischen Diesis tiefer als *h*. Dürfen wir diese Differenz etwa

den Unterschied der von Aristoxenus zu Grunde gelegten gleichschwebenden temperirten und der von Archytas und Ptolemäus zu
Grunde gelegten Scala setzen?

Die dritte kommt bloss bei Ptolemäus vor und wird von ihm
Chroma syntonon genannt (nicht zu verwechseln mit dem Chroma
syntonon des Aristoxenus). Die 4 Töne eines in diesem Chroma gehaltenen Tetrachordes bestimmt Ptolemäus durch folgende Verhältnisse:

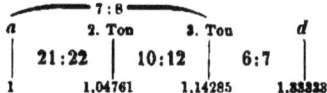

$$a \quad\quad \text{2. Ton} \quad\quad \text{3. Ton} \quad\quad d$$

| | 21:22 | 10:12 | 6:7 | |
| 1 | 1,04761 | 1,14285 | 1,33333 |

Der zweite Ton dieses Tetrachordes kommt ziemlich genau mit dem
zweiten Tone des Aristoxenischen Chroma hemiolion, welcher $1^{1}/_{2}$
enharmonische Diesen vom ersten Tone entfernt ist $[(\sqrt[24]{2})^{1^{1}/_{2}}]$, überein.
Denn $(\sqrt[24]{2})^{1^{1}/_{2}} = 1,04426$. Der dritte Ton jenes Aristoxenischen Chromas
war wiederum $1^{1}/_{3}$ enharmonische Diesen vom zweiten entfernt. Ganz
anders aber der dritte Ton unseres Ptolemäischen Tetrachordes. Er ist
um einen übermässigen Ganzton 7:8 tiefer als der letzte Ton des
Tetrachordes, das durch ihn begrenzte mittlere Intervall des Tetrachordes ist also grösser als der natürliche Halbton 15:16. Setzen
wir als tiefsten Ton des Tetrachordes den Ton $e = 1$ an, so würden
wir den dritten Ton (= 1,14285) als einen Ton bezeichnen können,
welcher dem natürlichen $ges = 1,14666$ sehr nahe liegt.

Die drei Chromata des Aristoxenus stimmen also in Beziehung auf
ihr tiefstes Intervall mit den drei Chromata der genannten Akustiker
überein:

	Aristoxenus		Tiefstes Intervall	Akustiker
a.	Chroma syntonon	2	Diesen	15 : 16 Chroma des Eratosth. u. Didymus
b.	Chroma hemiolion	$1^{1}/_{2}$	„	21 : 22 Chroma syntonon des Ptolemäus
c.	Chroma malakon	$1^{1}/_{3}$	„	27 : 28 Chroma des Archyt., Chr. malakon des Ptolemäus.

In Beziehung auf das zweite (mithin auch auf das dritte) Intervall
findet nur bei dem Chroma syntonon des Aristoxenus Uebereinstimmung
statt, nicht aber bei dem Chroma hemiolion und malakon, denn hier
ist der dritte Ton bei den Akustikern viel höher als bei Aristoxenus,
er bildet mit dem zweiten Tone entweder ein natürliches Halbtonintervall oder ein übermässiges Halbtonintervall (11 : 12).

16*

Es ist auffallend, dass Ptolemäus das Chroma I (des Eratosthenes und Didymus) gar nicht erwähnt. Das Chroma II erwähnt er zwar (als Chroma malakon), aber er vermag es in der musikalischen Praxis seiner Zeit nicht nachzuweisen. Das einzige bei den damaligen Kitharoden und Lyroden praktisch angewandte Chroma ist das von ihm sogenannte syntonon (unter III). Wenn die Lyroden, so sagt er, die von ihnen sogenannten „Malaka" und die Kitharoden die von ihnen sogenannten „Tropika" (in der hypodorischen Tonart) vortragen, so bedienen sie sich einer Scala, welche im tieferen Tetrachorde der Octave ein Diatonon entonon im höheren Tetrachorde ein Chroma syntonon enthält:

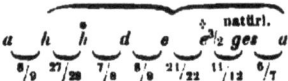

Dies ist überhaupt Alles, was uns die alten Musiker von der Gestaltung einer chromatischen Scala im Speciellen berichten.

Anwendung des Viertel- und übermässigen Ganztones.

Es hat sich ergeben, dass die mit der zweiten musischen Katastasis aufgekommenen eigenthümlichen Stimmungsweisen der Alten, zu denen es in unserer Musik durchaus an einem Annalogon fehlt, zum allergrössten Theile auf der Anwendung des Vierteltones und des übermässigen Ganztones beruhen. Der Viertelton gehört vorwiegend der Aulos-Musik an; er wird von Aristoxenus bei Plut. 11 in direkte historische Beziehung zu der Aulesis des Olympus gesetzt. Der übermässige Ganzton gehört, wie wir gesehen, vorwiegend der Kithara- und Lyra-Musik an; er schliesst sich in derselben Weise an die Kitharodik des Terpander an, wie der Viertelton an die Auletik des Olympus. Beides, die Einführung des Viertel- und des übermässigen Ganztones, beruht genau auf demselben Principe.

Die alte Auletik des Olympus liess für den Gesang die Paranete (beziehungsweise die Lichanos), die alte Kitharodik des Terpander die Trite unbenutzt:

| | Synemmenon | | | | Dieseugmenon | | | |
	Mese	Trite	Paran.	Nete	Mese	Param.	Trite	Paran.	Nete
Alte Auletik	a	b	(c)	d	a	h	c	(d)	e
Alte Kitharod.	a	(b)	c	d	a	h	(c)	d	e

Wir können dies auch so ausdrücken: wo in der Scala ein Halbton-
intervall vorkommt, lässt die Kitharodik den höheren Ganzton des
Halbtonintervalles, die Auletik den auf das Halbtonintervall folgenden
Ganzton unbenutzt.

An dieser alterthümlichen Vereinfachung der Scala hält auch die
mit der zweiten Katastasis beginnende Periode der Kitharodik und
Auletik fest.   Aber an Stelle des aufgegebenen Tones wird jetzt ein
der Scala fremder Ton angenommen, nämlich ein Ton, welcher zwischen
den beiden Ganztönen des Halbtonintervalles in der Mitte liegt.

$$\text{Neuere Auletik} \quad a \quad \overset{+}{a} \quad b \quad (c) \quad d \quad (\text{Enharmonion})$$
$$\text{Neuere Kitharodik} \quad a \quad \overset{\cdot}{a} \quad (b) \quad c \quad d \quad (\text{Diaton. entonon})$$

Der fremde Ton ist in der Auletik etwas tiefer als in der Kitharodik;
dort in der Auletik steht er, wie Aristoxenus sagt, zwischen a und b
gerade in der Mitte ($\sqrt[24]{2}$), oder wie die meisten Akustiker sagen, er
liegt dem a noch näher als dem b, — hier (in der Kitharodik) liegt
er dem b näher als dem a, er wird nach Aristoxenus durch die Zahl
$(\sqrt[24]{2})^{3.2}$ bestimmt, oder, wie die Akustiker sagen, er bildet mit dem
Tone c ein übermässiges Ganztonintervall $7:8$.   Die oben gewählte
Bezeichnung $\overset{+}{a}$ und $\overset{\cdot}{a}$ wollen wir beibehalten.   Bloss Archytas findet
keinen Unterschied, ihm klingt $\overset{+}{a}$ genau wie $\overset{\cdot}{a}$ d. i. um einen grossen
Ganzton tiefer als c. Vgl. S. 241.

Die neuere Kitharodik hat nun aber ferner, wie sie aus der
Olympischen Auletik die phrygische Tonart entlehnte, so auch neben
der alten Terpandrischen Vereinfachung der Scala noch die Art und
Weise, in welcher die Olympische Auletik die Scala vereinfachte, aufgenommen.   Sie liess nämlich bisweilen gleich der Olympischen Auletik
statt der Trite die Paranete aus

$$a \qquad b \qquad (c) \qquad d$$

und schaltete auch hier einen der Scala fremden Ton ein, jedoch nicht
vor b, sondern vor dem ausgelassenen c:

$$
\begin{array}{l}
\text{nach Aristoxenus:} \quad a \quad b \quad \overset{+}{h} (c) \quad d \\[4pt]
\text{nach Ptolemäus:} \quad a \quad b \quad \overset{\cdot}{h} (c) \quad d
\end{array}
\left. \right\} \; (\text{Diaton. malakon})
$$

$$\overset{\text{δ Diesen}}{} \qquad \underset{\text{Überm. Ganst. } 7:8}{}$$

Die Kitharödik fügt also jedesmal den der Scala fremden Ton dicht
vor dem ausgelassenen Tone ein, die Auletik jedesmal innerhalb des
Halbtonintervalles.

Hiermit ist das Aufkommen der neueren Enharmonik und des
Diatonon entonon und malakon erklärt. Das Wesentliche in diesen
Tongeschlechtern und Chroai besteht darin, dass die Melodie bestimmte
Töne unbenutzt lässt; die Einfügung eines der Scala fremden Tones
ist nur ein secundäres gleichsam nur ornamentistisches Element.

In einer aus Aristoxenus fliessenden Stelle bei Plut. 20 heisst
es: die Tragödie habe sich des chromatischen Tongeschlechtes und
Rhythmus enthalten. Dies weist auf eine besondere rhythmische Verwendung des der Chromatik eigenthümlichen Tones hin. Dasselbe
müssen wir auch von dem der Enharmonik eigenthümlichen Ton annehmen. Es wird diese der Chromatik und Enharmonik eigene
rhythmische Behandlung nun wohl keine andere sein, als dass man
den der Scala fremden Tönen die rhythmische Bedeutung von Vor-
schlagsnoten gegeben hat. Ebenso auch die der diatonischen Scala
fremden Töne des Diatonon entonon und malakon.

Wir wissen, dass in den Compositionen archaischen Stils der für
die Melodie ausgelassene Ton in der gleichzeitigen Instrumentalbegleitung angewandt wurde. In den Compositionen neueren Stils (seit der
zweiten Katastasis) wird es sicherlich nicht anders gewesen sein. In
diesem Falle aber hat sich nur die Melodiestimme der durch fremde
Töne ($\overset{+}{a}$ und $\overset{\bullet}{a}$) charakterisirten Scalen bedient, die Begleitung muss
auf einer gewöhnlichen diatonischen Scala geschehen sein (auf welcher
statt $\overset{+}{a}$ der Ton c, statt $\overset{\bullet}{a}$ der Ton b vorkam). Dies wird bestätigt
durch die Angabe des Aristoxenus bei Plut. 34, dass weder die enhar-
monischen Vierteltöne, noch die nachgelassenen Töne des Diatonon
($\overset{+}{a}$, $\overset{\bullet}{h}$) mit irgend einem Tone symphonisch verbunden würden. Eine
symphonische Verbindung ist z. B. die Quarte und Quinte. Warum
hätte man in den Scalen

$$H \;\; \overset{+}{H} \;\; c \;\; (d) \;\; e\,\overset{+}{e} \;\; f \;\; (g) \;\; a \;\; h \;\; \overset{+}{h} \;\; c \;\; (d) \;\; e$$

$$\text{oder} \quad H \;\; \overset{+}{H} \;\; (c) \;\; d \;\; e\,\overset{\bullet}{e} \;\; (f) \;\; g \;\; a \;\; h \;\; \overset{\bullet}{h} \;\; (c) \;\; d \;\; e$$

die Töne $\overset{+}{e}$ und $\overset{\bullet}{e}$ nicht mit den Quarten $\overset{+}{H}$ und $\overset{\bullet}{H}$ oder mit den
Quinten $\overset{+}{h}$ und $\overset{\bullet}{h}$ symphonisch verbinden können, wenn diese Quarten

und Quinten der begleitenden Krusis zu Gebote gestanden hätten?
Kam auf die der Scala fremden Töne, deren sich die Melodie bediente,
ein Ton der Begleitung, so war dies immer eine durchgehende Note,
kein symphonischer Accordton.

Es bleibt nun noch die Frage zu beantworten übrig, wie sich die
Scalen mit Viertel- und übermässigen Ganztönen je nach den verschiedenen Tonarten der Aulos- und Kithara-Musik gestalten. Wir
haben hierfür zwei werthvolle Quellen.

Die eine ist eine alte, voraristoxenische, nämlich die von den
„ganz Alten" aufgestellten enharmonischen Scalen bei Aristides S. 21.
Die andere gehört der späteren Zeit an, nämlich der Bericht des Ptolemäus über die Anwendung des Diatonon entonon und malakon in den
zu seiner Zeit üblichen Spielweisen der Kitharoden und Lyroden. Die
Viertöltöne der Harmonik sind, wie wir sehen, frühzeitig obsolet geworden, die übermässigen Ganztöne der Diatonik aber haben sich in
alter Weise über Aristoxenus hinaus bis in die Kaiserzeit in alterthüm-
licher Weise gehalten. Die sämmtlichen von Ptolemäus aufgeführten
Spielweisen stammen aus alter Zeit, wenn sich auch nicht alle alten
Spielweisen der Kitharoden bis dahin erhalten haben. Wir haben
schon oben gesagt, dass die lokristische Tonart der Kithara verschollen
war, dass aber die vier übrigen Kithara-Tonarten fortdauerten. Auch
die sonst nirgends vorkommenden Namen, womit die Kitharoden und
Lyroden nach Ptolemäus Berichte ihre Spielweisen bezeichneten, gehören zum Theil der alten Zeit an; insbesondere verdient bemerkt zu
werden, dass sich dort in der Praxis der Kitharoden die alten Namen
Iastisch und Aeolisch gehalten haben, für welche die Theoretiker schon
längst die Termini Hypophrygisch und Hypodorisch gebrauchten. Zum
Verständnisse der von Ptolemäus aufgeführten Scalen ist es nothwendig
zu wissen, dass sich derselbe hier stets der thetischen, niemals der
dynamischen Onomasie bedient. Ptolemäus berichtet:

Die hypodorische Octav ist in den „Sterea" der Lyroden und
der „Triten-Stimmung" der Kitharoden folgende:

$$d \quad e \quad \overset{\cdot}{e} \quad (f) \quad g \quad a \quad \overset{\cdot}{a} \quad (b) \quad c \quad d$$

also statt b (der thetischen „Trite") ein $\overset{\cdot}{a}$, statt f ein $\overset{\cdot}{e}$.

Die dorische Octav ist bei den Kitharoden (in einer Spielweise,
deren Namen aus den Handschriften nicht zu erkennen ist):

$$a \quad \overset{\cdot}{a} \quad (b) \quad c \quad d \quad e \quad \overset{\cdot}{e} \quad (f) \quad g \quad a$$

Die Hypophrygische Octav in den „Istiaioliaia" der Kitharoden:

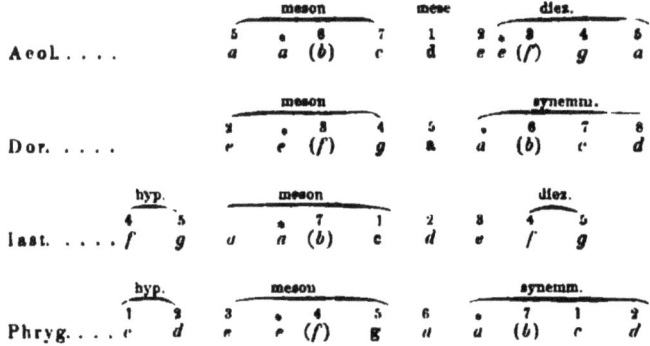

Die Phrygische Octav in den „Hypertropa" der Kitharoden:

Bei plagalischem Bau der Melodie werden diese 4 Tonarten nach S. 206 folgendermassen ausgeführt:

Die Töne *f* und *b* (Trite resp. Parhypate κατὰ δύναμιν), welche Terpander bei seinem Moll (Aeol. und Dor.) für die Melodie unbenutzt liess, werden hier auch für die kitharodische Durtonart, jedoch nicht so consequent ausgelassen. Als Iasti verliert hierdurch das Dur seine kleine Septime (7), also gerade den Ton, welcher dies Dur von unserem modernen Dur unterscheidet; als Phrygisti verliert es ausserdem noch die Quinte (4). Die kitharodische Molltonart, sowohl in der äolischen wie in der dorischen Form, geht für die Melodie, sowohl der Terz (3) wie der Sexte (6) verlustig. Statt dessen werden für die Melodie die Töne *ė* und *á* eingefügt, die wohl nur als Vorschlagstöne nach *e* und *a* hin benutzt werden konnten; der Begleitung fehlten sie, welche dagegen ihrerseits die der Melodie fehlende Durseptime und Mollquarte, und die Mollterz und Mollsexte behalten musste.